Diese Veröffentlichung entstand mit freundlicher Unterstützung des IASS Potsdam.

ClimatePartner°
klimaneutral
Verlag | ID: 128-50040-1010-1082

Dieses Buch wurde klimaneutral hergestellt. $CO_2$-Emissionen vermeiden, reduzieren, kompensieren – nach diesem Grundsatz handelt der oekom verlag. Unvermeidbare Emissionen kompensiert der Verlag durch Investitionen in ein Gold-Standard-Projekt. Mehr Informationen finden Sie unter www.oekom.de.

Bibliografische Information der Deutschen Nationalbibliothek:
Die Deutsche Nationalbibliothek verzeichnet diese Publikation in der Deutschen Nationalbibliografie; detaillierte bibliografische Daten sind im Internet unter http://dnb.d-nb.de abrufbar.

© 2016 oekom, München
oekom verlag, Gesellschaft für ökologische Kommunikation mbH,
Waltherstraße 29, 80337 München

Layout und Satz: Reihs Satzstudio, Lohmar
Umschlagentwurf: Elisabeth Fürnstein, oekom verlag
Umschlagabbildung: © svort – Fotolia.com
Druck: Bosch-Druck GmbH, Ergolding

Dieses Buch wurde auf 100%igem Recyclingpapier gedruckt.

Alle Rechte vorbehalten
ISBN 978-3-86581-822-5

Ferdinand Knauß

# Wachstum über alles?

Wie der Journalismus
zum Sprachrohr
der Ökonomen wurde

# Inhaltsverzeichnis

**Einleitung** . . . . . . . . . . . . . . . . . . . . . . . . . 7

*1. Kapitel*
**Als man noch nicht wusste, was wachsen soll
(Vossische Zeitung 1918–34)** . . . . . . . . . . . . . . . 15

*2. Kapitel*
**Die 1950er-Jahre –
Ein neuer Fortschrittsglauben und seine Propheten** . . . . . . . . . . 29

*3. Kapitel*
**Die 1960er-Jahre –
Medienliebling Karl Schiller macht Wachstum zum Gesetz** . . . . . 57

*4. Kapitel*
**Die 1970er-Jahre – »Die Grenzen des Wachstums«
und der Gegenschlag der Ökonomen** . . . . . . . . . . . . . . . 75

*5. Kapitel*
**Interviews mit Wirtschaftsjournalisten
(Michael Jungblut, Roland Tichy, Max A. Höfer)** . . . . . . . . . . . . 101

*6. Kapitel*
**Die lange Gegenwart des Wachstumsparadigmas** . . . . . . . . . . 125

*7. Kapitel*
**Drei Erzählungen aus dem Reich des ewigen Wachstums** . . . . . . 135
   *Das Wachstum der Grenzen durch Innovation* . . . . . . . . . . . . . . 135
   *Der Standort Deutschland als Ersatzvaterland* . . . . . . . . . . . . 143
   *Der Einwanderer als Wachstumsretter* . . . . . . . . . . . . . . . 150

**Schlussfolgerungen** . . . . . . . . . . . . . . . . . . . . . . 165

**Danksagung** . . . . . . . . . . . . . . . . . . . . . . . . . 180
**Anmerkungen** . . . . . . . . . . . . . . . . . . . . . . . . 181

Aus Gründen der besseren Lesbarkeit wird bei einigen Textstellen auf die gleichzeitige Verwendung männlicher und weiblicher Sprachformen verzichtet. Sämtliche Personenbezeichnungen gelten gleichwohl, wenn nicht anders angegeben, für beiderlei Geschlecht.

# *Einleitung*

Sucht man mit Google nach dem Wort »Wachstum«, so haben von den 50 ersten Ergebnissen 40 ausschließlich mit Wirtschaft zu tun.[1] Wenn ein Politiker oder Journalist »mehr Wachstum!« fordert, muss er nicht erklären, was genau wachsen soll. Die Wirtschaft natürlich. Und rechtfertigen muss er die Forderung auch nicht. »Wirtschaftswachstum« ist ganz zweifellos einer der politischen Leitbegriffe der Gegenwart. Angela Merkel behauptet sogar: »Ohne Wachstum ist alles nichts.«[2]

Der Begriff »Wirtschaftswachstum« ist eine Metapher, die so alltäglich geworden ist, dass ihre biologische Herkunft kaum mehr wahrgenommen wird. Es scheint daher auch nicht aufzufallen, dass das, was man unter Wirtschaftswachstum versteht, nämlich die stetige und unbegrenzte Steigerung des Bruttosozial- oder Bruttoinlandsprodukts, eine Perversion des biologischen Wachstumsbegriffes ist.

Kurt Biedenkopf fragt seine Zuhörer bei Vorträgen oft: »Wächst der Wald?« Natürlich wächst der Wald. Junge Bäume sprießen aus dem Boden, wachsen in die Höhe – doch ausgewachsene Bäume wachsen nicht stetig weiter, sie vergehen irgendwann. Das Wachstum in der Natur bleibt auf lange Sicht immer im Gleichgewicht mit den Gegenkräften des Verfalls und des Todes. Wie Goethe sagt: »Es ist dafür gesorgt, daß die Bäume nicht in den Himmel wachsen.« Umso fragwürdiger ist es, dass Ökonomen und Wirtschaftsjournalisten häufig von einem »gesunden« oder »natürlichen« Wachstum sprechen, wenn eine stetige prozentuale Steigerung des Sozialprodukts zu beobachten ist oder gewünscht wird. In der Wunschvorstellung von stetigem und unbegrenztem Wirtschaftswachstum wird das Gesetz der Natur vom Werden und Vergehen ausgeklammert.

Wie der ökonomische Wachstumsbegriff in die Welt kam, ist anscheinend noch ungeklärt. In Online-Wirtschaftslexika fehlt jegliche historische Einordnung des Begriffs.[3] »Wer den Begriff ›Theory of Growth‹ geprägt hat, ist unbekannt«, heißt es im Historischen Wörterbuch der Philosophie.[4]

Eine Ideengeschichte des Wirtschaftswachstums zu schreiben, wäre eine lohnende Aufgabe. Es scheint symptomatisch für die Geschichtsvergessenheit der gegenwärtigen Wirtschaftswissenschaft, dass das Bewusstsein für die geschichtliche Gewordenheit eines zentralen Begriffs der modernen Wirtschaft verlorengegangen ist.

Diese Geschichtsvergessenheit und damit einhergehend auch Kulturignoranz ist das Ergebnis eines bewussten Verdrängungskampfes der Forschungsmethoden innerhalb der ökonomischen Wissenschaft in der ersten Hälfte des 20. Jahrhunderts. Die deutsche Historische Schule fiel ihm ebenso zum Opfer wie die amerikanischen Institutionalisten.[5] Die Mainstream-Ökonomie ist seit dem Zweiten Weltkrieg eine bewusst unhistorisch argumentierende, dem eigenen Anspruch nach exakte, rechnende Wissenschaft. Karl-Heinz Brodbeck spricht von »sozialer Physik«.[6]

Die doppelte Vergessenheit der modernen Wirtschaftswissenschaft, die sowohl die historische Gewordenheit der heutigen Wirtschaftsweise als Kulturphänomen als auch das Naturgesetz des Werdens und Vergehens ausklammert, tat dem Anspruch, die politische Leitwissenschaft schlechthin zu sein, keinen Abbruch. Journalisten haben diesen Anspruch weitestgehend beglaubigt, wie diese Arbeit zeigen wird. Sie legitimierten damit Ökonomen als scheinbar objektive Berater der Politik – und tun dies zum großen Teil weiterhin. Dieses Dreiecksverhältnis von Wirtschaftswissenschaft, Politik und Medien ist eine Voraussetzung für die Macht des *Wachstumsparadigmas*.

Nach Thomas Kuhn ist ein Paradigma eine »Konstellation von Meinungen, Werten, Methoden usw., die von den Mitgliedern einer gegebenen Gemeinschaft geteilt werden«.[7] Die Gemeinschaft geht in diesem Fall über die Wissenschaft hinaus, umfasst die politische Klasse und – darum soll es hier vor allem gehen – die große Mehrheit der Journalisten.

Wenn ich vom Wachstumsparadigma spreche, dann beziehe ich mich auf den Wirtschaftshistoriker Matthias Schmelzer, der dafür vier Elemente ausgemacht hat: nämlich die Annahmen, dass erstens das Bruttosozial- beziehungsweise Bruttoinlandsprodukt als statistischer Standard angemessen die Wirtschaftsleistung misst; dass zweitens dessen Wachstum pro Kopf ein Allheilmittel für gesellschaftliche und sogar ökologische Probleme ist; dass drittens das Wirtschaftswachstum als universeller Maßstab für allgemeinen Fortschritt, Wohlstand und die Machtstellung eines Staates taugt; dass viertens dieses Wachstum potenziell unendlich ist, sofern die richtige Politik betrieben wird.[8]

Die Bedeutung und normative Kraft dieses Paradigmas zeigt sich zum Beispiel darin, dass der Gedanke an eine Wirtschaft, die nicht immer weiterwächst, vielen Menschen geradezu abwegig vorkommt. Eine junge Referentin des Bundesministeriums für Bildung und Forschung, außerdem promovierte Ökonomin, brach einmal empört ein Gespräch mit mir ab, weil ich behauptete, dass es im alten Ägypten und anderen vormodernen Kulturen jahrhundertelang so gut wie keine Innovationen und kein Wirtschaftswachstum gab. Das sei doch Unsinn, sagte sie, denn der Wunsch nach »Mehr« liege schließlich in der menschlichen Natur.

Wie kam es dazu, dass stetiges, endloses Wirtschaftswachstum eine solch beherrschende Stellung in den Köpfen einnehmen konnte? Ohne die Rolle des Journalismus zu untersuchen, ist diese Frage kaum befriedigend zu beantworten. Wie kam das Wachstumsparadigma also in die Zeitungen? Warum bleibt es so hartnäckig darin? Und könnte es daraus vielleicht wieder verschwinden?

Die Geschichte des deutschen Journalismus ist mittlerweile ein gut beackertes Forschungsfeld. Weitgehend brach liegt allerdings dabei die Geschichte des Wirtschaftsjournalismus. Die Wirtschaftspolitikberichterstattung spielt in Christina von Hodenbergs Standardwerk über den Nachkriegsjournalismus[9] und den meisten anderen mediengeschichtlichen Veröffentlichungen[10] kaum eine Rolle. Von Dissertationen zu eng umrissenen Teilgebieten und Aufsätzen über einzelne Zeitungen abgesehen, gibt es keine auch nur annähernd befriedigende Ideengeschichte des deutschsprachigen Wirtschaftsjournalismus. Dieses Buch soll einen ersten Beitrag dazu leisten, diese Lücke zumindest teilweise zu schließen.

Im Wesentlichen geht es dabei um die Sichtung und inhaltliche Analyse der Berichterstattung in der meinungsbildenden (west)deutschen Presse seit dem Zweiten Weltkrieg. Um einerseits ein politisch-ideologisch ausgewogenes Spektrum abzubilden, andererseits aber nicht völlig auszuufern, habe ich drei der reichweitenstärksten überregionalen Nachkriegsblätter ausgewählt, die die wirtschaftspolitische Diskussion von der Nachkriegszeit bis in die Gegenwart prägen: Die *Frankfurter Allgemeine Zeitung* (einschließlich ihrer seit 2001 erscheinenden Sonntagszeitung), das Nachrichtenmagazin *Der Spiegel* und die Wochenzeitung *Die Zeit*. Die elektronischen Archive von *Spiegel* und *Zeit* sind über deren Websites frei zugänglich und mit Suchwortfunktion komplett recherchierbar, das der *FAZ* (biblionet. *FAZ*) nur für Nutzer von Universitätsbibliotheken. Untersucht wurden ressortübergreifend alle Ausgaben der drei Blätter seit deren erstem Erscheinen[11] einschließlich ihrer Online-Ausgaben. Ich beschränke mich also nicht auf die Wirtschaftsressorts, sondern betrachte das gesamte Korpus aller bis Ende 2015 in den drei genannten Blättern erschienenen Artikel, sofern diese das Thema Wirtschaftswachstum im makroökonomischen Sinn betreffen. Die Wirtschaftsressorts müssen naturgemäß bei diesem Thema im Zentrum der Betrachtung stehen. Sofern Politikressorts, Feuilletons oder Wissenschaftsressorts sich mit entsprechenden Themen befassen, werden sie in die Betrachtung mit einbezogen. Die Unterschiede zwischen den Ansichten und Perspektiven der Ressorts sind teilweise beachtlich.

Die mediale Vor- und Frühgeschichte des Wachstumsparadigmas vor der Erfindung des Bruttosozialprodukts als allgemein akzeptiertes Maß der Wirtschaft[12] untersuche ich anhand der *Vossischen Zeitung* zwischen 1918 und 1934. Sie ist als eine der wenigen Zeitungen jener Jahre komplett und mit Suchwortfunktion digitalisiert zugänglich für Nutzer der Staatsbibliothek zu Berlin.[13] Auch wenn dieses Kapitel also nicht die damalige Presselandschaft umfassend abbildet, so ist doch die »Voss« nicht nur durch gute Recherchierbarkeit für diese Untersuchung qualifiziert. Als älteste Berliner Zeitung vereinte sie in sich ein relativ großes Meinungsspektrum von national und konservativ bis linksliberal. Sie galt als Zeitung des großstädtischen Bildungsbürgertums und bejahte in der Weimarer Zeit die Republik. Für die Nazis war sie allein schon aufgrund ihrer Zugehörigkeit zum Ullstein Verlag und wegen ihrer zahlreichen jüdischen Autoren ein Teil der »jüdischen Asphaltpresse«. Zweifellos gehörte sie vor ihrer erzwungenen Selbstauflösung 1934 zu den anspruchsvollsten und renommiertesten deutschen Zeitungen. Das gilt nicht zuletzt für ihre Wirtschaftsberichterstattung.

Die Jahre der nationalsozialistischen Diktatur werden in diesem Buch nicht behandelt. Denn was hier interessiert, ist die freie Presse unter demokratischen Bedingungen. Die Rolle der Wirtschaft in der nationalsozialistischen Propaganda wäre ein anderes Buch wert. Ein zentraler Begriff war Wirtschaftswachstum jedenfalls für die Nationalsozialisten nicht.

Die entscheidende Voraussetzung zur Entwicklung des Wachstumsparadigmas war die Erfindung des Bruttosozialprodukts. Dessen Entstehungsgeschichte ist im Wesentlichen eine britisch-amerikanische Geschichte.[14] Die Fortschritte der amerikanischen Wirtschaftsstatistik wurden schon in den 1920er- und frühen 1930er-Jahren in der *Vossischen Zeitung* registriert, wie im ersten Kapitel deutlich wird. Wie nützlich die britisch-amerikanische Methodik einer volkswirtschaftlichen Gesamtrechnung aus der Perspektive der Produktion (und nicht der Einkommen) sein sollte, bewies die überlegene industrielle Effizienz der Westmächte im Zweiten Weltkrieg.

Nach 1945 setzten die USA ihre Methode der Berechnung des Sozialprodukts und das politische Ziel des Wachstums in Westdeutschland und der freien Welt mithilfe der Organisation für europäische wirtschaftliche Zusammenarbeit (OEEC) durch. Die Wirtschaftspresse spielte dabei naturgemäß eine zentrale Rolle. Dass sie diese Rolle annahm, lag auch daran, dass Wirtschaftsjournalisten selbst von der Neuerung profitieren konnten. Diese erste Phase der Erfolgsgeschichte des Wachstumsparadigmas nach der Einführung des Bruttosozialprodukts als Indikator des Wirtschaftswunders in den 1950er-Jahren ist das Thema des zweiten Kapitels.

Das dritte Kapitel behandelt die politische Fixierung des Paradigmas durch Karl Schillers »Stabilitäts- und Wachstumsgesetz« von 1967. Dabei konnten sich Schiller und die anderen Vertreter der damals von Ökonomen propagierten »modernen«, nämlich keynesianischen Wachstumspolitik auf die Unterstützung der Mehrheit der Wirtschafts- und Politikjournalisten verlassen.

Der Höhepunkt in der medialen Geschichte des Wachstumsparadigmas und Gegenstand des vierten Kapitels ist der Angriff auf das Paradigma in den frühen 1970er-Jahren, vor allem durch den Club of Rome und seine Studie *Die Grenzen des Wachstums*[15]. Bei der Mehrheit der Wirtschaftsjournalisten stieß diese Kritik im Gegensatz zu Feuilletonisten und Wissenschaftsredakteuren auf großen Widerwillen. Dass der Club of Rome spätestens ab Ende der 1970er-Jahre als gescheitert galt, daran hatte der wirtschaftspolitische Journalismus großen Anteil.

Seither hält – trotz nicht nachlassender Kritik – die lange Gegenwart des Wachstumsparadigmas an. Sie äußert sich im Wirtschaftsjournalismus in immer wiederkehrenden Narrativen. Auf drei dieser Erzählmuster, die mir besonders mächtig erscheinen, gehe ich näher ein: das Wachstum der Grenzen durch Innovation, den Standort Deutschland als ökonomisches Ersatzvaterland und den Einwanderer als Wachstumsretter.

Ich gehe davon aus, dass Kritik und Kontrolle der Macht zentrale Aufgaben der freien Presse sind. Die Macht ist allerdings nicht immer nur bei den Regierenden zu suchen, sondern auch da, wo ihre Leitideen entwickelt werden. Auch Wissenschaftler üben, vor allem wenn sie die Mächtigen beraten, Macht aus. Eine zutiefst politische Wissenschaft wie die Ökonomie soll und muss in einer freien Gesellschaft von Journalisten kritisiert werden.

In der wirklichen Welt müssen Journalisten Abstriche an diesem Recht und an dieser Pflicht machen. Sie sind auf Informationen aus den Sphären angewiesen, über die sie berichten. Diese wiederum sind daran interessiert, dass über sie möglichst positiv berichtet wird. An diesem symbiotischen Verhältnis, das auf Aushandlungsprozessen beruht, ist grundsätzlich nichts zu ändern. Allein auf das Ausmaß der Abhängigkeit kommt es an.

Auch diese Arbeit wird manchen Grund zu der Annahme liefern, dass Journalisten nicht immer so unabhängig, skeptisch und kritisch berichten und kommentieren, wie sich das die Richter des Bundesverfassungsgerichts in ihrem Urteil von 1972 wünschten.[16] Der Medienwissenschaftler Lance W. Bennett geht in seiner *Indexing-Hypothese* davon aus, dass das Meinungsspektrum des Journalismus indexiert sei, sich also an dem Spektrum der im politischen Betrieb vertretenen Positionen orientiert, aber kaum unabhängige Grundsatzkritik von außerhalb des Establishments hervorbringt.[17] Wir werden sehen, in welch hohem Maß dies auf den deutschen Wirtschaftsjournalismus und die Frage nach dem Wachstum zutrifft.

Diese Frage nach den Abhängigkeiten von Journalisten und nach ihrem Verhältnis zu Ökonomen und Politik ist neben anderen Fragen auch Gegenstand von drei Interviews mit einflussreichen Wirtschaftsjournalisten der vergangenen Jahrzehnte. Michael Jungblut, früherer Wirtschaftsressortleiter der *Zeit*, spielt auch in den analytischen Kapiteln eine wichtige Rolle. Die beiden anderen, Roland Tichy und Max A. Höfer, waren bei Wirtschaftsmagazinen aktiv, die hier nicht gesondert untersucht werden.

Vermutlich ist ein wichtiger Grund für die anhaltende Akzeptanz des Wachstumsparadigmas die Geschichtsvergessenheit der Wirtschaftswissenschaften und des Wirtschaftsjournalismus. Diese Ignoranz betrifft nicht nur die Geschichte der Wirtschaft, sondern vor allem die historische Bedingtheit der eigenen Überzeugungen.

Im abschließenden Fazit werde ich einen Weg vorschlagen, wie der Journalismus sich aus seiner selbst gewählten Beschränkung auf das Wachstumsparadigma und seiner undistanzierten Anhänglichkeit an die Standardökonomie lösen könnte. Das wäre eine entscheidende Voraussetzung dafür, zu einer kritischeren Kraft im Diskurs zu werden.

Stetiges Wachstum ist kein »natürliches«, zeitloses Ziel. Eine Politik für Wachstum ist begründungsbedürftig wie jede Politik. Dem Wirtschaftsjournalismus fehlt, wie dieses Buch zeigt, das Bewusstsein dafür, dass Wachstum unter ganz bestimmten historischen Bedingungen und angesichts bestimmter sozialer und politischer Aufgaben in der Mitte des 20. Jahrhunderts Priorität haben musste – aber nicht unabhängig von diesen historischen Voraussetzungen. Das Wachstumsparadigma hatte im 20. Jahrhundert seine historische Notwendigkeit. Es hat sie längst übererfüllt.

Ein erwachtes, gestärktes Geschichtsbewusstsein des Wirtschaftsjournalismus dürfte deswegen auch eine Voraussetzung dafür sein, das Wachstumsparadigma zu verabschieden. Dazu beizutragen ist mein Ziel.

# 1. Kapitel
# Als man noch nicht wusste, was wachsen soll
(Vossische Zeitung 1918–34)

Ein 27-jähriger, frisch promovierter Volkswirt und Redakteur der *Frankfurter Zeitung* veröffentlichte im Frühjahr 1928 ein kleines Büchlein über »[d]ie deutsche Wirtschaft im Jahre 1927«. Von bleibender Bedeutung ist das Buch allein wegen des Titels und des Autors: Erich Welter (1900–1982), der spätere Mitherausgeber der *Frankfurter Allgemeinen Zeitung*, nannte sein Büchlein »Wachstum«.[1] Er erwies sich damit als Vordenker des deutschen Wirtschaftsjournalismus.

Der Begriff, der uns heute alltäglich in allen möglichen Variationen begegnet, sobald es um Wirtschaft geht, spielte in der ersten Hälfte des 20. Jahrhunderts noch keine maßgebliche Rolle. Doch die ersten Anzeichen für die nach dem Zweiten Weltkrieg einsetzende mediale Erfolgsgeschichte des Wachstums sind bereits in den 1920er-Jahren zu erkennen. Eine Analyse der *Vossischen Zeitung* zeigt, dass die Saat für das Wachstumsparadigma der zweiten Jahrhunderthälfte schon damals gelegt wurde.

Die älteste Berliner Zeitung – auch kurz »Voss« genannt – war vor 1933 neben dem *Berliner Tageblatt* und der *Frankfurter Zeitung* die führende Zeitung des Bildungsbürgertums (Auflage 1928: 65.370[2]). Ihre Autoren, darunter Kurt Tucholsky und Theodor Heuss, vertraten ein breites Spektrum politischer Meinungen: von linksliberal bis national-konservativ. Die wirtschaftspolitische Haltung der Zeitung war marktwirtschaftlich und antisozialistisch.

Zwischen 1918 und 1934 erschienen nur 166 Artikel, die die Begriffe »Wachstum« und »Wirtschaft« enthalten. Und dies bei zwei Ausgaben pro Tag und einer umfangreichen Wochenendausgabe, also insgesamt rund 10.500 Ausgaben mit 127.000 Seiten. Zum Vergleich: Allein in der *FAZ* vom 18. April 2015 kommt in zehn Artikeln das Wachstum der Wirtschaft vor.

## Kein Wachstum ohne Zahlen

»Wirtschaftswachstum« konnte noch kein politischer Leitbegriff sein, weil niemand eindeutig hätte sagen können, was genau und wie sehr es wächst. Weil ein allgemein akzeptiertes und verlässliches Maß für die Wirtschaftskraft fehlte, musste auch ihr Wachstum ein theoretischer Begriff bleiben – und damit ohne große Relevanz für Journalisten. Die Begriffe »Volkseinkommen« (manchmal auch »Nationaleinkommen« genannt) und »Sozialprodukt« waren zwar bekannt. Aber wie das Volkseinkommen oder Sozialprodukt konkret zu berechnen sei, war nicht verbindlich geregelt. Die Ökonomen waren sich nicht einmal einig, ob beide identisch seien.[3] Und selbst wenn es unumstrittene Definitionen und Methoden gegeben hätte, so wäre das entscheidende Manko doch geblieben: Aus Mangel an Daten konnte das Volkseinkommen allenfalls geschätzt werden. Vor 1925 wurde das nur sporadisch von Wissenschaftlern unternommen, die je nach Methode und Datengrundlage zu sehr verschiedenen Ergebnissen kamen. Für aktuelle politische Debatten war das Volkseinkommen daher nicht gut zu gebrauchen. Es taucht zwischen 1918 und 1934 in 108 beziehungsweise 20 Texten der *Voss* auf, also im Schnitt nur in jeder hundertsten Ausgabe. Das Sozialprodukt taucht nur zwölf Mal zwischen 1918 und 1934 auf.

Nach dem Ersten Weltkrieg stieg die Nachfrage nach Daten über den Stand der Wirtschaft. In der Politik und bei Journalisten. Der Grund dafür: die immer rasantere Inflation und die Reparationsforderungen der Siegermächte. Denn die Diskussion darüber, wie viel Deutschland bezahlen konnte, war nur auf der Basis einer möglichst verlässlichen Vorstellung von der wirtschaftlichen Leistungsfähigkeit möglich.

Eine der wenigen Quellen für die noch unterentwickelte Wirtschaftsstatistik war der Außenhandel, über den man dank der Zollbehörden immerhin einigermaßen informiert war. Notgedrungen musste der Außenhandel also als Indiz für die gesamte Wirtschaft herhalten. Aber auch hier waren die Zahlen mangelhaft, worüber *Voss*-Redakteur Edgar Stern-Rubarth klagt.[4] Die deutsche »Aussenhandel-Statistik« habe »seit Kriegsende sehr im argen gelegen«. Die damals veröffentlichte Mengenstatistik der Im- und Exporte – in Doppelzentnern – war für eine Industrienation weitgehend unbrauchbar.

Die amtlichen Schätzungen über den Wert der Im- und Exporte in Goldmark hätten sich »beim Vergleich mit der Statistik der beteiligten Fremdländer gleichfalls doch als recht fragwürdig« erwiesen. Außerdem konnten die Behörden wegen der Besetzung des Rheinlandes und Ruhrgebiets durch die früheren Kriegsgegner einen Großteil der mit Westeuropa gehandelten Waren nicht erfassen.

Über den dennoch erkennbaren Anstieg des deutschen Außenhandels freut sich Stern-Rubarth zwar, aber der Ärger über den Mangel an statistischer Verlässlichkeit überwiegt:

» Die Bedenken gegen die Form der Aussenhandelsstatistik muß freilich immer wieder unterstrichen werden [sic]. Schon die Anlage dieser Statistik ist eine veraltete, dem organischen Wachstum der Industrie nicht entsprechende, [...]. Da diese Ziffern aber im Zusammenhang mit den Reparationsverpflichtungen häufig als Grundlage für die Beurteilung der deutschen Wirtschaft benutzt werden, so ist eine gründliche Reform trotz aller zurzeit noch bestehenden politischen Hemmnisse eine dringende Forderung weiter industrieller Kreise.« [ebd.]

Was kann die deutsche Wirtschaft leisten? Das war angesichts der Reparationsforderungen die alles beherrschende Frage. Niemand konnte sie eindeutig beantworten. Es herrschte ein »Vakuum des Wissens«.[5]

Die Behauptungen von Staatsmännern der Entente, die Deutschen seien noch nicht hoch besteuert und könnten sich daher die Reparationen leisten, versuchte die Reichsregierung mit eigenen Zahlen zu kontern. Die *Voss* veröffentlichte diese »Berechnung der gesamten Besteuerung des deutschen Volkseinkommens«, die sie als »halbamtliche Ausführungen« bezeichnete.[6] Darin heißt es: »Wenn man mit einem gesamten Volkseinkommen von 140 Milliarden Papiermark zu rechnen hat, so entfallen auf den Kopf der Bevölkerung 2.333 Papiermark im Durchschnitt.« Angesichts eines Steuersatzes von durchschnittlich 32,2 Prozent blieben den Deutschen in Goldmark umgerechnet netto nur 158 jährlich pro Kopf. »Hierin drückt sich die schwere wirtschaftliche Lage des deutschen Volkes am besten aus«, schließt der Artikel.

Das entscheidende Wörtchen ist allerdings »wenn«. Auch die Reichsregierung wusste nämlich nicht, wie groß das Volkseinkommen tatsächlich war, weil die statistische Basis fehlte. Deutschlands Argument, dass die Steuerlast seiner Bürger schon viel höher sei als die der Briten oder Franzosen, konnte gegenüber diesen nicht eindeutig belegt werden. Denn nach den Zahlen der Franzosen war der Unterschied deutlich geringer als nach denen der Deutschen. Das musste auch die *Voss* ein Jahr später zugeben: »Eine Gegenüberstellung der Belastung [...] ist kaum möglich, weil uns sichere Kenntnisse über die Entwicklung der Realeinkommen in den verschiedenen Ländern fehlen.«[7]

Am Fehlen objektiver Wirtschaftsdaten war auch der Dawes-Plan gescheitert, auf den sich 1924 Deutschland mit den Siegerländern geeinigt hatte. Demnach sollte Deutschland die Reparationen nach einem eigens dafür geschaffenen Wohlstandsindex zahlen. In den Index gingen zum Beispiel der Fleischverzehr und der Kohlenverbrauch ein. Dass dieser Index und sein vorausgesehener Anstieg ungeeignet waren, die Zahlungsfähigkeit Deutschlands festzumachen, sahen auch die Siegermächte bald ein. Er wurde 1929 mit dem Young-Plan fallengelassen. Deutschland hätte sonst, so fürchteten Sieger und Besiegte, die völlige Überschuldung und Zahlungsunfähigkeit gedroht.

Die jahrelange öffentliche Diskussion über den Dawes-Plan und vor allem den Wohlstandsindex, an der sich die *Voss* beteiligte, zeigte dem deutschen Zeitungsleser und der Weltöffentlichkeit die Notwendigkeit eines möglichst einheitlichen Maßstabes für die Entwicklung von Volkswirtschaften besonders deutlich. »Für uns ist es schon lange kein Geheimnis, daß alle Indices, die wir bisher in Deutschland haben, mangelhaft sind«, schrieb ein gewisser »Dr. H. B« 1926 in der *Voss*. »Die teilweise erheblichen Differenzen in den Ermittlungen und dann wieder das außerordentlich enge Zusammenkommen der Index-Resultate zeigen deutlich, daß die Berechnungsmethoden, die zurzeit in Anwendung sind, auf alles andere, nur nicht auf Zuverlässigkeit Anspruch erheben können. [...] Es muß daher unser Ziel sein, beizeiten nach Verbesserungen Umschau zu halten.«[8]

## Das Institut für Konjunkturforschung beherrscht die Pressearbeit

Die gewünschten Verbesserungen waren schon im Gange. 1925 war das Institut für Konjunkturforschung (IfK) gegründet worden. Die Initiative dazu geht auf das Reichswirtschaftsministerium zurück. Dahinter stand der Wunsch, den Anschluss zu finden an die vor allem in den USA entwickelten empirischen Methoden der Konjunkturanalyse, die wiederum unmittelbar mit der Berechnung des Volkseinkommens zusammenhingen.[9] Gründungsdirektor war der Präsident des Statistischen Reichsamtes Ernst Wagemann. Er konnte sich dabei auf Unterstützung von allen Seiten verlassen: Nicht nur die Reichsregierung, sondern auch die Wirtschaftsverbände und sogar die Gewerkschaften finanzierten das Institut.

Das Vorläuferinstitut des Deutschen Instituts für Wirtschaftsforschung (DIW) war als Anhängsel des Statistischen Reichsamtes ein Schrittmacher für die Berechnung des Volkseinkommens ab 1926.[10] Es sorgte auch von Anfang an für die Ausbreitung des Wachstumsbegriffs. Wenn in der *Vossischen Zeitung* nach 1925 von Wachstum die Rede ist, dann kommt meist auch das IfK vor. Wagemann beherrschte bereits, was Ökonomen nach dem Krieg perfektionierten: die mediale Selbstinszenierung als scheinbar objektive Sachverständige. Wagemann und das IfK hatten mit regelmäßigen, statistisch unterfütterten Konjunkturberichten und den darin verpackten Überzeugungen durchschlagenden Erfolg in der Presse.

Nachdem schon die Pläne zur Gründung des Instituts der *Voss* mehrere Berichte wert waren, druckte sie Wagemanns euphorische Eigendarstellung zur Institutseröffnung am 16. Juli 1925 komplett. Darin heißt es: »Die [...] Gründung des Instituts für Konjunkturforschung wird in der gesamten deutschen Öffentlichkeit mit Genugtuung begrüßt werden. Es wird damit eine Lücke in der deutschen Wirtschaftsberichterstattung geschlossen, deren von privater Seite versuchte Ausfüllung bisher nicht von vollem Erfolge begleitet war.« Das IfK genieße »vor allen ähnlichen ausländischen Organisationen den Vorteil, in unmittelbarer organisatorischer Verbindung mit der zentralen statistischen Reichsbehörde zu stehen«[11]. Die Begeisterung war nicht auf die *Voss* beschränkt. Auch im *Berliner Tage-*

*blatt* erschien ein umfangreicher Artikel mit ganz ähnlich positivem Tenor über das neue Institut.[12]

Danach berichtete die *Voss* noch in 251 weiteren Artikeln über das IfK. Die meisten geben unkritisch die Ergebnisse von Wochen- oder Monatsberichten des Instituts wieder. In anderen wird das IfK zum Beleg eigener Thesen herangezogen. Wagemanns Institut war auf Anhieb zur ersten Instanz für Wirtschaftsjournalisten geworden. Aus dieser medialen Poleposition konnte das IfK den ökonomischen Diskurs entscheidend prägen.

Dass wirtschaftliches Wachstum der Normalfall, also »natürlich« oder »gesund« sei, war für das IfK ausgemacht. Für Ökonomen war diese Wortwahl nichts Neues. Die Vorstellung von der Volkswirtschaft als Organismus war vor allem unter den deutschen Nationalökonomen der Historischen Schule verbreitet.[13] »Gesund« und »natürlich« waren aber auch bei deren intellektuellen Gegnern, also den klassischen und neoklassischen Ökonomen in England und den USA, sehr beliebte Adjektive, um angeblich universal geltende ökonomische Gesetze zu bestätigen. Hilfe für die hungernden irischen Bauern während der großen Hungersnot von 1845 war in London mit dem Hinweis auf die »gesunde« und »natürliche« Kraft des Marktes abgelehnt worden.

Solche Zuschreibungen aus der Welt des Organischen finden sich vor der Gründung des IfK im Jahr 1925 fast gar nicht in der Wirtschaftsberichterstattung der *Vossischen Zeitung*, aber dann immer wieder. Im Dezember 1928 zum Beispiel brachte die Zeitung eine Zusammenfassung eines der ersten Wochenberichte des Instituts, in der an zwei Stellen vom »natürlichen Wachstum« die Rede ist. Dieses sei im Jahr 1928 »nicht nur beeinträchtigt, sondern in letzter Zeit durch den Konjunkturrückgang sogar überkompensiert«.[14]

Eine aussagefähige Wirtschaftsstatistik war eine Voraussetzung dafür, dass »Wachstum« zu einem maßgeblichen Begriff für den Journalismus werden konnte. Das zeigt auch ein Artikel über »Deutschlands wirtschaftliche Entwicklung im ersten Halbjahr 1928«[15]. Es handelt sich um die Zusammenfassung eines Berichts der Reichskreditgesellschaft.

Diese Reichskreditgesellschaft, auch »Erka« genannt, war keine normale Geschäftsbank. Sie hatte drei Ursprünge, die bei der Genese des Wachstumsdenkens immer wieder anzutreffen sind: Krieg, Statistik und Staat. Hervorgegangen war sie aus dem 1917 gegründeten Statistischen Büro für Kriegsgesellschaften beim Reichsschatzamt, dem späteren Reichsministerium der Finanzen.[16] Die Reichskreditgesellschaft operierte an einer Schnittstelle zwischen privater und Staatswirtschaft. In ihrem Aufsichtsrat und Vorstand saßen auch hohe Beamte des Finanzministeriums. Eine ihrer Hauptaufgaben war die Abwicklung des Im- und Exports deutscher Unternehmen. Der Zugang der statistischen Abteilung der Erka zu den Außenhandelsdaten gab den halbjährlichen Berichten über *Deutschlands wirtschaftliche Lage* besonderes Gewicht – auch für Wirtschaftsjournalisten.

»Zwang zum Wachstum charakterisiert die neuzeitliche Wirtschaftsentwicklung.« Mit diesem Zitat aus dem Bericht beginnt der Artikel in der *Voss*: Die Reparationen, die Deutschland den Siegermächten zahlen musste, seien »neben der Vermehrung der Bevölkerung, dem Willen zur Wohlstandssteigerung und dem technischen Fortschritt eine der Ursachen, die Deutschland zur Beschleunigung des Wachstums zwingen«.[17] Ein ähnlicher Artikel erschien am selben Tag auch im *Berliner Tageblatt*. Der Wachstumsbedarf der deutschen Wirtschaft, heißt es dort, sei der »leitende Gedanke« des Berichts der Erka.[18]

Wachstum wird also als einzige Möglichkeit zur Behebung einer Zwangslage vorgestellt. Dementsprechend ist mehrfach vom »Wachstumsbedarf« die Rede. »Die Steigerung der Reparationsleistungen« beeinträchtige aber die »schon jetzt unzureichende Kapitalbildung Deutschlands«. Ein großes Problem, denn, wie der ungenannte Autor weiß: »Wachstumsbedarf ist Kapitalbedarf«. Er, beziehungsweise die Erka, zieht daraus und aus den erheblichen Zinsdifferenzen zwischen Deutschland und den Reparationsempfängerländern den Schluss: »Wir müssen also noch mehr mit unserer Produktion auf den Weltmarkt gehen, also noch schneller und noch ökonomischer als bisher arbeiten. Weiterer technischer Fortschritt ist aber in der Gegenwart ohne sozialen Fortschritt nicht möglich. Ohne Verbrauchsverbesserung, Zukunftssicherung und Arbeitserleichterung ist auf die Dauer keine Leistungssteigerung zu erzielen.« [ebd.]

Diese enge Verbindung, die der Bericht zwischen Wachstum, technischem und sozialem Fortschritt herstellt, war zukunftsweisend. Obwohl die Betonung des Zwangs eher bedrückend als verheißungsvoll klingt, vermittelt der Artikel bereits eine Ahnung von der großen Erzählung der Wirtschaftspolitiker und Ökonomen, die nach dem Zweiten Weltkrieg in der westlichen Welt Wirklichkeit werden sollte: Wirtschaftswachstum als Ausweg aus Kriegsschäden und Krisen.

## Vorbild Amerika

Die Medienkarriere des Wachstumsbegriffs ist außerdem nicht zu verstehen ohne die Vorbildfunktion der USA, und zwar sowohl deren Wirtschaft selbst als auch deren Wirtschaftsstatistik betreffend. Die *Voss* hielt ihren Lesern immer wieder vor Augen, dass Amerika nicht nur in der Wirtschaftsleistung Deutschland weit überlegen war, sondern darüber auch viel besser Bescheid wusste. Hinter sein oben erwähntes Klagelied über die Unzulänglichkeit der deutschen Außenhandelsstatistik setzte *Voss*-Redakteur Edgar Stern-Rubarth sicher nicht zufällig einen kleinen Artikel über den amerikanischen Außenhandel, in dem fast mehr Ziffern als Buchstaben stehen.[19] Die Botschaft war eindeutig: Seht her, die Amerikaner machen vor, wie es besser geht!

Das IfK war auch eine Reaktion auf dieses Vorbild. Im oben erwähnten Artikel über die Gründung heißt es: »Die europäische Wissenschaft, an ihrer Spitze die deutsche Nationalökonomie, hat diese Auseinandersetzungen [über die Wellenbewegung der Konjunktur, F. K.] vorwiegend mit theoretischen Argumenten geführt. Demgegenüber hat neuerdings [...] die Wissenschaft der Vereinigten Staaten eine eigenartige exakte Forschungsmethode entwickelt.« Diese sei »eine Verbindung der theoretischen Deduktion mit modernsten statistischen Methoden«. Es liege »auf der Hand, daß mit einer genauen Kenntnis der jeweiligen wirtschaftlichen Konstellation im In- und Auslande ein neues Mittel zur Rationalisierung des Produktions- und Verteilungsprozesses der Wirtschaft gewonnen wird. Gerade die Erfahrungen in den Vereinigten Staaten haben aber gezeigt, daß die Erhellung der gesetzmäßigen Zusammenhänge der Konjunkturen eine überaus schwierige wissenschaftliche Forschungsarbeit darstellt, die nur im Zusammenwirken der Wissenschaft mit den Organen der staatlichen

Wirtschaftspolitik und den maßgebenden Stellen der Wirtschaft selbst erfolgreich durchgeführt werden kann.«[20]

1925 veröffentlichte die *Voss* eine Serie von Reiseberichten des Kölner Ökonomen Julius Hirsch aus den USA. In den *Amerikanischen Wirtschaftsbildern* des ehemaligen Staatssekretärs im Reichswirtschaftsministerium erfuhr der deutsche Leser, dass »das Volksvermögen pro Kopf dort zwei bis dreimal so hoch wie das deutsche pro Kopf des Einwohners in unserer besten Zeit« sei.[21] Aus der Serie machte Hirsch ein Buch, das damals viel beachtet wurde und schon im ersten Erscheinungsjahr 1926 zehn Auflagen erreichte: *Das amerikanische Wirtschaftswunder*. Hirsch empfiehlt darin das »american system« zur Übernahme, also die von Henry Fords Fließbändern und Frederick Winslow Taylors wissenschaftlicher Arbeitsorganisation geprägten Produktionsmethoden. Die Amerikanisierung Deutschlands beginnt – zumindest was die Wirtschaft betrifft – nicht erst nach dem Zweiten Weltkrieg.

Zu dieser Amerikanisierung gehörte auch die zunehmende Fixierung auf Statistik. Sie machte erst möglich, von Wachstum zu sprechen. *Amerikas gigantisches Wachstum* ist ein Artikel der *Voss* von 1926 überschrieben.[22] Darin ist eine detaillierte Tabelle aus dem Jahresbericht des US-Handelsministeriums abgebildet – mit der indexierten Entwicklung des Umsatzes in wichtigen Sektoren seit 1919. Präsident Herbert Hoover konnte sich, wie die *Voss* aus New York berichtet, ein »Rekordjahr« auf die Fahnen schreiben, »wie die Geschichte es noch nie bescherte«. Der deutsche Reichskanzler hätte 1926 allein aus Mangel an Belegen kein Rekordjahr verkünden können.

Die Jahre 1929 bis 1932 waren ganz von der Weltwirtschaftskrise geprägt und den fehlgeschlagenen Versuchen der Regierung Brüning, sie zu überwinden. Unter diesen Bedingungen konnte es keine Nachrichten über Wirtschaftswachstum geben. Was wuchs, waren die Arbeitslosigkeit und die offensichtliche Hilflosigkeit der Politik. Doch interessanterweise liest man gerade jetzt vermehrt vom »normalen«, »natürlichen« oder »gesunden« Wachstum der Wirtschaft, zu dem es zurückzufinden gelte – vor allem in einigen Artikeln, die sich auf IfK-Berichte beziehen. Der Tiefstand der Automobilproduktion in den Krisenjahren ist für das IfK »unnatürlich«.[23] In ähnlichem Tonfall und mit ähnlicher Überzeugung schreibt auch der Ökonom Egon Reiche auf dem Höhepunkt der Weltwirtschaftskrise in einem Gastbeitrag: »mit den besonderen Gesetzen des Wirtschaftsfortschritts hängt die Krise zusammen«. Wenige Sätze danach ist von »im Wachstum zurückgebliebenen Industriegruppen« die Rede.[24]

Die metaphorische Wortwahl der Statistiker und Konjunkturforscher hat offenbar auch auf die Journalisten abgefärbt. Im März 1929 – die ersten Anzeichen der Weltwirtschaftskrise waren schon deutlich – schreibt der Wirtschaftschef der *Voss*, Richard Lewinsohn, erstmals in einem großen Leitartikel vom »gesunden Wachstum«, das laut Geschäftsbericht der Deutschen Bank ausbleibe, solange die »Ketten« der Reparationszahlungen nicht »gelockert« würden.[25] Eine »gesunde Volkswirtschaft« habe, so heißt es in einem Artikel über die im Sommer 1932 von Reichskanzler von Papen begonnene Subventionspolitik, »sobald sie von unnatürlichen Fesseln befreit ist, den Trieb zu natürlichem Wachstum. Auch ohne das Expansionstempo der früheren Hoch- und Überkonjunktur wiederaufzunehmen, wird man Neuanlagen schaffen, um technische Fortschritte wirtschaftlich auszuwerten, um einzelne Betriebe zu stärken oder völlig neue Produktionszweige aufzubauen.«[26] Ähnliche Worte auch in einem Leitartikel des damaligen Chefredakteurs Julius Elbau: Die Aufgabe des neuen amerikanischen Präsidenten Franklin D. Roosevelt sei, »die natürlichen Heilkräfte der freien Wirtschaft wieder zu beleben, deren willkürliche Bindung den Segen gesteigerter Produktionskraft in den Fluch geminderter Konsumfähigkeit verwandelte.«[27]

In den frühen 1930er-Jahren, auf dem Höhepunkt der wirtschaftlichen Krise und angesichts eines weltweiten Schrumpfens der Wirtschaft, hatte sich der Glaube an das Wachstum als Norm in der Wirtschaftsredaktion einer der wichtigsten deutschen Zeitungen festgesetzt. »Bei normaler Konjunktur aber gehört auch ein gewisses Wachstum zum Lebensgesetz der Wirtschaft«, heißt es in einem Leitartikel über den Maschinenbau.[28]

Zwar herrschte unter deutschen Ökonomen noch große Skepsis gegenüber dem Konzept, die gesamte Wirtschaftsleistung in einer einzigen Zahl – also dem Volkseinkommen oder Sozialprodukt – zu messen. Auf der Tagung des Vereins für Socialpolitik 1926 kritisierte Karl Diehl: »Diese Versuche haben nur Wert gehabt für politische Stimmungsmache.«[29] Die Ablehnung der Wirtschaftsstatistik durch deutschsprachige Ökonomen war aber nicht entscheidend, wie sich zeigen sollte. In der Politik und den Medien war der Ruf nach der einen mächtigen Zahl längst unüberhörbar. Das Ergebnis war die erste offizielle Volkseinkommensstatistik des Statistischen Reichsamtes für 1931, die im Mai 1933 veröffentlicht wurde.

Der ungenannte Autor der *Voss* nimmt das Zahlenwerk gleich gegen Kritiker in Schutz: »Die Frage nach dem Reichtum und Einkommen eines Landes bedeutet in der Tat mehr als eine mehr oder weniger phantasievolle Zahlenspielerei; sie wird nicht von wirklichkeitsfremden Theoretikern, sondern in erster Linie von Männern der Praxis [...] gestellt.«[30] Die Zahlen hatten allerdings eher für Wirtschaftshistoriker Bedeutung, da sie zwar bis in die 1890er-Jahre zurückreichten, aber das abgelaufene Krisenjahr 1932 nicht mehr mit erfassten. Außerdem war die Berechnungsmethode sehr verschieden von denen anderer Länder, was internationale Vergleiche unmöglich machte. Die Begeisterung des Journalisten hält sich daher in Grenzen: »Ehe man also eine Zahl übernimmt, und zur Grundlage eigener Betrachtungen macht, muß man sich genau vergewissern, auf welche Weise sie zustande gekommen ist und welche Einkommenskomponenten sie umfaßt.«

Angesichts der fortbestehenden Mängel blickten die Wirtschaftsjournalisten der *Voss* bewundernd nach Amerika. Dort waren nicht nur die statistischen Daten dank großer Umfragen in Unternehmen viel umfangreicher. Auch deren Anwendung für die Berechnung des Volkseinkommens war viel weiter fortgeschritten. Alle großen Impulse für volkswirtschaftliche Gesamtrechnungen kamen aus den englischsprachigen Ländern.[31] In diesen Jahren erfuhr die amerikanische Wirtschaftswissenschaft, die zuvor jahrzehntelang im Schatten der deutschen gestanden hatte, dank ihrer offensichtlichen Überlegenheit in der Statistik eine Aufwertung in der deutschen Presse.

In einer der letzten Ausgaben der *Vossischen Zeitung* im Frühjahr 1934 steht ein sehr ausführlicher Bericht über die bahnbrechenden Berechnungen des amerikanischen Volkseinkommens durch Simon Kuznets.[32] Seine Arbeit im Auftrag der US-Regierung war ein entscheidender Schritt in der

Geschichte der volkswirtschaftlichen Gesamtrechnungen hin zum Bruttosozialprodukt (BSP).[33] Nach Kuznets' Pionierarbeit berechnete das US-Wirtschaftsministerium ab 1934 in monatlichem Abstand das Volkseinkommen. Die Ergebnisse wurden umgehend politisch vereinnahmt. Franklin D. Roosevelt verwendete die aufsteigende Zahlenreihe zum Beispiel im Präsidentschaftswahlkampf 1936 als Beleg seiner wirtschaftspolitischen Erfolge.[34]

## Aus Handelsredakteuren werden Wirtschaftsredakteure

Die Analyse einer der wichtigsten Zeitungen in den turbulenten Jahren zwischen Erstem Weltkrieg und nationalsozialistischer Diktatur zeigt, dass sich die spätere Bedeutung des Wachstums bereits abzeichnete. Die kriegsbedingten ökonomischen Einbußen und die zusätzliche Belastung durch die Reparationsforderungen waren nur zu stemmen, wenn mehr produziert und mehr verdient würde. Das war offensichtlich und wurde dem Leser immer wieder vor Augen geführt. Gefragt war also, was wir heute Wachstumspolitik nennen. Doch die Wirtschaftspolitiker der Epoche, vor allem die deutschen, wussten über die Wirtschaft zu wenig, um ihrer Krise Herr werden zu können.

Nicht nur in Politik und Wirtschaft wuchs der Bedarf nach verlässlichen Daten, aus denen man politische Vorgaben ableiten könnte. Auch den Journalisten fehlten solche Daten, um den Lesern ein glaubwürdiges Bild vom allgemeinen Zustand der Wirtschaft geben und die Wirtschaftspolitik der Regierung beurteilen zu können. Die wachsende Nachfrage nach einem journalistisch brauchbaren Maß für die Wirtschaft und ihr Wachstum befriedigten ab der zweiten Hälfte der 1920er-Jahre das Statistische Reichsamt und das IfK ansatzweise.

Erst eine aussagekräftige Wirtschaftsstatistik, die verlässliche Daten produziert, macht den modernen, für alle Leser interessanten Wirtschaftsjournalismus möglich – samt seiner Fixierung auf messbares Wachstum. Nicht ohne Grund benannte die *Voss* im November 1933 ihr *Finanz- und Handelsblatt* in *Wirtschaftsblatt* um. Bis dahin gab es in Deutschland keine Wirtschaftsredakteure, sondern nur Handelsredakteure.[35] Der Handelsteil der Zeitungen bestand bis in die Zwischenkriegszeit hinein vor allem aus »Notizen«, also aus kaum journalistisch aufbereiteten Detailinformationen über Dividenden bestimmter Firmen, Preislisten von Handelsgütern und Meldungen über das Ein- oder Auslaufen von Dampfern. Amerika machte vor, wie es besser geht. Und die deutschen Journalisten priesen ihren Lesern das amerikanische Vorbild an. Als die amerikanischen Besatzungsbehörden nach dem Zweiten Weltkrieg von den Deutschen verlangten, nach ihren amerikanischen Methoden das Bruttosozialprodukt als Maß für die Leistung der deutschen Volkswirtschaft zu erheben, mussten sie kaum Überzeugungsarbeit leisten. Dass Amerika nicht nur in tatsächlicher Wirtschaftsleistung führend war, sondern darüber dank verlässlicher Zahlen auch besser Bescheid wusste, hatten die Nachkriegsdeutschen zwanzig Jahre zuvor womöglich schon in der Zeitung gelesen.

## 2. Kapitel
# Die 1950er-Jahre – Ein neuer Fortschrittsglauben und seine Propheten

»Das stetige Wachstum ist der neue Fortschrittsglaube«, schreibt der Publizist Fritz Hauenstein[1] im Jahr 1959. »Die Wachstumsrate ist [...] zum Kriterium der Wirtschaftspolitik und zum Maß des internationalen Vergleichs geworden. [...] Zwischen Ost und West, zwischen den einzelnen Industrieländern und den konkurrierenden Unternehmen ist der Wettbewerb um die größte Wachstumsrate entbrannt.«[2] Nicht nur die Wirtschaft wuchs damals, sondern auch der Gebrauch des Begriffes »Wachstum«. Er taucht, wie Hauenstein bemerkt, schon damals »in allen möglichen Kombinationen« auf: »Wachstumsindustrien«, »Wachstumsaktien«. Das sind Wörter, die einem Wirtschaftsjournalisten der 1920er-Jahre unbekannt waren.

*Abbildung 1:* **Artikel mit Suchwort »Wirtschaftswachstum« in der** *FAZ* *(Quelle: eigene Recherche).*

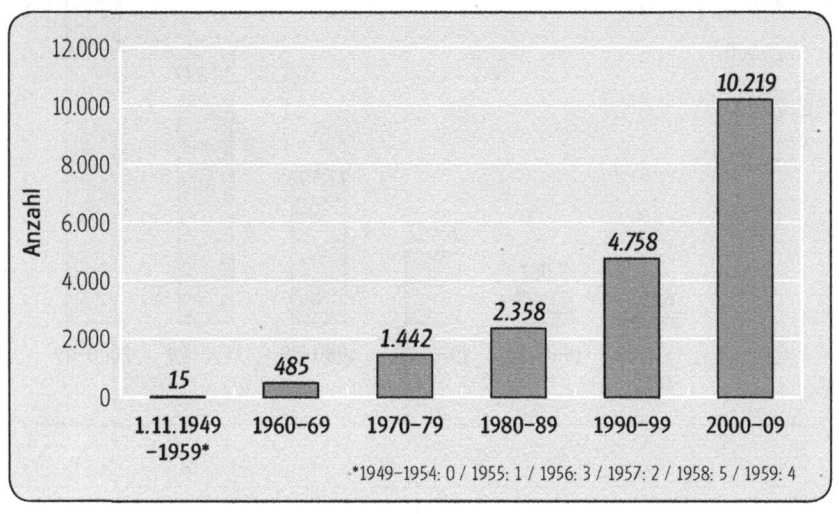

*Abbildung 2:* **Artikel mit Suchwörtern »Wachstum« UND »Wirtschaft« in der** *FAZ* (Quelle: eigene Recherche).

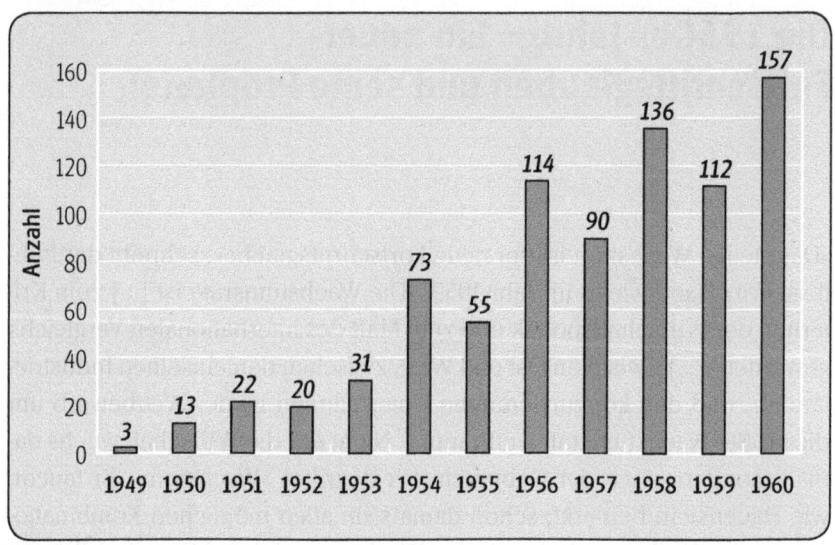

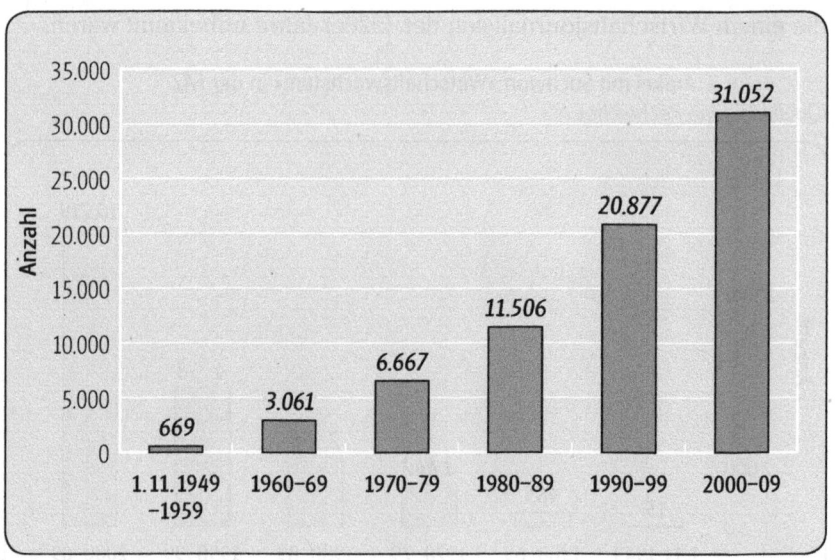

Die beispiellose Medienkarriere des »Wirtschaftswachstums« zum ökonomischen, politischen und nicht zuletzt journalistischen Leitbegriff hatte gerade erst richtig an Fahrt gewonnen, als Hauenstein dies schrieb. In den ersten Nachkriegsjahren war von Wachstum zunächst noch ähnlich selten in der Presse zu lesen wie in den 1920er-Jahren. Das sollte sich erst allmählich ändern, als nach der Währungsreform 1948 das begann, was die Zeitgenossen schnell das Wirtschaftswunder nannten. Die bis heute ungebrochene Hochkonjunktur des Wachstumsbegriffs ist seither unabhängig von tatsächlichen Wachstumsraten. Anders gesagt: In jenen Jahren, als die deutsche Wirtschaft am stärksten wuchs, schrieb man noch sehr viel weniger über dieses Wachstum als in späteren, immer wachstumsschwächeren Jahren. Das zeigt beispielhaft die Analyse einer Zeitung, die seit 1949 die Wirtschaftsberichterstattung in Deutschland prägt wie kaum eine andere: die *Frankfurter Allgemeine Zeitung (FAZ)*.

## Die junge *FAZ* – Hochburg der »Brigade Erhard«

Die *Frankfurter Allgemeine* wurde 1949 gegründet.[3] Der Anstoß und ein Großteil des Kapitals kam von der Wirtschaftspolitischen Gesellschaft von 1947 (Wipog)[4], in der neben großen Firmen wie Siemens, einigen Industrie- und Handelskammern und namhaften Persönlichkeiten wie dem ersten Bundespräsidenten Theodor Heuss auch Ludwig Erhard selbst Mitglied war. Die Wipog war bis 1952 Mehrheitseignerin des *FAZ*-Verlags. Die neue Zeitung, die viele weitere Redakteure der früheren *Frankfurter Zeitung* übernahm, sollte eine mächtige Stimme gegen die unter damaligen Journalisten verbreiteten kollektivistischen, sozialisierungsfreundlichen Meinungen sein. Die dominante Figur in ihrem ersten Herausgeberkollegium war der Wirtschaftsjournalist Erich Welter (1900–1982). Er war selbst Mitglied der Wipog und stand mit Erhard und den ordoliberalen Vordenkern der sozialen Marktwirtschaft in intensivem Kontakt.[5] Welter war »ein Mittelpunkt der publizistischen Diskussion um die Wirtschaftspolitik der fünfziger-Jahre«[6] und die *FAZ* »im Kern sein Werk«[7]. Das Wirtschaftsressort der *FAZ* wurde dank Welter zu einer Hochburg der »Brigade Erhard«, wie man dessen Unterstützer damals scherzhaft nannte.

Welter hatte schon als junger Redakteur der *Frankfurter Zeitung* in der Weimarer Zeit dem Begriff »Wachstum« eine zentrale Stellung eingeräumt (vgl. 1. Kapitel). In seiner Habilitationsschrift untersucht er 1931 die »Ursachen des Kapitalmangels in Deutschland«, seiner Ansicht nach eine entscheidende Wachstumsbremse. Als 32-Jähriger wurde er nach der Machtübernahme der Nazis bis 1934 für einige Monate der letzte Chefredakteur der *Vossischen Zeitung*. Dann ging er als Wirtschaftschef zurück zur *Frankfurter Zeitung*. Nachdem diese 1943 von den Nazis eingestellt worden war, verbrachte er die letzten Kriegsjahre im Planungsamt von Albert Speers Rüstungsministerium.

Welter vertrat nicht nur in der *FAZ*, sondern auch als Professor für Volkswirtschaft an der Universität Mainz und Leiter des dortigen Forschungsinstituts für Wirtschaftspolitik kompromisslos die Positionen Erhard'scher Wirtschaftspolitik: Beseitigung der Reste staatlicher Zwangswirtschaft, Liberalisierung der Außenwirtschaft, Unabhängigkeit der Bundesbank und Geldwertstabilität als ihr Ziel, Rückzug des Staates als Unternehmer und Beschränkung auf ordnungspolitische Aufgaben. Vor allem aber widmete er früher und stärker als andere Journalisten dem Wirtschaftswachstum die Aufmerksamkeit, die ihm damals zukam.

Die 1946 gegründete Wochenzeitung *Die Zeit* hinkte in dieser Hinsicht der *FAZ* hinterher. Wirtschaftschef bis 1958 war Erwin Topf. Sein Werdegang vor und während der Nazizeit[8] ist interessanter als seine trockenen Analysen über Agrarwirtschaft, Gewerkschaften und Betriebsverfassungsfragen. Topf erkannte im Gegensatz zu Welter nicht, dass das Wachstum des Bruttosozialprodukts die entscheidende Kategorie der Wirtschaftspolitik und des Wirtschaftsjournalismus der Nachkriegszeit war. Das Wirtschaftsressort war in den frühen Jahren kein Aushängeschild der *Zeit*.[9] Politisch aber steht auch die *Zeit* in den 1950er-Jahren hinter der sozialen Marktwirtschaft und unterstützt Erhard.

Erst allmählich wird das Wachstum zu einem zentralen *Zeit*-Wirtschaftsthema. Das *Zeit*-Archiv liefert für die ersten Erscheinungsjahre von 1946 bis 1949 keinen einzigen Treffer mit dem Suchwort »Wirtschaftswachstum« oder der Kombination der Suchworte »Wachstum« und »Wirtschaft«. »Wir glauben und hoffen, daß es [das Sozialprodukt] danach [nach der

*Abbildung 3:* Artikel mit Suchwort »Wirtschaftswachstum« (inklusive Kombinationen wie »Wachstum der Wirtschaft« oder »die Wirtschaft wächst«) in der *Zeit* (Quelle: eigene Recherche).

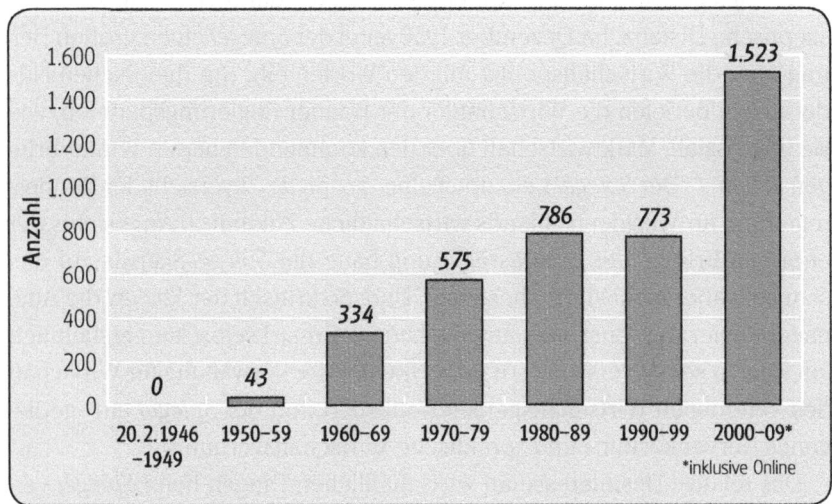

bevorstehenden Geldreform] bald steigt«, schreibt ein ungenannter *Zeit*-Autor 1947.[10] Bis Ende 1959 erscheinen in der *Zeit* insgesamt nur 43 Artikel, in denen der Begriff »Wachstum« im Zusammenhang mit Wirtschaft vorkommt, 1950 nur ein einziger und 1951 keiner, 1958 aber elf und 1959 zehn Artikel. Die Kombination »Wirtschaftswachstum« erscheint zum ersten Mal im Dezember 1954 in der *Zeit*.[11] Danach wächst auch in der *Zeit* die Verwendung des Wachstumsbegriffs in rasantem Tempo.

Im *Spiegel* fand eine ähnlich verspätete Entwicklung statt. Wirtschaft gehörte in den ersten Jahren nicht zu den Kernthemen des 1947 gegründeten Magazins. In den berühmten Kommentaren des Herausgebers Rudolf Augstein unter dem Pseudonym »Jens Daniel« spielt Wirtschaft keine Hauptrolle. Auf die großen Wachstumserfolge der frühen 1950er-Jahre, die in der *FAZ* euphorisch gefeiert werden, blickt Augstein betont gelangweilt. »Man hat ein tüchtiges Volk arbeiten lassen, das ist alles«, kommentiert er nach den Bundestagswahlen 1953 die Wirtschaftspolitik. Er sah Deutschland zu Höherem berufen, zu »edleren Wettbewerben« als der Wirtschaft. »Wir sollten nicht vergessen, dass ein Volk nicht allein von seinem Export lebt.«

Was andere als »Wirtschaftswunder« feiern, ist für Augstein nur »materielle Basis zu einer Regeneration unseres Volkes«.[12]

Der *Spiegel* bewahrt gegenüber der sozialen Marktwirtschaft zunächst skeptische Distanz. Im Dezember 1950 leitet der *Spiegel* einen großen Beitrag über die Wirtschaftspolitik mit den Worten ein: »Im rheinischen Niederbreisig berieten die Wirtschaftler der Bonner Regierungsparteien, wie sie ihre soziale Marktwirtschaft über den kommenden harten Winter bringen sollen.«[13] Der *Spiegel* behauptet eine »gespielte Zuversicht der Bundesregierung für Westdeutschlands wirtschaftliche Zukunft«.[14] Angesichts der enormen Erfolge der Bundesregierung hatte die *Spiegel*-Skepsis auf diesem Feld aber nicht viel zu bestellen. Und: So kritisch der *Spiegel* die Adenauer-Regierung sonst auch anging, Ludwig Erhard selbst kam erstaunlich gut weg. In seinem ersten Porträt als Direktor der Verwaltung für Wirtschaft des Vereinigten Wirtschaftsgebietes attestiert ihm der *Spiegel* ein »gediegenes Nervenkostüm« und »praktische Wirtschaftsvernunft«.[15]

Das relative Desinteresse an wirtschaftlichen Dingen beim *Spiegel* verschwindet gegen Ende der 1950er-Jahre allmählich. Der Begriff »Wirtschaftswachstum« taucht erst 1963 in einem *Spiegel*-Heft auf. In den 1960er-Jahren wird er in insgesamt 31 *Spiegel*-Artikeln verwendet, in den 1970ern in 235, in den 1980ern in 277 und in den 1990ern in 301 Artikeln.

Auch wenn der Aussagewert solcher Auszählungen begrenzt bleiben muss, allein schon wegen der zunächst noch vergleichsweise geringen Seitenzahlen der Zeitungen und Magazine,[16] ist die daran zu erkennende Tendenz doch ganz eindeutig und wird durch inhaltliche Analyse bestätigt: Um 1960 hat sich »Wirtschaftswachstum« als öffentlicher Leitbegriff etabliert.

## Neue Möglichkeiten durch das Bruttosozialprodukt

Wie ist diese Medienkarriere zu erklären? Was unterscheidet den Wirtschaftsjournalismus nach dem Zweiten Weltkrieg von demjenigen nach dem Ersten Weltkrieg, für den der Wachstumsbegriff noch keine zentrale Bedeutung hatte? Die Antwort ist vermutlich vor allem in den neuen Möglichkeiten der Berichterstattung zu suchen, die die Wirtschaftswissenschaften boten. Die radikalen Neuerungen, die amerikanische Ökonomen kurz vor und während des Zweiten Weltkrieges schufen, sollten nicht nur Wirtschaft und Politik umgreifend verändern, sondern auch die Art und Weise, wie darüber berichtet wird.

Der Sieg der Vereinigten Staaten im Zweiten Weltkrieg war ein Sieg der amerikanischen Idee des *gross national product*, also des Bruttosozialprodukts. Für die Amerikaner war der Zweite Weltkrieg ein »Sozialproduktkrieg«, wie der Historiker Russel Weigley schreibt.[17] Die Methode zu seiner Berechnung, die Milton Gilbert, Leiter der Forschungsabteilung im Department of Commerce, in den frühen 1940er-Jahren durchgesetzt hatte, bewährte sich hervorragend. Im Gegensatz zu den meisten vorangegangen Konzepten einer volkswirtschaftlichen Gesamtrechnung nimmt das *national product* nicht die Perspektive der Bezieher von Einkommen ein, sondern diejenige der Produzenten. Im Krieg war das die entscheidende Frage: Wie viele Rüstungsgüter kann die amerikanische Industrie herstellen? Und dies möglichst, ohne eine übermäßige Inflation zu verursachen.

Mit dem »System der nationalen Konten«, der neuen Methode zur Berechnung des Sozialprodukts, zeigten die amerikanischen Ökonomen ihrer Regierung, wie ihre beiden Ziele – größtmögliche Aufrüstung bei anhaltend hohem zivilem Konsum – ins Gleichgewicht kommen konnten. Die Konten offenbarten ungenutzte Kapazitäten und zeigten so, dass die Produktion viel stärker wachsen konnte, als man es vorher für möglich gehalten hatte. Roosevelts Regierung erfuhr, dass die Vereinigten Staaten sich den Krieg leisten konnten, ohne der Bevölkerung große Wohlstandseinbußen zumuten zu müssen. Im Gegenteil, am Ende des Krieges würde Amerika wohlhabender dastehen. Das Bruttosozialprodukt war für die USA zunächst vor allem ein »Kriegsplanungswerkzeug«.[18] Die Ökonomen, so die These eines Historikers, haben für die USA den Krieg gewonnen.[19]

Die Organisatoren der deutschen Rüstungswirtschaft dagegen wussten in Ermangelung eines entsprechenden Zahlenwerkes buchstäblich nicht, was sie taten. Das Fehlen statistischer Daten war neben dem Durcheinander der Ministerien und NSDAP-Organisationen, die andauernd um Zuständigkeiten kämpften, der Grund für die Ineffizienz der deutschen Rüstungswirtschaft.

Erich Welter hat dieses kriegswirtschaftliche Versagen aus nächster Nähe im Planungsamt des Reichsministeriums für Rüstung und Kriegsproduktion miterlebt und darüber ein Buch geschrieben.[20] Ein Auszug erschien auch in der *FAZ*. Das Desaster der deutschen Kriegswirtschaft bestätigte Welter nicht nur in seiner Ablehnung der Rationierung von Produktion und Verbrauch, sondern überzeugte ihn auch von der Zweckmäßigkeit einer »von den Endprodukten ausgehenden statistischen Übersicht über die Ziele und Wege der Produktionsmittelströme«.[21] Genau diese Übersicht verschaffte das Sozialprodukt nach amerikanischer Methode.

Mit ihrer neuartigen volkswirtschaftlichen Gesamtrechnung hatten die ökonomischen Berater der US-Regierung gezeigt, dass ein über den Krieg hinaus anhaltender, ziviler Wachstumskurs das verhindern könne, was alle fürchteten: die Rückkehr der fatalen Massenarbeitslosigkeit der 1930er-Jahre.[22] Mit dem »Employment Act« von 1946 wurde die Ausweitung der Produktion zum Regierungsziel. Statt um möglichst viele Rüstungsgüter ging es nun um möglichst viele Jobs.

Verbunden damit war ein historischer Stimmungswandel der Ökonomen und der von ihnen beratenen Politiker. »Die Aussicht auf die Zukunft war nicht länger geprägt von Furcht und Pessimismus, sondern von der Vorstellung einer immer weiter möglichen Verbesserung durch Wachstum.«[23] Die bis dahin vorherrschende Idee, dass reife Industriegesellschaften nicht mehr wachsen, sondern in einem *stationary state* (auch *steady state*) bleiben würden, wurde als überholt verworfen.[24] Stattdessen sahen die im Council of Economic Advisors (CEA) versammelten Berater der US-Regierung ein goldenes Zeitalter der Vollbeschäftigung und des Wohlstands voraus, sofern das Wachstum höchste Priorität in der Politik habe. Colin Clark, einer der Großväter des Bruttosozialprodukts, prägte dafür später den ironischen Begriff des *Growthmanship*.[25]

Die amerikanische Wachstumseuphorie der 1940er-Jahre sollte nach dem Krieg zum Exportschlager werden. Dazu gehörte zusammen mit dem Geld des Marshall-Plans auch die amerikanische Messlatte des Wachstums. Das erste deutsche Bruttosozialprodukt hatten der amerikanische Ökonom John Kenneth Galbraith und seine Mitarbeiter im Rahmen des *Strategic Bombing Survey* unmittelbar nach Kriegsende unter abenteuerlichen Umständen recherchiert.[26] 1948 erhielt dann das neu gegründete Statistische Amt des vereinigten Wirtschaftsgebietes – aus dem 1950 das Statistische Bundesamt wurde – den Auftrag, künftig nach amerikanischen Methoden regelmäßig das BSP der Westzonen zu berechnen. Das geschah erstmals für das zweite Halbjahr 1948.

Die Presse nimmt dieses neue Sozialprodukt[27] sofort an. Der Begriff wird selten erklärt, sondern offensichtlich als bei den Lesern bekannt vorausgesetzt. An keiner Stelle weisen die Wirtschaftsjournalisten in der *FAZ*, der *Zeit* oder dem *Spiegel* darauf hin, dass die Erhebung dieser Zahl nach amerikanischer Methode neuartig war und erstmals eine internationale Vergleichbarkeit ermöglichte. Die *FAZ* gab es noch nicht, als das Statistische Amt 1949 das erste Sozialprodukt der Westzonen veröffentlichte. Aber auch dem *Spiegel* und der *Zeit* war die Einführung der neuen Methode keine Meldung wert. Die Bedeutung dieser Erfindung, die man zu den größten des 20. Jahrhunderts rechnen kann,[28] haben deutsche Journalisten nicht vernehmbar reflektiert.

Ältere deutsche Ökonomen, die noch in der Tradition der Historischen Schule standen, blieben zwar zunächst noch skeptisch,[29] aber ohne große

*Abbildung 4:* **Artikel mit Suchwort »Sozialprodukt« in der FAZ**
*(Quelle: eigene Recherche).*

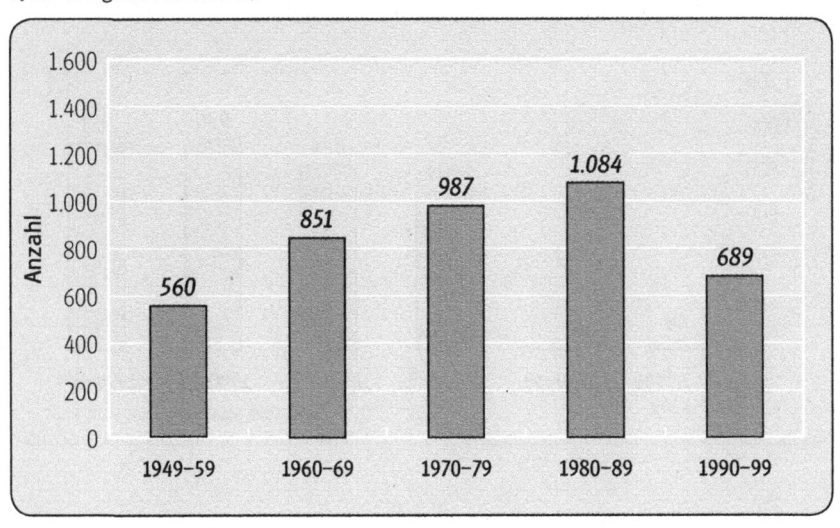

*Abbildung 5:* Artikel mit Suchwort »Bruttosozialprodukt« in der *FAZ* (Quelle: eigene Recherche).

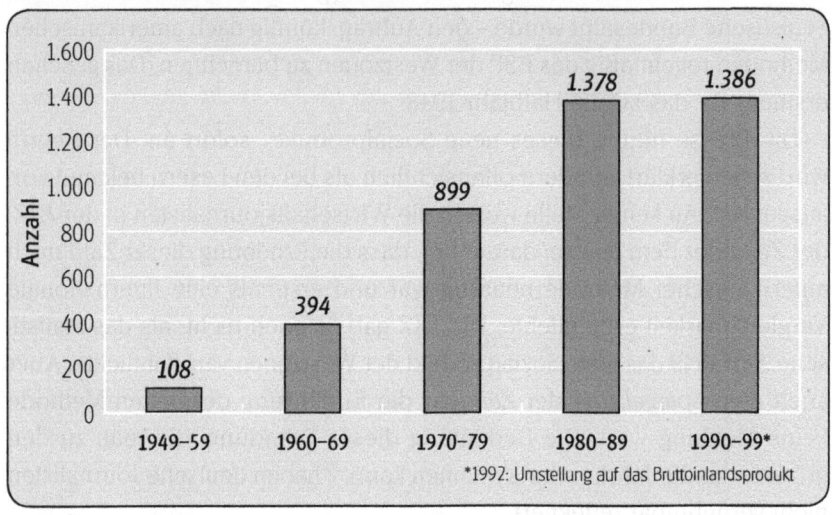

*Abbildung 6:* Artikel mit Suchwort »Sozialprodukt« (auch »Brutto-« oder »Nettosozialprodukt«) in der *Zeit* (Quelle: eigene Recherche).

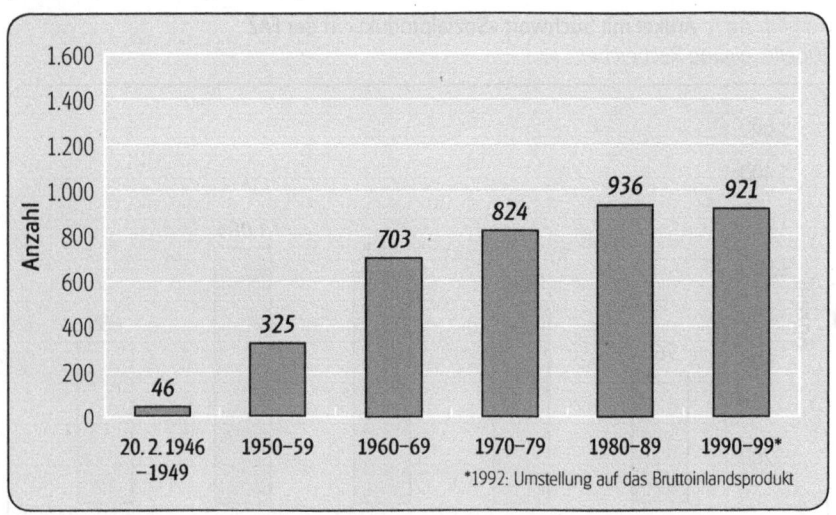

Wirkung in der breiten Öffentlichkeit. In der *FAZ* tauchen Vorbehalte nur indirekt auf, als ein ungenannter Redakteur schreibt: »Wir wissen, daß statistische Zahlen und besonders statistische Vergleiche der vorliegenden Art gerne als Spielerei bezeichnet werden, wenn sie jemandem nicht in sein Konzept passen.«[30] Er selbst war anderer Ansicht.

Das ist der blinde Fleck des Wirtschaftsjournalismus jener Jahre: Das Sozialprodukt, das zur beherrschenden Zahl jeder Wirtschaftsberichterstattung wurde, war selbst kein Thema der Berichterstattung. Es stand von Anfang an als unangreifbare Instanz über den Dingen. Möglicherweise ist die unkommentierte Akzeptanz darauf zurückzuführen, dass diese eindeutige Zahl ein lange unbefriedigtes Bedürfnis des Wirtschaftsjournalismus befriedigte (vgl. 1. Kapitel).

## OEEC/OECD und Forschungsinstitute als nie versiegende Datenquelle

Kaum zu überschätzen ist die Rolle der OEEC (Organization for European Economic Co-operation), der Vorgängerorganisation der heutigen OECD (Organization for Economic Co-operation and Development), bei der Etablierung des Bruttosozialprodukts und der Vorstellung von der »Normalität« seines stetigen Wachstums als Paradigma.[31] Die OEEC war auf Initiative der US-amerikanischen Regierung im April 1948 geschaffen worden. Neben der Verteilung der Hilfsmittel des Marshall-Plans sollte sie die Vergleichbarkeit der Wirtschaftsstatistik in den Mitgliedsländern sicherstellen. In ihrer Rolle als Wächterin der wirtschaftlichen Entwicklung nach amerikanischem Vorbild forderte sie von den betreffenden Ländern regelmäßige Berichte, in denen das BSP und dessen Wachstum die Hauptrolle spielten. Und dieses mussten die nationalen Statistikämter nach der von der OEEC standardisierten, also amerikanischen Methode berechnen.

Auf die Unterstützung der Presse legte die Organisation besonderen Wert. Ein 1952 vom OEEC-Ministerrat verabschiedetes Dokument forderte die Regierungen der Mitgliedsländer auf, »die Unterstützung und Mitarbeit aller Bevölkerungsteile zu sichern, um die allgemeine Einsicht in die entscheidende Bedeutung ökonomischer Expansion zu erweitern und die aktive Mitarbeit von Industriemanagern, Arbeitern, Bauern, Finanzinstituten, Presse und breiter Öffentlichkeit mit Maßnahmen zu gewinnen, die auf den Erfolg dieser Politik ausgerichtet sind.«[32] Das Ziel war die Schaffung einer dynamischen Stimmung, die die bisherige Vorstellung einer statischen Volkswirtschaft ablösen würde.[33]

Im Nachhinein kann man sagen: Das Ziel wurde erreicht. Die OEEC fand von Anfang an in den Journalisten willige Träger ihrer Wachstumsbotschaft: Bis zum Jahresende 1959 wird die OEEC allein von der *FAZ* in 1.607 Artikeln erwähnt. Journalisten hinterfragten die Rolle der OEEC als amerikanische Erzieherin zum *Growthmanship* nicht. Ein ungenannter Redakteur der *Zeit* schreibt: »Amerika glaubt aus eigener Erfahrung zu wissen, was in Westeuropa nottut. [...] Es ist gut, daß es dieses Amerika gibt, und daß es seine europäische Aufgabe erkennt. Wenn wir hier in der Alten Welt auch spötteln mögen über die amerikanische Traditionslosigkeit und die Unbekümmertheit dieser ›terribles *simplificateurs*‹ – es ist ein Glück für uns, dass es diesen amerikanischen *common sense* [Hervorhebungen im Original; F. K.] gibt und daß wir durch die Verhältnisse gezwungen sind, auf ihn zu hören. [...] Das eben ist Uncle Sam, das reiche Familienoberhaupt, das mit väterlicher Generosität, aber im Bewußtsein ihrer [sic] finanziellen Abhängigkeit, die erwachsenen Kinder auf den Weg führt, der seiner Erfahrung nach der einzig gangbare ist.«[34]

Die OEEC sorgte mit ihren regelmäßigen Analysen und Forderungen, die sich mit Berichten und Eingaben der Regierungen abwechselten, für einen steten Nachrichtenfluss. Gemeinsam mit den ebenso regelmäßig einlaufenden Berichten des Statistischen Bundesamtes und der Wirtschaftsforschungsinstitute versorgten sie die Wirtschaftsjournalisten mit einer Fülle an Nachrichten, in denen das BSP und seine Zuwachsrate oft die Hauptrolle spielten. 1949 wurde die Informations- und Forschungsstelle für Wirtschaftsbeobachtung (ifo Institut) gegründet. Bis 1959 erschienen in der *FAZ* 90 Artikel, in denen das ifo Institut eine Rolle spielt, im folgenden Jahrzehnt waren es bereits 161, in den 1970er-Jahren 531 Artikel. Und das Wachstum hält bis heute an: Während das ifo Institut im ersten Jahrzehnt des neuen Jahrtausends 889 Auftritte in der Druckausgabe der *FAZ* hatte, sind es in den sechs Jahren von 2010 bis 2015 bereits 721. Ähnlich expansiv verlief die Pressekarriere des DIW: Von nur vier Artikeln im ersten Jahrzehnt der *FAZ* zu 1.272 Artikeln mit Nennung des DIW zwischen 2000 und 2009. Ein »Nachrichtenloch« gibt es für Wirtschaftsredakteure seither nicht mehr. Der nie versiegende Datenquell der Statistik offenbart ihnen Möglichkeiten, die in der Zwischenkriegszeit noch unvorstellbar waren – qualitativ und quantitativ. Das BSP und die Institutionen, die es verbreiteten, veränderten im ersten Nachkriegsjahrzehnt den Charakter und Stellenwert des Wirtschaftsjournalismus. Sein Gewicht innerhalb der Redaktionen wuchs, weil Wirtschaftsjournalisten dank der neuen Daten mehr leisten konnten als zuvor. Der Zustand der gesamten Volkswirtschaft wurde jetzt erst greifbar und seine Entwicklung verständlich beschreibbar.

Die Mitteilungen der OEEC und der Wirtschaftsforschungsinstitute transportierten, so sachlich sie erschienen, natürlich auch deren Normen und Werte. Sie sorgten dafür, dass sich die Vorstellung vom »normalen« oder »gesunden« Wachstum in den Köpfen der Redakteure und ihrer Leser festsetzte, wo sie bis heute fortlebt. So erklärte ein Bonner Wirtschaftskorrespondent der *FAZ* die OEEC zitierend, dass die für 1953/54 erwartete Zuwachsrate des Sozialprodukts von 4,8 Prozent verglichen mit den 5,5 Prozent des Vorjahres eine »Normalisierung« sei.[35] Das DIW, ehemals IfK, hatte diese Vorstellung von der Normalität oder Natürlichkeit einer bestimmten Zuwachsrate schon seit 1925 verbreitet und machte damit in den 1950er-Jahren weiter. Worauf sich diese Norm gründete, wurde von der OEEC oder den Instituten nicht mitgeteilt – und von Journalisten nicht hinterfragt.

Das BSP als eindeutiges Erfolgskriterium ermöglichte auch einen fordernden Wirtschaftsjournalismus. Mit *Was muss noch geschehen?* war am Jahresende 1954 ein Artikel von Hans Herbert Götz, dem Bonner Wirtschaftskorrespondenten der *FAZ*, überschrieben.[36] Götz misst die Regierung daran, ob sie die »Melodien«, die auf dem »Programmzettel« vor und nach den Bundestagswahlen vom 6. September 1953 angekündigt wurden, auch »tatsächlich gespielt hat«. Und er tut das ganz konkret anhand von Zahlen: »Das gegenüber dem Vorjahr um gut 8 Prozent erhöhte Sozialprodukt, die Steigerung der industriellen Produktion um 11 bis 12 Prozent, eine entsprechende Reallohn-Erhöhung, knapp 800 000 Arbeitsplätze mehr und die Zunahme der Spareinlagen um mehr als 5 Milliarden, dies alles sind Entwicklungen, die nicht zufällig sind. Der persönliche Fleiß jedes einzelnen, der hinter diesen Leistungen steht, bliebe wirkungslos, wenn nicht die Wirtschaftspolitik die Voraussetzungen geschaffen hätte, daß sich dieser Fleiß und der unternehmerische Wagemut hätten sinnvoll betätigen können.«

Wie stark die neue Zahl die Wirtschaftspolitik verändert hatte, macht ein *FAZ*-Gastbeitrag des Ministerialbeamten und Bankiers Matthias Schmidt von 1958 deutlich:

> Erst die zusammenfassende Beobachtung und Vorausschätzung des Sozialprodukts, das heißt die wissenschaftlich entwickelte volkswirtschaftliche Gesamtrechnung, schafft die objektiven Daten aller volkswirtschaftlichen Vorgänge und damit die in einer hochentwickelten Wirtschaft unerlässliche Voraussetzung für eine aktive, ausgewogene und weitsichtige Wirtschaftspolitik. Sie wird im übrigen auch wesentlich dazu beitragen, die wirtschaftspolitische Diskussion zu versachlichen. [...] Die Verantwortung der Bundesregierung für die Sicherung eines kontinuierlichen Wirtschaftswachstums liegt vor allem darin, den besten Weg zwischen Expansion und Preisstabilität zu finden.«[37]

## »Immunität gegen den Kommunismus« dank Wachstum

Für Politiker und Journalisten gleichermaßen war das standardisierte BSP nun ein objektives und eindeutiges Kriterium zur Einschätzung von Steuer- und Abgabenlasten – auch im internationalen Vergleich. In den 1920er-Jahren hatte das Fehlen internationaler Vergleichszahlen die Verhandlungen über die deutschen Reparationszahlungen extrem erschwert – und auch die Berichterstattung darüber. Das war jetzt, als es um den deutschen Beitrag zur NATO ging, ganz anders. Nun konnten deutsche Politiker den Westalliierten – und Journalisten ihren Lesern – zeigen, »dass das Verhältnis der Steuerlast zum Sozialprodukt [...] in Westdeutschland um 10 Prozent höher als in Frankreich und England liegt und um fast 40 Prozent höher als in den

USA.«[38] Die Zahlen, so freute sich ein ungenannter Redakteur der *FAZ*, »widerlegen [...] die Behauptungen, daß die alliierten Nationen schwerer von Steuern bedrückt seien als das besiegte Westdeutschland.«[39]

Die Diskussionen über den Beitrag der Bundesrepublik zur Verteidigung Westeuropas sind von Anfang an mit der Frage nach dem Wirtschaftswachstum verbunden. Die *FAZ* gibt dabei den Argumenten des Wirtschaftsministers breiten Raum. Erhard macht immer wieder deutlich, dass »nur eine expansive Wirtschaftspolitik und nicht eine Austerity-Politik« in der Lage sei, »eine verhängnisvolle Schrumpfung des Sozialproduktes [durch den Verteidigungsbeitrag zu verhindern.«[40] Auf die Forderung des stellvertretenden amerikanischen Oberkommissars Buttenwieser antwortet Erhard in einer Rede vor Studenten, »daß der finanzielle Verteidigungsbeitrag nur im Ausmaß der Steigerung der deutschen Wirtschaftproduktivität und der dadurch bewirkten Erhöhung des Sozialprodukts geleistet werden könne, wobei diese Steigerung vor allem von der Aufhebung aller wirtschaftlichen Beschränkungen abhänge.«[41]

Eine wachsende Wirtschaft sollte nicht nur die Mittel für einen Verteidigungsbeitrag der Bundesrepublik liefern. Sie sollte auch die am Wohlstand teilhabenden Arbeiter immun machen gegen kommunistische Versprechungen. Wirtschaftswachstum sollte im Innern gesellschaftliche Stabilität und nach außen Sicherheit schaffen. Bei Erhard und seinen publizistischen Unterstützern in der *FAZ* wird dieses Argument in den frühen 1950er-Jahren immer wieder deutlich. »Die Welt müsse wissen«, zitierte die *FAZ* Erhards Rede vor dem Verein Berliner Kaufleute und Industrieller, »welche ernsten sozialen Gefahren Deutschland bevorstünden, die auch politische Aspekte hätten. Die Immunität Deutschlands gegen den Kommunismus müsse durch eine gesunde Wirtschaft untermauert werden.«[42]

»Ein deutscher Verteidigungsbeitrag« sei, so zitiert kurz darauf die *FAZ* Erhard, »um so leichter und mit um so weniger sozialen Opfern verbunden, je größer unser Sozialprodukt und unser Volkseinkommen sei. Das Hauptproblem bleibe deshalb auch in Zukunft die Steigerung unserer Erzeugung und die gleichzeitige Erhöhung des Konsums. Wenn Deutschland aber seine Freiheit retten wolle, müsse es versuchen, einen Lebensstandard zu sichern, der die innere Widerstandskraft nicht erlahmen lasse.«[43]

In den frühen Jahren der Bundesrepublik diskutieren manche Journalisten allerdings noch lieber über die Verteilung des Sozialprodukts statt über dessen Wachstum. Das entspricht auch der Linie der SPD und der Gewerkschaften, die in den frühen 1950er-Jahren Erhards sozialer Marktwirtschaft noch ablehnend gegenüberstehen. Ihr wirtschaftspolitisches Programm ist bis zum Godesberger Parteitag 1959 noch immer marxistisch beeinflusst. Der wirtschaftspolitische Vordenker der SPD und erste Wirtschaftsminister Nordrhein-Westfalens, Erik Nölting, propagiert »Lenkung im Großen, damit uns eine Bewirtschaftung im Kleinen erspart bleibt«.[44] Wozu als Mittel der Wahl auch Eingriffe in die Preisbildung gehören sollten. Dahinter steht für die SPD und Gewerkschaften als viel beschworenes Ziel, die Verteilung des Sozialprodukts zugunsten der Arbeitnehmer zu verändern. »Der Anteil der Arbeitnehmer am Sozialprodukt sei unerträglich gering«, zitiert die *FAZ* Nölting. Was aber die Unterstützer der Erhard'schen sozialen Marktwirtschaft und ihre Kritiker in SPD und Gewerkschaften eint, ist die einhellige Akzeptanz des Sozialprodukts als Referenzwert aller Grundsatzdiskussionen.

Die *Zeit* und der *Spiegel* nehmen die Verteilungsdebatte der Linken stärker auf als die *FAZ*. Das zeigt, dass in der unmittelbaren Nachkriegszeit auch unter Journalisten noch eine eher statische Vorstellung von einer Volkswirtschaft vorherrschte. Der stellvertretende *Zeit*-Chefredakteur Ernst Friedlaender kritisierte kurz nach der Währungsreform, dass bei Erhards Wirtschaftspolitik »die unmittelbare soziale Aktion« fehle und man dafür das »verstaubte Bekenntnis« höre, »man müsse nur die Wirtschaft blühen lassen, denn das sei zugleich die beste Sozialpolitik«.[45] *Zeit*-Verleger Gerd Bucerius war zwar als Mitglied der CDU und späterer Bundestagsabgeordneter ein Anhänger von Erhard.[46] Aber auch Bucerius zeigt sich zunächst mehr an Verteilungs- als an Wachstumsfragen interessiert: Im Oktober 1950 fragt er, ob die noch abzutragenden Lasten des Krieges »ungleich, also ungerecht, auf die einzelnen Gruppen unseres Volkes, Industriearbeiter, Landarbeiter, Bauern, Beamte, Angestellte oder Unternehmer verteilt worden« seien.[47] Wobei er zum Schluss kommt, dass die Arbeiter verglichen mit 1938 keine Wohlstandseinbußen erlitten hätten, während »das Gehalt des Akademikers, des wirklichen Proletariers unserer Zeit«, enorm gelitten habe. Bucerius fordert einen Lohn-Preis-Index für die wichtigsten Berufsstände. »Diese Grundzahlen unseres Wirtschaftslebens sind wichtiger als Börsenkurse«, glaubt Bucerius.

Welter war da anderer Ansicht: Nicht ein größerer Anteil am Sozialprodukt für irgendeine gesellschaftliche Gruppe war sein Interesse, sondern die Steigerung des Sozialprodukts für alle. Diese Botschaft steckt in den 1950er-Jahren in fast allen seiner zahlreichen Kommentare und prägt die gesamte Wirtschaftsberichterstattung der *FAZ* dieser Jahre. Besonders deutlich wird Welter im Sommer 1951:

> Das Statistische Bundesamt tut gut daran, in seinen Arbeiten den Untersuchungen über das Volkseinkommen und das Sozialprodukt mehr und mehr eine Hauptrolle einzuräumen. Es sei hier davon abgesehen, daß diesen Zahlen in den internationalen Wirtschaftsgesprächen eine erhöhte Bedeutung zukommt – an ihnen sucht man die Früchte abzulesen, die die Marshallhilfe getragen hat, und aus ihnen werden, in zuweilen recht primitiver Weise, die Maßstäbe für den Verteidigungsbeitrag gewonnen, zu dessen Leistung man die mit Flüchtlingen überfüllte Bundesrepublik für fähig hält. Die Beschäftigung mit den Ergebnissen der Volkseinkommens- und Sozialproduktmessungen verdient jedoch in viel stärkerem Maße als bisher auch in den Mittelpunkt der innerdeutschen Wirtschafts-, Sozial- und Finanzpolitik zu rücken. In geradezu erschreckendem Maße nehmen die Streitgespräche über alle Fragen überhand, wie das vorhandene Sozialprodukt unter Arbeiter und Angestellte, Unternehmer und Kapitalbesitzer, Beamte, Rentner, Flüchtlinge und Ausgebombte zu verteilen sei und wessen Anteil zu wessen Lasten gesteigert werden könne. Es liegt uns gänzlich fern, die Bedeutung dieser Fragen, die die Gemüter mit einer verblüffenden Ausschließlichkeit zu erregen pflegen, zu bagatellisieren. Aber sie sind doch untergeordneten Ranges. Verwendeten wir nur einen kleinen Bruchteil der geistigen Anstrengungen, die mit solcher Wonne der Verteilung gewidmet werden, auf das Bemühen, Wohlstand neu zu schaffen, so träte in der sozialen Entwicklung eine geradezu historische Wendung ein.«[48]

Für Welter liegen die »Möglichkeiten, das deutsche Sozialprodukt weiter zu steigern,« weniger in der Natur, deren Schätze »begrenzt« sind, und auch nicht in technischen Erkenntnissen, die man nicht erzwingen könne, sondern »in der Möglichkeit, den Wirkungsgrad der menschlichen Arbeit zu vermehren.« Die »doppelte Rationalisierung« – in den Betrieben und in der Gesamtwirtschaft – sei die »Hauptreserve« für weiteres Wachstum.

Welter fordert dafür die »Bindung des Lohnes an die Leistung«. Dieser Gedanke, den Arbeiter zum »Mitarbeiter« zu machen, seinen Ehrgeiz durch Belohnung von Mehrleistung anzustacheln, war damals ein großes Thema in der Betriebswirtschaftslehre.[49] Selbst die Gewerkschaften zeigten sich gegenüber diesem Bemühen, die Leistung zu steigern, aufgeschlossen, sofern die Beschäftigten vom Ertrag der Mehrleistung auch profitierten. Welter erkennt darin »eine erfreuliche Abwendung von vorgestrigen Parolen und eine Hinwendung zur Produktivitätspolitik von morgen«. Der Klassenkampf, diese »Wahnsinnsidee«, werde überwunden. Was Welter propagiert, sollte auch Jahrzehnte später immer wieder aktuell werden: Ein großes Bündnis von Arbeitgebern und Arbeitnehmern zur Steigerung der Wettbewerbsfähigkeit im Dienste des Wachstums. Welters Wunsch – »Gelänge es doch, die Perspektiven, die sich hier ergeben, allen Beteiligten deutlicher zu machen!« – sollte später in Erfüllung gehen, wenn auch ohne die gewünschte Wirkung: in der »konzertierten Aktion« und im »Bündnis für Arbeit«.

Für Welter war es »unfaßlich«, dass die Gewerkschaften »zwangswirtschaftliche Maßnahmen« wie die Rationierung von Produktionsmitteln forderten. Die »Produktivitätsverluste«, die das mit sich brächte, würden »hauptsächlich zu Lasten der Arbeiterschaft« gehen. »Die Gewerkschaften und unsere Linksparteien wären besser beraten, wenn sie statt der Abschaffung die Sicherung des Wettbewerbs anstrebten, und zwar drinnen wie draußen. Denn dann wäre die allerwichtigste Garantie für das dringend erwünschte weitere Wachstum des Sozialproduktes geschaffen.«[50] Auch dieser Wunsch Welters ging bekanntlich in Erfüllung.

## »... wie das verteilbare Produkt vergrößert werden könne«

Die Leitartikel des nebenberuflichen Volkswirtschaftsprofessors Welter laufen in jenen Jahren immer wieder auf dieselbe Botschaft hinaus: von Verteilungsfragen loszukommen und stattdessen »das Augenmerk auf die Hauptaufgabe der Wirtschaftspolitik, auf die Frage, wie das verteilbare Produkt vergrößert werden könne«, zu richten. Diese Aufgabe erfülle Erhards Politik mustergültig: Die »wirtschaftspolitische Linie, für die Erhard zu einer Art Symbol geworden ist, [...] war und ist für Deutschland goldrichtig.« Die »erfolgversprechenden Grundsätze, deren Verfolgung allein in naher Zeit die Überwindung der verbliebenen Not und des Elends in unserer überfüllten Bundesrepublik« gewährleisten könnten, sind: »Ein straff geordnetes Geldwesen, das die Abwege der Weichwährungspolitik meidet, eine ganz der weiten Welt zugewandte Außenwirtschaftspolitik, eine Wettbewerbspolitik auch im Inland, die alle unternehmerischen Kräfte entfesselt, aber Machtballungen konsequent auszuschließen sucht.«[51]

Die Ludwig-Erhard-Medaille, die Welter 1978 verliehen wurde, hatte er sich wahrlich verdient. Welter verherrlichte den Minister zu einem Bollwerk der marktwirtschaftlichen Vernunft: »Als Lohn für die triumphalen Erfolge, die schon mit den ersten Ansätzen dieser Politik haben erzielt werden können, hat Erhard endlose Nörgeleien und die täglichen Knüppel geerntet, die ihm von allen Seiten – von Kabinettskollegen, vom Parlament, selbst aus Kreisen der Wirtschaft, insbesondere aber von den Hauptnutznießern seiner Politik, der Arbeiterschaft und ihrer Repräsentanten – zwischen die Beine geworfen zu werden pflegen.« Für Erhards Kritiker hat er nur Verachtung übrig: »Die armselige Enge des Horizontes vieler Leute, die sich heute in Deutschland anmaßen, über Wirtschaftspolitik zu reden, offenbart sich besonders in der Sucht, die geschilderten – leider noch nicht in vollem Umfange verwirklichten – Grundsätze für alle Rückschläge verantwortlich zu machen, die sich aus weltpolitischen Erschütterungen ergeben haben. Glücklicherweise läßt sich der Bundeswirtschaftsminister im Allgemeinen durch die Kurzsichtigkeit seiner Mitbürger nicht beirren.«[52] Den Kritikern Erhards unterstellt Welter ein Jahr später offen unlautere Absichten:

» Es gibt Leute, denen das alles nicht paßt. Statt Genugtuung über die erzielten Erfolge zu empfinden, die für die innere Festigung des jungen Staatswesens wichtig sind und die außenpolitische Arbeit entscheidend erleichtern, statt eifrig die wirtschaftspolitischen Methoden zu studieren, denen der rasche Aufschwung zu verdanken ist, statt vielleicht darüber nachzusinnen, wie die bisherigen Erfolge gegen Rückschläge gesichert und wie durch Vervollkommnung oder erweiterte Anwendung dieser Methoden im Kampf gegen die Not weiteres Terrain gewonnen werden könne, statt produktive Kritik, die sehr erwünscht wäre, zu üben – was tun diese Leute stattdessen? Sie sinnen auf Mittel, um das günstige Bild einzunebeln, Ursache und Wirkung zu verdrehen, Ressentiments wachzuhalten, den Neid zu entfachen und den Klassenkampfgedanken wieder zu schüren.«[53]

Die Botschaft von Welter ist klar und kompromisslos: Es gibt einen Weg der ökonomischen Vernunft, der zu Wachstum und Wohlstand führt, und wer den kritisiert, ist nicht anderer Ansicht, sondern ein Demagoge. Für Welter wird in den 1950er-Jahren Wirtschaftspolitik nicht vom Widerstreit verschiedener Interessen bestimmt, sondern von richtigen oder falschen Rezepten.

Welters Lieblingsfeind war neben den deutschen Sozialdemokraten und Gewerkschaften vor allem die Labour-Regierung in Großbritannien. Hier sah Welter die Gefahren, die Deutschland drohten, zur traurigen Realität geworden. Die britische Wirtschaftsmisere war für Welter ein Beleg dafür, dass eine Sozialisierungs- und Umverteilungspolitik, wie sie Labour-Premier Clement Attlee in Großbritannien durchgesetzt hatte, generell ein Unheil sei. Churchills zweite Regierungszeit ab 1951 begrüßte Welter, weil dieser das »Gängelband« der Sozialisierung loswerden, »die Leistung anspornen und damit das Produkt, das verteilt werden kann, vermehren« wolle.[54] Churchill müsse »die bürokratischen Spinnweben beseitigen, die jedes Lebewesen mit unternehmerischer Neigung in Großbritannien zum Ersticken zu bringen drohen.«

## »Der Weg zum sozialen Frieden«

An der Wirtschaftsberichterstattung der *FAZ* in den 1950er-Jahren lässt sich nachvollziehen, wie das über Erwarten üppige Wachstum den Konflikt über Verteilungsfragen entschärft, der das 19. und die erste Hälfte des 20. Jahrhunderts so verhängnisvoll geprägt hatte. Statt Verlierer und Gewinner der Wirtschaft schien es unter dem Zeichen des Wachstumsparadigmas nur noch Gewinner zu geben. Die Win-win-Situation wurde zur Norm. Alle profitierten vom wachsenden Sozialprodukt und hatten daher, so verkündeten Wirtschaftsredakteure der *FAZ*, auch ein gemeinsames Interesse, dass es weiter störungsfrei wuchs.

Dass es »soziale Spannungen« trotz der überwältigenden Wachstumserfolge gebe, leugnete allerdings auch die *FAZ* nicht. Sie waren dem Wirtschaftsressort in der Heiligabend-Ausgabe 1951 eine ganze Seite wert, auf der Peter Sweerts-Sporck erklärt: »Was Industriearbeiter denken«. Er wirbt in seinem Ausflug in die vorgebliche Gedankenwelt der Arbeiter dafür, dass die Politik die Arbeiterschaft fühlbar am Wachstum teilhaben lasse:

> Wer als Politiker Gefühle und Sentiments, seien sie nun berechtigt oder unberechtigt, nicht als Realitäten zur Kenntnis nimmt und sich mit ihnen nicht auseinandersetzt, wird unweigerlich scheitern. Sein Glaube und seine Überzeugung, daß alles in Wirklichkeit doch nicht so schlimm sei, wird ihm nichts nützen. Er wird nur Erfolg haben, wenn es ihm nicht nur gelingt, das Sozialprodukt zu steigern und den Arbeiter an dieser Steigerung teilnehmen zu lassen, sondern ihn auch davon zu überzeugen, daß er an der Steigerung tatsächlich teilnimmt.«[55]

Einen »Weg zum sozialen Frieden« will eineinhalb Jahre später auch Hans Ilau[56] zeigen. Ihm geht es um nicht weniger als die »seelischen und geistigen Grundlagen« des steigenden Wohlstands.[57] Wie Welter ist Ilau empört über die Kritik von SPD und Gewerkschaften an der Wirtschaftspolitik. Diese sei »so schrill, so gehässig und so voll unsachlicher Demagogie«, weil die erfolgreiche Wirtschaftspolitik der Regierung den Trägern sozialistischer Ideologie »den Atem verschlägt und sie zu einer unsachlichen, den sozialen Frieden systematisch untergrabenden Agitation verleitet«. Diese »Volksverführer« versuchten, »das Volk vergessen zu machen, wie überwältigend die wirtschaftspolitische Vernunft durch ihre tatsächlichen Erfolge über Prophezeiungen und Rezepte einer papiernen Dogmatik triumphiert hat«. Dieser »die Wirklichkeit verzerrenden Kritik« und »Agitation« stellt Ilau das Ideal der »Sachlichkeit« entgegen, zu dem man die Sozialdemokraten zwingen müsse. Weiter unten fordert Ilau zur Verbreitung des »richtigen volkswirtschaftlichen Denkens« auf. Der »Sozialismus aller Spielarten« habe immer davon gelebt, »daß er den Menschen verlockende Zukunftsbilder vor die Augen zauberte«. Die Idee der Planwirtschaft habe aber nun durch die negativen Erfahrungen der Labour-Regierung in England und die positiven Erfahrungen in Westdeutschland »beim Volk so viel von ihrer Anziehungskraft verloren, daß sich die Sozialdemokratische Partei in jüngster Zeit gezwungen sah, ihre Wirtschaftsprogrammatik in erstaunlichem Maße mit marktwirtschaftlichen Gedanken und Postulaten zu durchsetzen«.

Zur Immunisierung der Menschen gegen »vergiftende Agitation« sei die »Hebung des materiellen Lebensstandards« ein »sehr überzeugendes Argument«. Es sei selbstverständlich, dass »eine Wirtschaftspolitik, die sich ihre eigenen politischen Voraussetzungen erhalten und dem sozialen Frieden dienen will, in einer wirksamen und beständigen Hebung des allgemeinen Lebensstandards ein Hauptanliegen sehen muss«. Erhards Erfolg sollte daher »als eindringliche Mahnung aufgefaßt werden, die marktwirtschaftliche Methode immer wirksamer und in immer größerem Umfang anzuwenden«. [ebd.]

Ilau, Welter und andere *FAZ*-Autoren verkünden in den 1950er-Jahren den Glauben an den Segen des Wirtschaftswachstums. Allerdings steht die Steigerung des Sozialprodukts meist nicht als Selbstzweck da, sondern wird als Voraussetzung der militärischen Stärke gegenüber dem Osten und der Befriedung sozialer Konflikte dargestellt.

Hinter dem Wunsch nach Wachstum steht in den Wirtschaftswunderjahren nicht nur die Hoffnung auf Wohlstand, sondern auch die akute Furcht vor Bedrohungen der inneren und äußeren Sicherheit. Eine historische

Angst spielt mit: Allgegenwärtig ist die Erinnerung an die große Krise in den frühen 1930er-Jahren. Für Journalisten galt ebenso wie für Ökonomen und Politiker die Diagnose des Historikers Alexander Nützenadel: »Die kollektive Erinnerung an die Weltwirtschaftskrise [...] bildete die negative Vergleichsfolie für das Wachstums- und Stabilitätspostulat, das die Wirtschaftspolitik der jungen Bundesrepublik kennzeichnete. Tiefsitzende Krisenängste und euphorische Wohlstandshoffnungen lagen dabei dicht beieinander.«[58] Hinter der »gesunden« Wachstumswirtschaft schien stets – bei falscher Politik – die Krankheit der Krise zu lauern.

Auch für Fritz Hauenstein war die Erfahrung der Wirtschaftskrise stets präsent: »Manchmal scheint es, daß die Angst vor einer Krise wie ein Schatten den Fortschrittsglauben begleitet. [...] Die ältere Generation hat noch die schwere Krise der dreißiger-Jahre in den Knochen und war darauf gefaßt, daß die Hochkonjunktur nach dem zweiten Weltkrieg ebenso wie die nach dem ersten eines Tages umschlagen und verebben würde. [...] Wer jene Massenarbeitslosigkeit erlebte, wird die andauernde Hochkonjunktur und die Vollbeschäftigung als einen wunderbaren wirtschaftlichen Fortschritt ansehen und wird gerne glauben, daß sie Bestand habe.«[59] Diese Angst wirkte weit über das erste Jahrzehnt der Bundesrepublik hinaus, wie wir im nächsten Kapitel sehen werden. Wahrscheinlich ist sie noch heute nicht überwunden.

## Paul Sethe und der Kulturpessimismus

Grundlegende Kritik am Ziel des Wirtschaftswachstums als solchem ist in den Jahren des Wiederaufbaus in der Presse nicht auszumachen. Dafür war in Deutschland der Hunger nach den Segnungen des wachsenden Sozialprodukts zu groß und die Krisen- und Kriegsjahre der ersten Jahrhunderthälfte noch in allzu lebhafter Erinnerung.

Was es in den Wirtschaftswunderjahren gab – allerdings eher in den Politikressorts und Feuilletons als auf den Wirtschaftsseiten –, waren kulturpessimistische Warnungen vor der Herrschaft des Materialismus in der Wohlstandsgesellschaft. Diese kamen meist von Angehörigen der vor 1933 aufgewachsenen Journalistengeneration. Ein prominenter Vertreter war

*FAZ*-Mitherausgeber Paul Sethe (1901–1967), eine der großen Journalistenpersönlichkeiten der 1950er-Jahre. Er war bei der *FAZ* vor allem für die Außen- und Deutschlandpolitik zuständig, doch einige Male nahm er auch wirtschaftspolitisch Stellung.

Sethes antiökonomischer Kulturpessimismus wird in einem Reisebericht aus Indien deutlich. Er klagt da, »wie teuer« Indien für die Industrialisierung »bezahlen« werde.[60] Mit dem Verlust seiner Seele nämlich. Sethe berichtet von der Begegnung mit einem amerikanischen Geschäftsmann. Der ist überzeugt, dass die Inder den »american way of life« ebenso wie die Europäer übernehmen würden. Sethe ist »fassungslos vor Entsetzen« und wünscht, dass »Indien immer Indien bleibe«.

Sethes Befremden angesichts wirtschaftlicher Dynamik, seine schon halb resignierte Befürchtung vor dem Verlust von Kultur in der aufziehenden Konsumgesellschaft und seine Ablehnung amerikanischer Lebensweisen waren typisch für eine ganze Reihe von Journalisten, Publizisten und Gelehrten seiner Generation, die noch durch die bildungsbürgerlichen Traditionen des späten Kaiserreichs und die intellektuellen Debatten der 1920er-Jahre geprägt waren. Die Historikerin Christina von Hodenberg nennt diese Männer die »Wilhelminer«[61]. Sie gaben nicht nur in der *FAZ*, sondern auch in den meisten anderen Politikredaktionen der 1950er-Jahre den Ton an, bevor sie von den jungen »45ern« allmählich abgelöst wurden, die dann den kulturellen Wandel des darauffolgenden Jahrzehnts anstießen. Sethe und andere konservative Publizisten seiner Generation pflegten einen pessimistischen, fast resignierten Ton. Wirtschaftswachstum wurde hingenommen – ohne jegliche Begeisterung. Im Gegensatz zu Welter war Wirtschaft für Sethe nicht die entscheidende Kategorie. Die Politik bestimmte für ihn das Schicksal der Nationen.[62]

Skeptisch gegenüber ökonomischer Glücksverheißung war aber auch *FAZ*-Wirtschaftsressortleiter Jürgen Eick. 1958 stellt er fest, dass man »die verteufelte Tatsache zu respektieren« habe,

> daß materielle Not fast immer auch seelische Not bedeutet, daß aber materielle Sicherung noch lange nicht seelische Zufriedenheit mit sich zu bringen braucht. Darin liegt die Chance jeder Wirtschaftspoli-

tik und zugleich ihre Grenze. Es mag enttäuschend sein, dass die großen menschlichen Fragen unbeantwortet bleiben, auch wenn Milch und Honig fließen. Aber ist das nicht zugleich ein Triumph des Geistes über die Materie, ein Triumph des Seelischen über das Rationale, ein Triumph des Menschlich-Individuellen über das Organisierbare? Wäre es nicht geradezu entsetzlich, wenn mit der bloßen materiellen Daseinssicherung auch alles übrige, was Menschen beschäftigt und bedrückt, abgetan wäre?«[63]

Ähnlich wie Ludwig Erhard[64] sah Eick die Schaffung von Wohlstand und die damit verbundene »Überbetonung des Materiellen« als dialektische Voraussetzung dafür, den Materialismus überwinden zu können. Er glaubte, »die Korrektur eines zu einseitig auf das Wirtschaftliche zugeschnittenen Weltbildes« vorauszusehen: »Ob wir jemals wieder ein Volk der Dichter und Denker werden, steht dahin. Aber die Kräfte regen sich doch allenthalben, dass wir nicht nur ein Volk der Arbeiter und Konsumenten werden.«[65] Eick war noch mehr als Welter von den Vorstellungen der ordoliberalen Denkschule durchdrungen. Für Eick war Stabilität, worunter er nicht nur die der Währung, sondern der »Sozial- und Lebensordnung«[66] verstand, ein höheres Ziel als Wirtschaftswachstum.

In der *Zeit* übernahm ab etwa 1960 Politikchefin Marion Gräfin Dönhoff die Rolle der wirtschaftsskeptischen Mahnerin, allerdings nicht aus konservativer Perspektive. »Der technische Fortschritt und die Steigerung der wirtschaftlichen Produktivität« hätten »keineswegs mehr Kultur oder ein besseres Leben oder gar mehr Glück hervorgebracht«, stellte die studierte Ökonomin 1960 fest.[67] Ein Jahr später warf Dönhoff der regierenden CDU vor, Deutschland zu einem »Bienenstaat« herabzuwürdigen: »Der Wähler soll produzieren und konsumieren, die CDU wird regieren.«[68]

Noch keine Rolle spielten bei der Fortschrittsskepsis von Sethe und den moralisierenden Einwänden der liberalen Dönhoff ökologische Bedenken. Nicht die Zerstörung der Natur, sondern die Gefahren der Konsumgesellschaft für die Hochkultur und die politische Moral machten Sorgen.

Einer der wenigen, der in den Wirtschaftswunderjahren bereits auf die grundsätzliche Begrenztheit der Wachstumsmöglichkeiten hinwies, war der Philosoph Karl Jaspers. Im Gegensatz zu den konservativen Kulturpessimisten sah er das Wirtschaftswachstum nicht als unvermeidbar an. Im Gegenteil, er forderte, was damals völlig dem Zeitgeist widersprach: Die Wirtschaft, sagte er in seiner viel beachteten Dankesrede zur Verleihung des Friedenspreises des Deutschen Buchhandels 1958, »muß sich in ihrer Struktur und ihrem Ethos von Grund aus wandeln, wenn die Expansion an der Enge der endgültig verteilten Erde ein Ende gefunden hat.«[69] Jaspers' Kritik ging weit hinaus über Sethes nostalgische Larmoyanz. Er beklagte die »Unwahrheit des gedankenlosen Optimismus, es werde mit der Expansion in grenzenlosem Fortschritt schon weitergehen«, und die »Arbeitsbeschaffung mittels Zerstörung, das heißt durch Steigerung der Konsumtion bis zur Vernichtung jedes Bleibenden«. Er beklagte einen »Menschentypus, dessen Dasein sich verzehren läßt in diesem quantitativ zu steigernden Produzieren und Konsumieren, in einem Leben zwischen der träger werdenden Arbeitslust und der leerer werdenden Freizeit, mit einem Selbstbewußtsein, das auf dem Prestige beruht, durch Anschaffungen und ständige Neuanschaffungen auf möglichst hoher Ebene dieses ständig zerstörenden Produktionsprozesses mitzuleben.«

Karl Korn, für das Feuilleton verantwortlicher Herausgeber der *FAZ*, nennt Jaspers' Rede in einem Leitartikel »sensationell«. Es ist das erste Mal, dass auf der Frontseite der *FAZ* von so etwas wie dem «unwahrhaftigen Illusionismus eines Wirtschaftsdenkens« die Rede ist, »das die längst erreichte Grenze der Expansion nicht wahrhaben wolle und unter den Parolen Produktionsausweitung und Konsumsteigerung Zerstörung der Substanz und der Freiheit betreibe«.[70]

Von Korns Leitartikel abgesehen, wurden die erstaunlichen Aussagen des damals wohl prominentesten deutschen Philosophen über die Grenzen des Wachstums öffentlich kaum aufgenommen. Die *Zeit* ging in ihrem ausführlichen Bericht über Jaspers Rede auf den Vorwurf der »Unwahrheit« der Wachstumswirtschaft nicht ein.[71] Der *Spiegel*, der in jenen Jahren sonst einen regelrechten Kult um Jaspers zelebrierte, berichtete überhaupt nicht.

Jaspers kam mit seinen wachstumskritischen Worten mindestens fünfzehn Jahre zu früh. Das Zeitalter des Wachstums hatte schließlich gerade erst begonnen. Das Ende an den Grenzen der »endgültig verteilten Welt« schien damals so fern, dass Hauenstein es mit dem Hinweis abtun konnte: »Soweit ist es noch nicht. Nicht das wirtschaftliche Wachstum steht in Frage, nur die Stetigkeit, die eine Aufgabe der Wirtschaftspolitik ist und vor allem abhängig ist von der Einsicht und dem richtigen Verhalten der Unternehmer und der Arbeiter.«[72]

Der »neue Fortschrittsglaube«, den Hauenstein feststellte, wollte von Beschränkungen nach dreißig Jahren der Kriege und Krisen nichts wissen. »Produktivität«, so Hauenstein, »wird in der Welt wie ein neues Evangelium gepredigt, als das Tor zum goldenen Zeitalter.« Die Propheten dieses Zeitalters waren nicht die Philosophen, sondern die Ökonomen, die mit ihren damals frisch entwickelten Wachstumstheorien und immer detaillierteren Zahlenwerken die Erfüllbarkeit des Versprechens »stetigen Wachstums« scheinbar wissenschaftlich belegten. Aus dem »magischen Dreieck« von Vollbeschäftigung, Preisstabilität und außenwirtschaftlichem Gleichgewicht, von dem Ökonomen und Wirtschaftspolitiker damals sprachen, wurde in den folgenden Jahren immer öfter ein »magisches Viereck«, in dem das vierte Ziel, nämlich Wachstum, immer mehr Gewicht bekam.

Der Höhepunkt des neuen Fortschrittsglaubens an das Wachstum war aber noch längst nicht erreicht. Im kommenden Jahrzehnt sollte es nicht nur in den Medien zum politischen Ziel erklärt werden.

## 3. Kapitel
## Die 1960er-Jahre –
## Medienliebling Karl Schiller
## macht Wachstum zum Gesetz

»Wachstum über alles?«, steht am 13. Februar 1967 über dem Leitartikel auf der ersten Seite der *FAZ*. »Wachstum, Wachstum, Wachstum – so tönt es immer lauter aus Bonn«, stellt der inzwischen zum Mitherausgeber aufgestiegene Jürgen Eick fest. Und »Wachstum!« tönt es damals auch immer lauter aus der Presse. Der skeptische Ton von Eick war und ist unter deutschen Wirtschaftsjournalisten dabei eine Seltenheit.

Wenige Wochen zuvor hatte Bundeskanzler Kurt Georg Kiesinger vor dem Bundestag die Regierungserklärung der Großen Koalition verlesen und die *FAZ* hatte sie am Tag darauf komplett abgedruckt – wie sie es traditionell zu tun pflegt.[1] Das Wort »Wachstum« kommt darin ganze 14 Mal vor, außerdem noch dreimal »Expansion« (oder »expansiv«) und zweimal »Aufschwung«. Zum ersten Mal gab eine deutsche Regierung sogar eine konkrete Zuwachsquote als Ziel vor: »Unter den geschilderten Voraussetzungen einer ›kontrollierten Expansion‹ strebt die Bundesregierung eine Wachstumsrate des realen Bruttosozialprodukts in der Größenordnung von vier Prozent an.«

In dieser Regierungserklärung überstrahlt das angestrebte Wirtschaftswachstum alle anderen Ziele, auch die angestrebte Aussöhnung mit den osteuropäischen Nachbarn. Es konnte kein Zweifel darüber aufkommen, was die Regierung für ihre wichtigste Aufgabe hielt.

Das Ausmaß der Wachstumsobsession der neuen Regierung macht der Vergleich mit der Regierungserklärung Ludwig Erhards von 1963 deutlich. Zwischen den beiden Regierungserklärungen liegen nur wenige Jahre, aber politische Welten. Nur ein einziges Mal kommt bei Erhard das Wort »Wachstum« vor. Er spricht vom Vorrang der »Verpflichtung, die Stabilität unserer Wirtschaft und Währung zu wahren«. Das allerdings »bedeutet nicht – wie oft gesagt und verwechselt – einen Verzicht auf wirtschaftliches Wachstum und die daraus fließenden materiellen Verbesserungen, aber sie zeigt nicht minder deutlich die Grenzen des Begehrens und die Möglichkeiten des Erfüllens auf.«[2] Kein weiteres Wort über Wachstum, Expansion oder die Steigerung des Sozialprodukts.

## »Supernova« Karl Schiller

Wie ist dieser ungewöhnliche Boom des Wachstumsbegriffes innerhalb von nur drei Jahren zu erklären? Warum wird Wachstum in den 1960ern, als das Elend der ersten Nachkriegsjahre endgültig überwunden und die Phase der größten Zuwachsraten bereits vorbei ist, auch in der Presse vielfach zu einem politischen Selbstzweck erklärt?

In der Zwischenzeit hatte ein grundlegender Wandel der Ansichten über die Aufgaben der Wirtschaftspolitik stattgefunden. Die Presse spielte dabei eine wichtige Rolle.

Für die Redakteure des *Spiegel*, die die erste Große Koalition beobachteten, war es keine Frage, wer statt des eher biederen CDU-Kanzlers Kurt Georg Kiesinger der Star der Regierung war: der Hamburger Ökonomieprofessor Karl Schiller als neuer Bundeswirtschaftsminister. Schiller war, wie Rudolf Augstein fast dreißig Jahre später in einem Nachruf schrieb, »für kurze Zeit die alles überstrahlende Supernova der damaligen Großen Koalition«.[3]

14-mal »Wachstum«! Kiesingers Regierungsprogramm war zum großen Teil Schillers Werk. Der Kanzler hat, wie der *Spiegel* wusste, ein achtseitiges wirtschaftspolitisches Memorandum von Schiller fast komplett übernommen.[4] Für den *Spiegel* war die Regierungserklärung ein »philologisches Kunstwerk« des »Regenmachers« Schiller.[5] In einem sehr schmeichelhaften Porträt über den »Star« der SPD verkündete der *Spiegel*, dass »dank Schillers Initiativen« als Wirtschaftssenator in Berlin das dortige Sozialprodukt 1965 erstmals stärker als das der Bundesrepublik gewachsen sei. Und die Leser erfuhren, dass er schon 1965, »als der Kanzler [Erhard] sein eilends zusammengeflicktes ›Haushaltssicherungsgesetz‹ präsentierte«, eine »mittel- und langfristige Vorausschau auf die Etatlage der Zukunft, berechnet anhand einer exakten volkswirtschaftlichen Gesamtrechnung«, verlangte. Den »Geldregen«, den Schiller durch eine lockerere Geldpolitik wünschte, nennt der *Spiegel* schon im Vorhinein »fruchtbringend«. Der publizistischen Rückendeckung durch das Nachrichtenmagazin konnte sich Schiller damals sicher sein. Dazu gehörte auch, dass der *Spiegel* die öffentliche Freundschaft Schillers mit dem Literaturstar Günther Grass feierte (»Schnauz- und Brillenmann vertrugen sich«).

Der politische Niedergang Erhards und der Aufstieg der »Supernova« Schiller sind untrennbar verbunden mit dem »Gesetz zur Förderung der Stabilität und des Wachstums der Wirtschaft«, das einzige Gesetzesvorhaben, das Kiesinger in der Regierungserklärung konkret ankündigt. Die ungewöhnlich intensive öffentliche Debatte darüber spiegelt den tiefgreifenden Wandel der wirtschaftspolitischen Überzeugungen in diesen Jahren wider. Schiller spielte dabei nicht nur im Bundestag, sondern auch in der Presse eine Hauptrolle. Er war in den 1960er-Jahren der personifizierte Zeitgeist der Wirtschaftspolitik.

Die Forderung nach einer aktiven, in Schillers Worten »aufgeklärten« Wachstumspolitik – anstelle der Erhard'schen Selbstbeschränkung auf Ordnungspolitik – wurde seit den frühen 1960er-Jahren immer lauter. Sie kam aus der Wirtschaftswissenschaft und fand großen Nachhall in der Presse.

### Die große Zeit der Ökonomen

Dem Umschwung der Wirtschaftspolitik, der einer weltweiten Entwicklung folgte, ging ein Paradigmenwechsel in der deutschen Wirtschaftswissenschaft voraus. Spätestens ab Mitte der 1950er-Jahre waren die bislang dominierende Historische Schule und die Vertreter der ordoliberalen Freiburger Schule aus deutschen Universitäten und Instituten weitgehend verschwunden. Zu erklären ist das in erster Linie mit dem Bruch durch die nationalsozialistische Herrschaft und den Zweiten Weltkrieg. Die deutsche Volkswirtschaftslehre geriet ab 1945 unter den bestimmenden Einfluss englischsprachiger Wirtschaftstheorie. Die Ökonomen »vergaßen« in der Folge bewusst das historische Denken.[6] Den größten Einfluss innerhalb der deutschen Ökonomenzunft hatten bald nicht mehr philosophierende Wirtschaftsdenker wie Wilhelm Röpke oder Alexander Rüstow, sondern rechnende Ökonometriker wie der Kieler Professor Erich Schneider und sein Schüler Gottfried Bombach, der einige Jahre Referent bei der OEEC war, bevor er einen Lehrstuhl in Basel übernahm.

Zu der Hinwendung zu englischsprachigen Kollegen gehörte auch das zunehmende Interesse am Wachstum. Wachstumstheorie[7] war in den 1950er- und 1960er-Jahren die Boombranche schlechthin für Ökonomen. Die *FAZ* meldet 1960 von der Frankfurter Buchmesse: »Bücher, die sich mit dem wirtschaftlichen Wachstum und mit den Problemen der Entwicklungsländer befassen, sind kaum noch zu zählen.«[8] Wie der Ökonom Dennis C. Mueller im Rückblick feststellt, überstieg in den 1960er-Jahren »die Wachstumsrate der Wachstumsliteratur bei weitem das Phänomen, welches dies zu erklären versuchte«.[9]

In dieser Umbruchphase wurden ökonomische Analysen so komplex, dass der Laie nicht mehr mitkam. Das Theoretisieren in mathematisch beschriebenen Modellen mit Regressionsanalysen und Differenzialrechnung hatte mit der historisch-philosophischen Praxis der früheren Nationalökonomen nur noch wenig zu tun. Nützenadel sieht darin nicht nur einen Wandel der Methoden, sondern auch »des wissenschaftlichen Selbstverständnisses. Das Arbeiten mit komplexen makroökonomischen Modellen, die an die Stelle der verbalen Darstellung traten, die Durchsetzung mathematischer und quantifizierender Methoden und die Etablierung ökonometrischer Prognoseverfahren bedeuteten einen radikalen Bruch, der alle früheren Paradigmenwechsel in den Schatten stellte.«[10]

Die Formalisierung der Wirtschaftswissenschaft entfernte die Ökonomie von den Disziplinen, mit denen sie zuvor in engem Austausch stand, also von Philosophie, Geschichte und Soziologie. Aus den Diskursen der klassischen Intellektuellen verabschiedeten sich die Ökonomen. Entwicklungen wie der *linguistic turn* und die Postmoderne fanden daher in der Wirtschaftswissenschaft keinen Widerhall.[11]

Aber diese Sonderstellung in der akademischen Welt ging einher mit einem enormen politischen und öffentlichen Bedeutungszuwachs. Der Wandel der Wirtschaftswissenschaft hatte unmittelbare politische Auswirkungen. Denn ökonomischer Sachverstand war im Wirtschaftswunderland nachgefragt wie nie zuvor. Die große Zeit der Ökonomen als Politikberater begann. Die Zahl der ökonomischen Lehrstühle vervielfachte sich in jenen Jahren. Eine neue Expertenkultur entstand, »welche den Ökonomen bis heute eine Sonderstellung innerhalb des Wissenschaftsbetriebs zuweist«.[12] Gerade weil die Mehrheit der Menschen – Politiker inbegriffen – ihre mathematisch formulierten Theorien nicht verstand, konnten sie sich als Experten, als »Wirtschaftsweise« unverzichtbar machen. Einige der einflussreichsten Ökonomen des neuen Schlages machten Parallelkarrieren in Wissenschaft und Politik, wie Schiller selbst oder sein parlamentarischer Staatssekretär, der spätere DIW-Präsident Klaus-Dieter Arndt.

Das Selbstbewusstsein der Ökonomen und ihr Anspruch auf politische Mitwirkung waren gewaltig. Die Presse bot dafür ein Forum. In einem *FAZ*-Gastbeitrag verurteilt Erich Schneider 1959 die traditionelle politische Zurückhaltung der alten deutschen Ökonomen der Historischen Schule, die er für die Unfähigkeit der deutschen Politik in der Weltwirtschaftskrise verantwortlich macht. Die neue, mathematisch operierende Wirtschaftstheorie sei »mehr als ein bloßes Feld intellektueller Neugier«, nämlich ein »Instrument für die praktische Wirtschaftspolitik«.[13] Einige Jahre später verkündete Schneider als Vorsitzender auf der Tagung des Vereins für Socialpolitik, über die *FAZ*-Mitherausgeber Jürgen Eick berichtet: »Wir sind kein bloßer Professorenklub«.[14] Der Saarbrücker Herbert Giersch[15], Gründungsmitglied des Sachverständigenrats und Erfinder der »konzertierten Aktion«, verkündete auf derselben Tagung, dass der Bedarf an ökonomischem Wissen »ungeheuer« sei. Den Politikern, die gerade über die Frage der Aufwertung der D-Mark debattierten, rief Giersch zu: »Zieht die Wissenschaftler hinzu, dann geht es schneller.« Und Eick schließt sich diesem Rat in dem Artikel an: Es »sollten die amtierenden Politiker in Zukunft diese wichtige Veranstaltung [...] besser besetzen«.[16]

Der Bedeutungsgewinn war nicht nur in der Presse spürbar, sondern hatte unmittelbare politische Auswirkungen. Ein erster großer Erfolg für die Ökonomen in ihrer neuen Rolle als Politikberater war das »Gesetz über die Statistik für Bundeszwecke«, das 1953 offiziell das BSP im politischen

Betrieb verankerte.[17] Den Gipfel der Bedeutsamkeit erklomm die deutsche Ökonomenzunft aber 1963 mit der Einrichtung des Sachverständigenrats zur Begutachtung der gesamtwirtschaftlichen Entwicklung nach dem Vorbild des amerikanischen *Council of Economic Advisors*.[18] Die in der Presse schon vor dem ersten Zusammentreten im Februar 1964 als »Fünf Weise«[19] titulierten Ökonomen lesen der jeweiligen Bundesregierung seither alljährlich in einem ausführlichen Gutachten die Leviten. Was sie zu untersuchen haben, ist im Sachverständigenratsgesetz festgeschrieben, nämlich: „wie im Rahmen der marktwirtschaftlichen Ordnung gleichzeitig Stabilität des Preisniveaus, hoher Beschäftigungsstand und außenwirtschaftliches Gleichgewicht bei stetigem und angemessenem Wachstum gewährleistet werden können«.[20] Das »magische Viereck« wurde also erstmals gesetzlich zum politischen Kriterium erklärt. Im Godesberger Programm der SPD von 1959 war »stetiges Wachstum« auf Initiative Karl Schillers bereits verankert.

Nicht nur Unternehmen, Verbände, Verwaltung und Politik nahmen begierig den Rat und die Datenfülle der Ökonomen auf, sondern auch die Zeitungsmacher. Die 1960er-Jahre waren die große Zeit des Ökonomen-Gastbeitrags. Es war dies wohl nicht zufällig auch die Zeit der großen Auflagensteigerungen und der wachsenden Umfänge der Wirtschaftsressorts. Zwischen der Entstehung der Wissensgesellschaft mit ihrem Bedarf nach Expertensachverstand und der Mediengesellschaft besteht offensichtlich ein enger Zusammenhang. Beide sind nicht ohne die jeweils andere vorstellbar.[21] Das herausragende Renommee der *Frankfurter Allgemeinen* erklärt der Historiker Peter Hoeres dementsprechend vor allem mit ihrer Rolle als Publikationsforum für Wissenschaftler und Intellektuelle. Die »fremden Federn«, also Gastbeiträge, machen demnach den Ruf der *FAZ* aus.[22] Ähnliches gilt für die *Zeit*.[23]

Das Zusammenspiel von Wirtschaftswissenschaft und Medien war auch für die Entstehungsgeschichte des »Stabilitäts- und Wachstumsgesetzes« entscheidend und für seine große Bedeutung in der deutschen Politik. Auf den Wirtschaftsseiten von *FAZ*, *Zeit* und *Spiegel* war schon seit Ende der 1950er-Jahre immer wieder vor allem in Ökonomen-Gastbeiträgen von der Notwendigkeit einer grundlegenden Reform der Haushalts-, Finanz- und Steuerpolitik die Rede. Ab 1961 begannen dann im Zusammenhang mit der D-Mark-Aufwertung im Wirtschaftsministerium die ersten Überlegungen für ein Stabilitätsgesetz – von Erhard eher geduldet als vorangetrieben.[24] Dabei stand, wie der Name sagt, zunächst die Stabilität im Fokus. Doch unter dem auch durch die Presse inszenierten Druck einflussreicher Ökonomen, nicht zuletzt Karl Schillers selbst, rückte bald immer stärker das Ziel der Sicherung eines stetigen Wachstums in den Vordergrund.

Der Verein für Socialpolitik diskutierte nicht zufällig auf seiner Jahrestagung 1958 vor allem die Frage, ob stetiges Wachstum steigende, stabile oder fallende Preise voraussetze. Eine der dominanten Stimmen in dieser Diskussion war Gottfried Bombach. In der *FAZ* verbreitete er nach der Tagung seine These, dass eine aktive Wachstumspolitik des Staates nicht notgedrungen mit erhöhter Inflationsgefahr einhergehe.[25] Diese Überzeugung war die Voraussetzung für das Gesetz. Um die Wende zum neuen Jahrzehnt schrieben Ökonomen nun immer öfter in Zeitungen von der Notwendigkeit der »Lenkung« der Wirtschaft durch den Staat.

Meist fiel dabei der Name John Maynard Keynes. Bombachs Lehrer Erich Schneider schrieb in der *FAZ*, dass die »neuere Theorie« – die »Rolle von Keynes« betonte er dabei besonders – bewiesen habe, dass ein stets ausgeglichener Haushalt sowohl Inflation als auch Arbeitslosigkeit bewirken könne.[26] Als »unausweichliche Konsequenz« ergebe sich, »daß eine Wirtschaft im Zustand der Depression ein Budgetdefizit, im Zustand des Booms einen Budgetüberschuß braucht. Der Staatshaushalt wird damit zu einem höchst wirksamen Instrument der Beeinflussung der ökonomischen Aktivität.«

## Schiller-Begeisterung bei *Zeit* und *Spiegel*

Besonders erfolgreich breitete sich der Wachstums-Keynesianismus auf den Seiten der *Zeit* und des *Spiegel* aus. Schiller erklärte 1963 – damals war er unter Brandt Wirtschaftssenator in Berlin – in einem großen Beitrag in der *Zeit*, wie er sich »stetiges Wirtschaftswachstum als ökonomische und politische Aufgabe« vorstelle.[27] Er versuchte darin, die Vorwürfe seiner Gegner zu zerstreuen, er wolle eine »Planification« nach französischem Muster einführen. In der Bundesrepublik, die ihr Wirtschaftswunder auf der Basis ordoliberaler Vorstellungen vollbracht hatte, war der Begriff der Planung noch verrufen. Die deutsche Öffentlichkeit hinkte da der Weltmeinung hinterher. In den 1960er-Jahren war nämlich, wie Gunnar Myrdal feststellte, »die Planung zur geistigen Matrix – zur allgemeinen Form – der Modernisierungsideologie« geworden.[28] Wozu der spätere Nobelpreisträger als Autor und Leiter der UNO-Wirtschaftskommission für Europa selbst beigetragen hatte.

Schiller sprach statt Planung lieber von »Globalsteuerung«: mit einer »Globalrechnung, die keine Detailempfehlungen enthält, sondern die – als Bilanz und Vorausschau mit Alternativrechnungen nur für die großen Posten im volkswirtschaftlichen Kreislauf – den Rahmen für eine wachstumsbewußte Wirtschaftspolitik auf mittlere Sicht zu geben versucht«. Bei der *Zeit* war Schiller mit solchen Ideen an der richtigen Adresse. 1963 hatte die Wochenzeitung einen neuen Wirtschaftsressortleiter bekommen, der die Langeweile aus dem Ressort vertreiben wollte.[29] Diether Stolze war von allem begeistert, das modern zu sein versprach.[30] Und modern, also unter Ökonomen angesagt, waren damals eine keynesianische Politik und der Glaube an die Planbarkeit des Wachstums. Die »Modernisierung der Wirtschaft« und die »Investitionen für die Zukunft«, die Stolze ganz im Einklang mit dem ökonomischen Mainstream vor den Bundestagswahlen 1965 einforderte, seien »überhaupt nur durch einen vielleicht nicht vermehrten, aber bewußten Einfluß des Staates auf die Wirtschaft« erreichbar, also »durch, nun, das Wort muß heraus, durch Planung«.[31] Für Stolze war klar, wer die modernste Wirtschaftspolitik machte: »Das konsequenteste und am besten abgewogene Wirtschaftsprogramm verkünden zweifellos die Sozialdemokraten – eine Konzeption, die vor allem am wirtschaftlichen Wachstum orientiert ist und den Erkenntnissen der modernen Nationalökonomie Rechnung trägt. Die SPD präsentiert auch in Professor Karl Schiller den brillantesten Kopf als potentiellen Wirtschaftsminister.« Die bisherige Ordnungspolitik Erhard'scher Art, so könnte man zusammenfassen, war in den Augen der zeitgeistbewussten *Zeit* schlicht und einfach out. Als Erhard die Wahlen 1965 doch noch einmal gewann, forderte Stolze, dass Erhard nicht nur die Tarifpartner, sondern auch Karl Schiller an einen Tisch bringen solle.[32]

In der Endphase von Erhards Kanzlerschaft, als sich die erste Rezession der Nachkriegszeit ankündigte, gehörte das Wirtschaftsressort der *Zeit* zu den lautesten Stimmen in dem Medienchor, der eine große Krise kommen sah und Erhard dafür verantwortlich machte. Er tue nichts »für unser künftiges Wirtschaftswachstum«.[33] Als das Stabilitätsgesetz noch von Erhards Regierung im Bundestag eingebracht wurde, belehrte Stolze seine Leser, dass die Regierung sich viel zu lange »gegen jede Form der Planung« gesträubt habe.[34] Das habe »zur Vernachlässigung der modernen Technologie in der Bundesrepublik geführt. Lange, allzu lange vermochten die Neoliberalen [gemeint sind die Ordoliberalen, F. K.] nicht einzusehen, daß man den Aufbau von Industrien für Flugzeug- und Computerbau, Elektronik, Raumfahrt und Atomtechnik nicht dem freien Spiel der Kräfte überlassen kann.« Das Stabilitätsgesetz verspreche immerhin »die Chance, nach einigen Ergänzungen schließlich zum Instrument einer strafferen Wirtschaftspolitik zu werden«. Für Erhard hatte Stolze dabei nur noch einen Platz im Geschichtsbuch vorgesehen: »[W]äre es wirklich beschämend für einen Mann, der einmal Großes geleistet hat und in wenigen Monaten 70 Jahre alt wird, zuzugeben, daß sein Lebenswerk getan ist?«

Besonders warfen *Zeit* und *Spiegel* und mit ihnen der ökonomische Zeitgeist der 1960er-Jahre Erhard seine Appelle zur Mäßigung vor. »Als Währung und Wohlstand in Gefahr gerieten, sahen sie vom Kanzler keine Taten, sondern hörten nur Maßhalteappelle«, klagte der *Spiegel*.[35] Die *Zeit* zeichnete das Bild eines überforderten Trottels: »Wer ihn apathisch und scheinbar ohne Ziel durch die Gänge des Bundeshauses tappen sah, gefolgt von einem Schweif von Journalisten und Politikern, Erich Mende zur Seite, der unermüdlich auf ihn einredete, wer sein Gesicht betrachtete, in dem das grelle Blitzlicht der Kameras und der Scheinwerfer mitleidlos die Spuren der Müdigkeit nachzeichnete, wer bemerkte, wie er über Telephon- und Fernsehkabel stolperte und seine hilflos wirkenden Gesten beobachtete – wer all dies sah, mochte fragen: Weiß Ludwig Erhard wirklich, was mit ihm gespielt wird?«[36]

Die Rezession von 1966/67 musste dem *Spiegel*-Leser als sehr bedrohlich erscheinen. Die Titelgeschichte vom 22. August 1966 – *Wirtschaftskrise in Deutschland?* – beginnt mit dem Selbstmord des Bankiers Karl

Paul Jacobi, der damals allerdings schon drei Monate zurücklag, und der Prophezeiung: »Bankier Jacobis Unternehmen wird nicht das einzige sein, das vor Jahresende auf der Strecke bleibt.«[37] Zur Beglaubigung zitierte der *Spiegel* den damaligen Siemenschef Adolf Lohse: »Es ist heute schon nicht mehr albern, wieder von den Krisenjahren 1929 bis 1932 zu sprechen.« Natürlich war das aus heutiger Sicht tatsächlich albern, da das Wohlstandsniveau des Jahres 1966 das des Jahres 1929 weit übertraf und von einer Massenarbeitslosigkeit nicht einmal ansatzweise die Rede sein konnte. Aber das Zitat zeigt, wie hysterisch die Stimmung war – und wie der *Spiegel* die Lage bewusst dramatisierte.

Wie die *Zeit* warf auch der *Spiegel* Erhard vor, auf Grund antiquierter Überzeugungen nichts für das Wachstum zu tun: »Nur noch aktive Konjunkturpolitik konnte helfen, drohenden Verwerfungen in der Wirtschaft – sei es in Richtung steigender Preise oder nachlassender Investitionsneigung – zu begegnen. Aber weil Ludwig Erhard rationale Wirtschaftspolitik mit Dirigismus gleichsetzte, gedachte kein Ministerialer Reformpläne vorzulegen.« Erst nach Erhards Umzug ins Kanzleramt, so der *Spiegel*, hätten die Beamten »zum ersten Mal offen« zeigen können, »was sie auf der Universität über den britischen Konjunktur-Theoretiker John Maynard Keynes und dessen Schüler gelernt hatten: Die moderne kapitalistische Wirtschaft erbringt nicht naturnotwendig die höchste Leistung, vielmehr kann und soll der Staat als stärkste Nachfragegruppe korrigierend [...] eingreifen.«

Der *Spiegel* machte seinen Lesern also überdeutlich, dass Erhards Verzicht auf aktive, »rationale Wirtschaftspolitik« nicht mehr zeitgemäß – das heißt keynesianisch und wachstumsorientiert – war. Und außerdem: »Kein westlicher Industriestaat hat ein derart veraltetes Haushaltsrecht, in keinem sind die wirtschaftspolitischen Kompetenzen so zersplittert. [...] Untersuchungen etwa, inwieweit der Bundeshaushalt inflationär wirkt, werden allenfalls von untergeordneten Seminaristen angestellt.« Die Botschaft war klar: Die deutsche Wirtschaftspolitik braucht endlich mehr Modernität, da müssen Experten ran.

Erhard hatte, so der *Spiegel*, auf seinem »ureigenen Sachgebiet, der Wirtschaft« versagt: »Vergeblich beschworen ihn die von der Regierung bestellten Konjunktur-Sachverständigen, er möge Arbeitgeber, Gewerkschaften,

Länder und Gemeinden in einer ›konzertierten Aktion‹ auf einen stufenweisen Abbau ihrer Ansprüche vergattern.« Der *Spiegel* wusste auch, wer es besser könnte: »Ebenso vergeblich bot der SPD-Wirtschaftsstar Karl Schiller die Hilfe der Opposition an. Alle Vorschläge verwarf der Kanzler als ›zu mechanistisch gedacht‹.« Und weiter warnte der *Spiegel*: »Opportunismus, Interessen-Blindheit und Ludwig Erhards Immobilität könnten die Wirtschaft über jene dünne Konjunkturlinie bugsieren, die zwischen Anpassung und Krise verläuft.«

Nachdem Erhards Koalition mit der FDP über diese Fragen zerbrochen war, zog mit Karl Schiller die ökonomische Moderne ins Wirtschaftsministerium ein. Er sorgte dafür, dass aus dem von seinem Vorgänger Schmücker vorgelegten »Gesetz zur Förderung der wirtschaftlichen Stabilität« das »Gesetz zur Förderung der Stabilität und des Wachstums der Wirtschaft« wurde, das der Bundestag schließlich im Juni 1967 verabschiedete.

Vom *Spiegel* hatte die neue Regierung keine Kritik dafür zu befürchten, dass nun »Wachstum und Vollbeschäftigung vor der Stabilität der Währung« rangierten.[38] Ganz im Gegenteil. Wenn der *Spiegel* an Schillers aktiver Wachstumspolitik überhaupt etwas auszusetzen hatte, dann, dass sie nicht weit genug gehe. »Warum folgen Sie nicht den Sachverständigen und legen einen zweiten Eventualhaushalt auf oder senken zur Ankurbelung der Konjunktur die Steuern?«, wurde Schiller im ersten Interview als Minister gefragt.[39] Er wolle zunächst den ersten »Treibsatz« wirken lassen, antwortete darauf der frühere Oberleutnant Schiller.

Diether Stolze begrüßt auf der Titelseite der *Zeit* das »kommandierte Wirtschaftswunder«: »Mit Schiller und auch mit Strauß hat ein völliger Stilwandel in der Finanz- und Wirtschaftspolitik eingesetzt: Mittelfristige Finanzplanung und volkswirtschaftliche Zielprojektion bis 1971 stellen die ersten Versuche dar, die weitere Entwicklung zu planen.«[40] Stolze war überzeugt, dass künftig »ein neues Wunder – oder, bescheidener gesagt, die weitere wirtschaftliche Expansion – tatsächlich in hohem Maße von einer vorausschauenden Wirtschaftspolitik abhängen«. Den Kritikern hielt er entgegen: »Was Schiller und Strauß [...] praktizieren, ist nichts anderes als moderne Wirtschaftspolitik.« Durch ökonomische Wissenschaft beglaubigte Modernität war für die fortschrittsgläubige *Zeit* überhaupt das ausschlaggebende Argument: Schillers »pragmatische ›Neue Wirtschaftspolitik‹« werde, so *Zeit*-Redakteur Kurt Simon, schließlich »heute von fast allen jüngeren Nationalökonomen der westlichen Welt verfochten«.[41] Da schien ein »Zurück zu Erhard« ausgeschlossen.[42]

### Kritik am »Wachstumsfetischismus« in der *FAZ*

Ganz anders die Entwicklung in der *FAZ*. Während *Spiegel* und *Zeit* mit zunehmendem Eifer eine »moderne«, also keynesianische, planende Wachstumspolitik fordern, setzt in der *FAZ* schon um 1960 ein Reflexionsprozess über die Bedeutung der Wachstumsraten ein, an dem sowohl »fremde Federn« als auch eigene Redakteure teilnehmen.

Bundesbankpräsident Karl Blessing kritisiert 1959 in einer Rede, dass der Begriff »Wachstumsrate« zu einem »Fetisch« geworden sei, dem man Opfer bringe und den man »wie das goldene Kalb« anbete.[43] Ein ungenannter *FAZ*-Redakteur kommentiert dazu: Es solle sich lieber »niemand, vor allem nicht die Regierung, darauf versteifen, das deutsche Sozialprodukt müsse unter allen Umständen auch weiterhin die Wachstumsraten der letzten Jahre aufweisen. Solche Postulate könnten leicht die Wirtschaft zu übertriebenen Hoffnungen und die Regierung zu einer inflationären Konjunkturpolitik verleiten.«[44] Damit ist der entscheidende Streitpunkt über das einige Jahre später diskutierte Gesetz schon angerissen: Sollen stabile Preise oder Wachstum Priorität genießen? Für Blessing und das Wirtschaftsressort der *FAZ* war klar, dass Stabilität zuerst kommen muss.

Mit identischer Überschrift und ähnlicher These meldet sich der Mainzer Ökonom Horst Demmler zu Wort: »Es entspricht der Auffassung der Kommunisten von der bestimmenden Rolle, die die wirtschaftliche Basis in ihrem System spielt, daß sie aus den Wachstumsraten einen Fetisch gemacht haben. In einer marktwirtschaftlich organisierten Wirtschaft, in der nicht die Macht des Staates, sondern der Wohlstand der Bevölkerung Motiv des Wirtschaftens ist, hat die Wachstumsrate nur die Bedeutung einer Kontrollziffer.«[45]

*FAZ*-Redakteur Roeper kritisierte den in der OECD vor dem Hintergrund des Systemwettkampfs von den Amerikanern durchgesetzten Wachstumsplan für Nordamerika und Westeuropa, der bis in das Jahr 1970 ein Gesamtwachstum von 50 Prozent vorsah, als ein »sehr fragwürdiges Unterfangen«:[46] »Ein neuer Kult hat begonnen, den alle mitmachen, und kultisch ist auch der neue amerikanische Plan. Schon gibt es auch die ersten Kult-Worte, wie etwa die bei uns zulande immer häufiger gebrauchte Formulierung, die Menschen seien heute ›wachstumsbewußter‹ als früher. Nicht nur, daß dieser Ausdruck eine sprachliche Scheußlichkeit ersten Ranges ist, er dürfte obendrein auch noch falsch sein. Die Menschen sind lediglich anspruchsvoller und maßloser geworden, aber nicht ›wachstumsbewußter‹.«[47]

Hohe Wachstumsziele seien, so Roeper, für »die Entwicklungsländer, in denen der größte Teil der Bevölkerung noch nicht einmal das Existenzminimum an Nahrung und Kleidung hat«, verständlich. »Für sie ist das ein Kampf auf Leben und Tod. Auch in den kommunistischen Ländern entbehrt die dort bis zum Exzeß geübte statistische Wachstumsakrobatik nicht einer gewissen Logik, weil selbst in der Sowjetunion [...] bei der Masse der Bevölkerung der Lebensstandard noch immer nur wenig über das Existenzminimum hinausgeht.« Doch das sei in den westlichen Ländern schließlich nicht mehr der Fall, wo freie Gesellschaften bewiesen haben, zu welchen wirtschaftlichen Leistungen sie in der Lage sind.

Als dann mit der Großen Koalition Karl Schiller und die von *Zeit* und *Spiegel* ersehnte »moderne« Politik ins Wirtschaftsministerium einzogen, ging die *FAZ*-Wirtschaftsredaktion erstmals in die publizistische Opposition.

Der Bonner Wirtschaftskorrespondent und spätere Mitherausgeber Fritz-Ulrich Fack analysierte wenige Monate nach Schillers Amtsantritt, was die neue Regierung für die Wirtschaftspolitik bedeute: Ein »ständig optimales Wachstum« werde nun »zur Leitidee und zum Maß aller Dinge«.[48] Während bislang die Ordnungspolitik den Vorrang vor der Prozesspolitik, also unmittelbaren Eingriffen in den Wirtschaftsablauf, gehabt habe, sei es nun umgekehrt. Die von Schiller so genannte »Globalsteuerung« sollte man, »um den Kern der Sache besser zu treffen, vielleicht Wachstumspolitik nennen. [...] Die Ordnungspolitik [...] wird heute im Wirtschaftsministerium anders, nämlich instrumental gesehen. Sie ist nur scheinbar gleichberechtigt. Die Prärogative kommt bislang jedenfalls der Wachstumspolitik zu.« Dass das noch von Schmücker eingebrachte Stabilitätsgesetz nun als »Gesetz zur Förderung der Stabilität und des Wachstums« verabschiedet wurde, sei ein »Ausdruck des neuen Konzepts«.

Die Ministerialbeamten in den sechs ehemaligen Kasernen in Bonn-Duisdorf hätten sich den »theoretischen Neuerungen insgesamt rasch angepaßt«. Eine geschickte Personalrochade trug dazu sicher bei. So machte Schiller Otto Schlecht zum Unterabteilungsleiter, der schnell bis zum Staatssekretär aufsteigen und es 18 Jahre bleiben sollte. Schlecht galt als ordoliberaler »Freiburger«, hatte bei Eucken und Franz Böhm studiert. Aber er war offen für aktuelle keynesianische Gedanken. Fack zitierte Schlecht mit der Behauptung, auch Eucken selbst würde »heute über Keynes und seine Prozeßpolitik anders denken« als 1948.

Als »Beweis« dafür, dass sich die Ordnungspolitik den neuen »wachstumspolitischen Erfordernissen« unterzuordnen habe, sieht Fack die »große Aufmerksamkeit, die den Ideen des Wettbewerbstheoretikers Kantzenbach in der Spitze des Wirtschaftsministeriums zuteil geworden«[49] sei. Erhard Kantzenbach war damals mit seiner gerade frisch erschienenen Studie über *Die Funktionsfähigkeit des Wettbewerbs* einer der Stars der Wirtschaftswissenschaft, die Anschluss an die englischsprachige Forschung suchten. Er hatte angelehnt an amerikanische Ökonomen die These aufgestellt, dass in »weiten Oligopolen«, also in einem Wettbewerb größerer Unternehmen, die Neigung zu Innovationen und Investitionen und damit auch das Wachstum größer seien als in der »Töpfchenwirtschaft« (Schiller) vieler kleiner Unternehmen.[50] Das sei, so Fack, also eine »maßgeschneiderte Theorie für die Hinlenkung der Ordnungspolitik auf die Bedürfnisse eines möglichst hohen Wirtschaftswachstums«.[51] Kantzenbachs Theorie hatte großen Einfluss auf das im Wirtschaftsministerium Anfang 1968 erarbeitete »neue Leitbild der Wettbewerbspolitik«, das die Basis für die 1974 verabschiedete zweite Novelle zum »Gesetz gegen Wettbewerbsbeschränkungen« war.[52]

Fack war solcher Glaube an die Fähigkeit staatlicher Wachstumsförderung nicht geheuer. Seine Hoffnung richtete sich allein auf Schillers Realismus. Der stehe zumindest »auf dem Boden der Marktwirtschaft«. Man dürfe daher hoffen, »daß er die Grenzen der Wachstumspolitik erkennt. Das rückschlaglose Wirtschaftswachstum hat keinen Ewigkeitswert.«[53] Noch härter ins Gericht ging *FAZ*-Herausgeber Erich Welter mit dem »wirtschaftlichen und finanzpolitischen Illusionismus« nicht nur der neuen Regierung, sondern auch der öffentlichen Meinung und des dahinterstehenden Denkens seiner Ökonomenkollegen.[54] Welter nahm in diesen Jahren – er hatte das Rentenalter erreicht – nur noch selten öffentlich Stellung. Doch im Spätsommer 1967 ist ihm offensichtlich der Kragen geplatzt.

Der *FAZ*-Herausgeber holt in seinem ganzseitigen Artikel zum Rundumschlag gegen die Wirtschaftspolitik der Großen Koalition aus. Vor allem aber kritisiert er die in der »mittelfristigen Finanzplanung« angelegte Erwartung anhaltend hoher Wachstumsraten. »Einfach auf vielleicht überholten Erfahrungssätzen aufzubauen und einen durchschnittlichen Zuwachs des Sozialprodukts von 4 Prozent vorauszusetzen, dazu gehört schon eine Portion Mut.« Politiker könnten »allenfalls, indem sie Fehler vermeiden, günstige Voraussetzungen für eine Steigerung des Wohlstands schaffen, aber nach Maß schneidern können sie ein solches Wachstum natürlich nicht«. Durch die Schiller'schen Wachstumsversprechungen werde, so Welter, »die Begehrlichkeit, mühsam zurückgestaut, neu genährt und der Irrglaube, die Bäume müßten nach dem jüngsten außerplanmäßigen Zwischenfall nun wieder planmäßig in den Himmel wachsen, von neuem bestärkt.«

Ausgerechnet der Journalist, der als einer der Ersten in Deutschland das Wirtschaftswachstum als politisches Ziel herausgehoben hatte, kritisierte nun einen »Glaubenssatz, den nur wenige, am wenigsten unsere streitbaren Vorkämpfer gegen die etablierte Gesellschaft, in Frage stellen. Den Glauben ans Wachstum.« Dieses »modern gewordene Verlangen nach mehr und immer noch mehr ebenso wie die eng damit verknüpfte Vorstellung von der ›Machbarkeit‹ des wirtschaftlichen Wachstums« sei eine »geistige Gleichgewichtsstörung« und »als krankhaft zu bezeichnende Vermessenheit«. Die Rezession habe nur einige der »politisch führenden Kreise« kuriert. »Manche meinen immer noch, die Bundesrepublik könne ohne Schaden zu nehmen weiterhin im Wachstumsrausch der letzten Jahre über ihre Verhältnisse leben.«[55]

Fast unbeachtet blieb in der gesamten Debatte der innere Widerspruch der Zielvorgaben des Schiller'schen Gesetzes: Etwas stetig Wachsendes kann nach elementaren Naturgesetzen nicht stabil bleiben. Wie ist zu erklären, dass im Gegenteil bis heute behauptet wird, nur Wachstum sorge für stabile soziale Verhältnisse?

## Das historische Trauma der Weltwirtschaftskrise

Ein Teil der Antwort ist möglicherweise in einem damals sehr gegenwärtigen und selbst heute wohl noch wirksamen historischen Trauma zu suchen: Die tief im kollektiven Gedächtnis nistende Erfahrung der Weltwirtschaftskrise und die Angst, dass sie sich wiederholen könnte – mit ebenso schrecklichen kriegerischen Folgen. Die damalige Krise mit der Machtübernahme der Nationalsozialisten und dem Zweiten Weltkrieg als zumindest mittelbaren Folgen, schien den Schluss nahezulegen, dass ausbleibendes Wirtschaftswachstum in modernen Gesellschaften radikale Instabilität verursache.

Auch deswegen konnte der ruhige Ruf der Ordoliberalen nach dem rechten Maß überlagert werden von einem emotionaleren und daher stärker wirkenden Argument, das zum Handeln aufrief. Dazu kam der Systemwettstreit mit dem kommunistischen Ostblock, der immer mehr auch als Wirtschaftswettstreit um die höhere Wohlstandsproduktion empfunden wurde.

Kaum eine grundsätzliche Überlegung zu wirtschaftlichen Fragen kam in jenen Jahren ohne Verweis auf die große Krise aus. So schrieb 1960 Eduard Werlé, Vorstandsmitglied des ifo Instituts: »Nach dem überzeugenden Mißerfolg des Experimentes Brüning, die Bereinigung der Weltwirtschaftskrise im Deutschen Reich grundsätzlich den Selbstheilungskräften zu überlassen, dürfte wohl heute niemand mehr das Bedürfnis haben, ein solches Experiment zu wiederholen. [...] Die Quittung für diese geistige Fehlleistung war damals die Machtübernahme durch den Nationalsozialismus. Es ist wohl keine Frage, welcher ›Ismus‹ diesmal eine solche Fehlleistung – sollte sie wiederholt werden – quittieren würde.«[56] Der Sozialdemokrat Schiller nährte einige Jahre später ähnliche Ängste vor einem anderen, damals in mehreren Landtagen sitzenden Gegner der Demokratie: »Wir können uns keine Arbeitslosigkeit leisten. Wir müssen an die NPD denken.«[57]

Die in den 1960er-Jahren tonangebenden Ökonomen waren sich einig, dass die Sparpolitik Brünings für die Eskalation der Krise in Deutschland und damit zumindest indirekt auch für die Machtergreifung der Nazis mitverantwortlich war. Ebenso überzeugt war man, dass Brüning der ökonomische Sachverstand und kompetente Berater gefehlt hatten. Auch deswegen fühlten sich Ökonomen, die die passenden Krisenverhinderungsinstrumente gefunden zu haben meinten, zur politischen Einflussnahme berufen. Schiller war die Personifizierung dieses Glaubens und überzeugt, dass »die Politik sich in einem Prozeß fortschreitender Modernisierung zunehmend des wissenschaftlichen Sachverstandes bedienen werde, damit sie zu einem kühlen Geschäft der Rechner und Experten würde«.[58]

Dass die erste Rezession der Nachkriegszeit 1966/67 nicht einmal ansatzweise mit jener in der späten Weimarer Republik vergleichbar war, ging in der hysterischen Stimmung jener Zeit unter. Erich Welter war damals ein ziemlich einsamer Mahner zur Gelassenheit. Im selben Artikel, in dem er mit der »geistigen Gleichgewichtsstörung« des Glaubens an das machbare Wachstum ins Gericht geht, entlarvt er auch die Verweise auf die Weltwirtschaftskrise als haltlose Panikmache: »Wer hier Parallelen ziehen wollte oder Anlaß sah, Gespenster an die Wand zu malen, wusste nicht, wovon er sprach.«[59]

Die *FAZ* war in den 1960er-Jahren im Gegensatz zu *Spiegel* und *Zeit* ein Hort der Skepsis gegenüber den Wachstumsversprechen. Es war jene Zeitung, die 1949 zur Unterstützung der sozialen Marktwirtschaft gegründet worden war und den Vorrang des Wachstums vertrat, als viele lieber über Verteilungsgerechtigkeit diskutierten. Aber verändert hatte sich nicht die *FAZ*, die ihren ordoliberalen Überzeugungen treu blieb. Verändert hatten sich die Prioritäten der politischen Ökonomie, wie Eick richtig erkannte: »Wachstum über alles!«

Welter, Roeper und Eick waren echte Ordoliberale. Für sie war Wachstum ganz im Sinne Erhards und der Freiburger Schule das Ergebnis guter Wirtschaftspolitik, aber nicht das oberste Ziel. Stabilität nicht nur der Währung hatte für sie Vorrang. Doch sie gehörten einer Denkschule an, die in den 1960er-Jahren in Politik, Wissenschaft und Journalismus auf dem Rückzug war. Als Eick 1986 in den Ruhestand ging, war es damit auch in der *FAZ* im Großen und Ganzen vorbei. Zu Ludwig Erhard und zur Ordnungspolitik bekannte man sich seither – ähnlich wie in der CDU – eher dem Namen als der Sache nach.

Die »Fetischisierung« des Wachstums in den 1960er-Jahren war das Werk von Ökonomen. Sie konnte aber nur stattfinden, weil die Mehrheit der Journalisten, nicht zuletzt die Meinungsmacher in *Spiegel* und *Zeit*, die Vorstellungen der Professoren verbreiteten. Die Wissens- und Mediengesellschaft war damit auch eine Wachstumsgesellschaft geworden. Ausgerechnet jene Medien also, die von ihren Lesern und sich selbst für besonders »kritisch« gehalten werden und nach dem Urteil der Zeitgeschichte das Ende der angeblich autoritätsgläubigen und staatstreuen 1950er-Jahre-Gesellschaft mit herbeigeführt hatten,[60] erwiesen sich als wenig kritische Resonanzkörper der keynesianisch geprägten Ökonomen. Man könnte mit Karl Jaspers von »Wissenschaftsaberglauben« sprechen.

Der ordoliberalen Kritik an der Fetischisierung des Wachstums fehlte der Rückhalt in der Politik und in der Wissenschaft. Sie konnte weder mit der geballten Ladung an Expertise aufwarten, die die »Neue Wirtschaftspolitik« ins Feld führte, noch konnte sie sich nach Erhards Entmachtung auf realistische politische Alternativen stützen. Jetzt rächte sich, dass die ordoliberalen Vordenker weder in der Wissenschaft noch in den Parteien und Redaktionen ausreichend Macht- und Nachwuchspolitik betrieben hatten. In der *FAZ* gehörten Journalisten wie Welter und Eick einer aussterbenden Spezies an. In *Spiegel* und *Zeit* hatte es Leute ihres Schlages ohnehin nicht gegeben.

Die Kraft, das Wachstumsparadigma grundlegend infrage zu stellen, kam aus einer anderen Quelle.

## 4. Kapitel
## Die 1970er-Jahre –
## »Die Grenzen des Wachstums« und der Gegenschlag der Ökonomen

»Ein vages, aber wachsendes Gefühl des Unbehagens« erkennt der *Spiegel* in seiner Titelgeschichte vom 5. Januar 1970.[1] Das Magazin stellt den Lesern für das anbrechende Jahrzehnt einen »Ritt auf dem Tiger« in Aussicht. Der Tiger sei der technische Fortschritt: »Es dämmert die Einsicht, daß nun die Entwicklungen und Entscheidungen in einem einzigen Jahrzehnt die Geschicke der Menschen stärker wandeln können als früher in Jahrhunderten. [...] Wenn zwischen der Uranspaltung und dem Bau der ersten Atombombe nur mehr sechs Jahre, zwischen der Entdeckung des Laser-Strahls und seiner industriellen Anwendung nur noch knapp zwei Jahre vergehen, wenn sich nun die Manipulation menschlichen Erbgutes in den Labors der Biochemiker schon abzeichnet, gewinnt die Zeitspanne eines Jahrzehnts eine neue, bedrohliche Dimension.«

Wenige Monate vor dem Anbruch des neuen Jahrzehnts waren erstmals Menschen auf dem Mond gelandet. Doch trotz des Erfolgs des Apollo-Programms, das Kennedy nicht einmal neun Jahre zuvor angekündigt hatte, schien der süße Rausch der Fortschrittseuphorie der 1950er- und frühen 1960er-Jahre verflogen. Stattdessen herrschte Katzenjammer. Die Kultkomödie *Zur Sache Schätzchen* traf die Stimmung der Zeit: Der Antiheld Martin (Werner Enke) fühlt sich »ungeheuer schlaff« und sagt immer wieder: »Es wird böse enden.«[2]

Eins schien klar: Im anbrechenden Jahrzehnt konnte und wollte man nicht einfach weitermachen wie bisher. Das betraf auch die Wirtschaft. Der *Spiegel* stellt in der oben zitierten Titelgeschichte fest: »Das bisher vorrangige Verfahren, jährlich die höchstmöglichen Zuwachsraten des Wohlstands zu erstreben, wird fragwürdig, wenn sich wirtschaftliches Wachstum und technische Perfektion von menschlichen Bedürfnissen ablösen, die nicht ökonomischer Natur sind.«[3] Die »naiv-positivistische These der liberalen Marktwirtschaftler, die da meinen, alles werde sich schon zurechtlaufen, wenn man nur genügend produziere«, scheine, so die *Spiegel*-Autoren, »vollends überholt«. Solche Ansichten hatten bislang in der Wirtschaftsberichterstattung des *Spiegels* keine Rolle gespielt.

Aber dieser Stimmungswandel war nicht nur ein vages Symptom der Unlust von Teilen der Jugend am Leistungskult ihrer Wirtschaftswundereltern. Der Umschwung war getrieben von einer konkreten Sorge um die Natur und die durch ihre Zerstörung gefährdeten Menschen. Der Historiker Joachim Radkau spricht von einer »ökologischen Revolution um 1970«.[4] Im *Spiegel* wird dieses neue Bewusstsein sehr deutlich: »Bis wann und in welchem Ausmaß soll die Industrie noch fortfahren dürfen, Abfälle und Schadstoffe zu produzieren, die mehr oder minder unkontrolliert die Umwelt des Menschen zu zerstören drohen?«[5] Anderthalb Jahre später stellt der *Spiegel* fest, dass »sich sogar die Industrie innewird, dass sie die Nation mit ihren Produkten verwöhnt, mit ihren Ausdünstungen und Abfällen gleichzeitig vergiftet«.[6]

Die publizistische Frühgeschichte des ökologischen Krisenbewusstseins beginnt in den USA 1962 mit Rachel Carsons Buch *Stiller Frühling (Silent Spring)*. Diese poetische Anklageschrift gegen die Verwendung des Insektizids DDT wurde bald zu einem Kultbuch ungezählter Aktivisten. Eine von Präsident Kennedy eingesetzte Wissenschaftlerkommission bestätigte die Warnungen des Buches und löste dadurch eine erste Welle der Umweltschutzpolitik in den USA aus.

Die enorme gesellschaftliche und politische Nachwirkung des Buches strahlte auch nach Deutschland aus. Der *Spiegel* verbreitete Carsons Schreckensbotschaft mit einem ausführlichen Artikel im Kulturteil noch vor Erscheinen der deutschen Übersetzung: »Der Verseuchung unserer Umgebung [im Original *environment*, also heute als »Umwelt« zu übersetzen; F. K.] kann erst ein Ende gesetzt werden, wenn unsere Behörden den Mut und die Aufrichtigkeit aufbringen, öffentliches Wohlergehen für wichtiger als Dollars zu erklären, und wenn sie diesen Standpunkt gegenüber allen Pressionen und Protesten vertreten. [...] Wenn die Öffentlichkeit bei früheren Gelegenheiten von der abträglichen Wirkung der Schädlingsbekämpfungsmittel erfuhr, wurde sie mit Beruhigungspillen in Form von Halbwahrheiten abgespeist.«[7] Einige Monate später berichtete die New Yorker Korrespondentin der *FAZ* über die Wirkung des Buches auf die amerikanische Öffentlichkeit.[8]

## Genschers PR-Erfolg mit Umweltpolitik

Der Begriff »Umweltschutz«[9] war vor 1969 in der *FAZ*, im *Spiegel* und in der *Zeit* nicht vorgekommen. Weder die damals entstehenden Bürgerinitiativen noch Journalisten prägten ihn, sondern der politische Betrieb. Sehr schnell begriffen deutsche Politiker, dass neue Aufgaben vor ihnen lagen. Der Ministerialbeamte Peter Menke-Glückert schlägt im November 1969 Bundesinnenminister Hans-Dietrich Genscher »Umweltschutz« als Sammelbegriff für die neuen Kompetenzen vor.[10] Angetrieben von Menke-Glückert und vor allem von Staatssekretär Günter Hartkopf entstanden daraufhin im Innenministerium in kurzer Zeit das »Sofortprogramm Umweltschutz«, das »Benzinbleigesetz«, das »Abfallgesetz«, das »Immissionsschutzgesetz«, das »Fluglärm-« und das »Umweltstatistikgesetz«. Mit der ersten UNO-Umweltkonferenz, die im Sommer 1972 in Stockholm stattfand, begann auch die Epoche der internationalen Umweltpolitik.

Für Genscher war die Umweltpolitik ein großer PR-Erfolg. Der neue FDP-Star konnte sich als fürsorglicher Retter präsentieren: »Wenn wir nicht schnellstens handeln, [...] werden meine Enkelkinder eine Gasmaske aufsetzen müssen, wenn sie draußen spielen wollen«, zitierte ihn der *Spiegel* in der Titelgeschichte *Vergiftete Umwelt* 1969.[11] Genscher brüstete sich noch 2014 mit seiner Pionierrolle: »In der ersten Umweltdebatte des Deutschen Bundestags sagte ich im Dezember 1970: ›Das Grundgesetz kennt das Wort Umweltschutz noch nicht. Dem Grundrechtskatalog fehlt ein Menschenrecht auf unschädliche Umwelt.‹ Erst 24 Jahre später wurde mit Art. 20a der Umweltschutz als Staatsziel im Grundgesetz verankert.«[12]

Die neu entdeckte Umwelt war für Journalisten ein ergiebiges Thema, gerade für ein Magazin wie den *Spiegel*. Dessen Verleger Augstein stand der ökologischen Bewegung zwar von Anfang an desinteressiert gegenüber.[13] Aber egal, wie man als Journalist persönlich darüber dachte, das aufblühende ökologische Bewusstsein und die tatsächlichen oder zu erwartenden Katastrophen, die die Umweltbewegung beklagte, boten den Stoff, aus dem journalistischer Erfolg gemacht ist: Skandale und Emotionen. Allein DDT, das Pflanzenschutzgift, dessen Schädlichkeit Carson in ihrem Buch mit poetischen Worten beklagt, war dem *Spiegel* bis zum Verbot in Deutschland 1972 mehrere Artikel wert.[14]

### Die Krise der Großstadt

Ein großes Thema jener Zeit – uns heute seltsam fremd – ist die Krise der Großstadt. Ihren Anfang markiert 1965 Alexander Mitscherlichs Buch *Die Unwirtlichkeit unserer Städte*. Der Psychologe hatte sich damit als erfolgreicher Wünschelrutengeher der deutschen Volksseele gezeigt. Das Buch war mit rund 200.000 verkauften Exemplaren ein Bestseller[15]. Rudolf Hillebrecht, Planer von Nachkriegs-Hannover, musste sich von Mitscherlichs Kritik angesprochen fühlen. Im *Spiegel* erhielt er die Gelegenheit, die »ärgerliche Lektüre« in einem Gastbeitrag zu kritisieren.[16] Aber sonst regte sich in der Presse kaum jemand zur Verteidigung der städtebaulichen Nachkriegstristesse. Im Gegenteil: Mitscherlichs Unwirtlichkeitsthese war bald Allgemeingut – zumindest vermitteln der *Spiegel*, aber auch die *Zeit* und die *FAZ* in den folgenden Jahren den Eindruck, dass das Leben in deutschen Städten nur schwer auszuhalten sei.

In der Krise der Großstadt, wie sie Soziologen, Journalisten und auch Politiker in den späten 1960er- und frühen 1970er-Jahren ausriefen, waren ökologische und soziale Probleme untrennbar miteinander verwoben. New York war damals der Inbegriff eines runtergekommenen, schmutzigen und verbrechensverseuchten Molochs und erschien als ein Menetekel für die üble Zukunft aller Großstädte. In den späten 1960er- und frühen 1970er-Jahren kam kaum ein Bericht aus den USA ohne Hinweis auf den Smog über Los Angeles aus. Der drohte aber, wie die *FAZ* 1969 berichtete, im Winter auch deutschen Städten.[17]

Ökologische Schäden erschienen als Ursachen für die sozialen und sozialpsychologischen Probleme des Großstadtlebens: »Die städtische Umwelt, von Menschen geformt, beginnt Stadtmenschen zu deformieren.« Der *Spiegel* sah »die Gegenwart« – 1968 – »bedrängt von einem schier unlösbar erscheinenden Zivilisationsproblem: der Zusammenballung von Menschen und Maschinen in den Städten.«[18]

Auch drei Jahre später war das Thema noch nicht durch. »Sind unsere Städte noch zu retten?«, stand im Sommer 1971 auf dem *Spiegel*-Titel.[19] In dem dazugehörenden Artikel ist oft von »Wachsen« oder »Zunehmen« die Rede. Aber es geht nicht um den Wohlstand, sondern dessen Kehrseiten:

> Wachsen wird das Verkehrsdilemma – schon heute ereignen sich fast zwei Drittel aller Unfälle in den Ballungsgebieten. [...] Ansteigen wird die Wohnungsnot – schon derzeit hausen 15 Millionen Westdeutsche in vier Wänden aus dem 19. und früheren Jahrhunderten. [...] Zunehmen wird die Umweltverluderung – die Verseuchung der Gewässer, Verpestung der Luft, Verkümmerung der Grünflächen.« [ebd.]

Im Sommer des Jahres 1972 veröffentlichte der Münchner Oberbürgermeister Hans-Jochen Vogel, der wenige Monate später Bundesminister für Städtebau werden sollte, einen Vorabdruck seines Buches *Die Amtskette* im *Spiegel*:

> Die Symptome der Krise sind Legion. [...] Da ist das uferlose, scheinbar durch nichts zu bremsende breiartige Auseinanderfließen der Stadtstrukturen. Da ist das Absterben der vom Individualverkehr lahmgelegten und erstickten Innenstädte [...]. Da ist die zunehmende Verschmutzung, ja Vergiftung der Luft und des Wassers, die das Atmen im Freien zur Qual und das Baden und Schwimmen zu einer Gesundheitsgefahr macht. Da ist der Raubbau an der Natur, am Boden, an der Fauna und Flora, der das ökologische Gleichgewicht in irreparabler Weise bedroht.«[20]

Vogels Erklärung für diese drastische Lage widersprach in radikaler Weise dem bis dahin vorherrschenden Wachstumsglauben seiner Genossen:

»Die Krise ist die Krise des über seine Grenzen hinauswuchernden ökonomischen Systems, es ist die Krise der ökonomischen Stadt. Sie besteht darin, daß auch in unseren Städten die Zuwachsrate das ausschlaggebende Entscheidungskriterium darstellt. Alles was die Zuwachsrate des Sozialprodukts, des Konsums, des Profits steigert, ist gut und geschieht, alles was die Zuwachsrate auch nur abflacht, ist schlecht und unterbleibt.«[21]

Die Wahrnehmung von der Krise der Stadt verschwand dann in der zweiten Hälfte der 1970er wieder aus den Zeitungen. Dafür gab es ebenso wenig wie für ihr Aufkommen einen konkreten Anlass. Doch für einige Jahre war diese Krise in den Medien eines der großen Themen in Deutschland, nicht nur im *Spiegel*, sondern auch in der *Zeit*[22] und der *FAZ*[23]. Dass sie im kollektiven Gedächtnis der Bundesrepublik keine tiefen Spuren hinterlassen hat, hängt wohl damit zusammen, dass sie keinen konkreten Aufhänger hatte. Sie bot keine Schlachtfelder des gesellschaftlichen oder politischen Konfliktes, keine Erinnerungsorte. Von der Krise der Städte gibt es keine zu Ikonen gewordenen Bilder, wie sie die Studentenproteste lieferten, keine Helden, wie den toten Benno Ohnesorg.

## Der Boom der Zukunftsforschung

Ebenso vergessen wie die Krise der Städte ist heute auch der Boom der Zukunftsforschung. Futurologen wie Alvin Toffler (*Future Shock*, 1970) heizten einerseits die Angst an, versprachen andererseits Lösungen durch wissenschaftliche Ratio. Dem *Spiegel* war die Futurologie eine eigene Titelgeschichte[24] wert und in der *FAZ* erschienen zwischen 1966 und 1972 genau 62 Artikel[25] über die Erforschung der Zukunft. Einer davon behandelt einen vom *Sender Freies Berlin* ausgerichteten futurologischen Fernsehwettbewerb, in dessen Präambel die zeitgeistige Zukunftsangst Ausdruck fand: »Der Prix Futura will den Anreiz geben, durch alle Arten von Fernsehproduktionen zu der gesellschaftlichen und privaten Bewältigung des zukünftig Möglichen mit dem Vorgriff auf den Alltag von morgen und auf eine Zukunft ohne Angst und Schrecken beizutragen.«[26]

## »Eine Bombe im Taschenbuchformat«

Die ökologische Revolution, die Krise der Städte und die Zukunftsforschung schufen einen fruchtbaren Boden für das wohl bedeutendste publizistische Ereignis der frühen 1970er-Jahre: *Die Grenzen des Wachstums*. Das Buch sollte das Wachstumsdogma erschüttern.

Thomas von Randow, der damalige Leiter des Wissenschaftsressorts der *Zeit* spricht von einer »Bombe im Taschenbuchformat«[27]. Unter der Überschrift »So geht die Welt zugrunde« präsentiert er seine Zusammenfassung des Berichts der 17 Wissenschaftler unter Führung von Dennis Meadows schon vor Erscheinen der deutschen Übersetzung:

> Es steht schlecht um die Zukunft unserer Spezies, sehr schlecht. Wenn wir fortfahren, uns in dem Maße zu vermehren wie bisher, wenn Industrialisierung, Umweltverschmutzung, Nahrungsmittelmangel und Ausbeutung der Rohstoffquellen weiterhin so zunehmen, wie es gegenwärtig geschieht, dann wird schon vor Ablauf der nächsten hundert Jahre eine absolute Wachstumsgrenze erreicht sein. Bald darauf werden Hunger und Krankheit plötzlich eine rasche und unaufhaltsame Dezimierung der Menschheit verursachen.
>
> Nicht minder rapide wird die industrielle Kapazität kollabieren. Selbst wenn es uns gelänge, der Bevölkerungsexplosion augenblicklich Einhalt zu gebieten, könnten wir den Zusammenbruch unserer Zivilisation nicht mehr verhindern; es sei denn, die Menschheit fände sich alsbald in internationaler Einigkeit dazu bereit, freiwillig auf industrielles Wachstum zu verzichten [...].«[28]

Die im Auftrag des Club of Rome[29] durchgeführte Studie über die ökonomische, ökologische und demografische Zukunft der Welt war ein weltweiter Verkaufserfolg und schlug gewaltige Wellen. Mehr als fünfzehn Monate lang blieb sie in der *Spiegel*-Bestsellerliste. Allein die deutsche Taschenbuchausgabe von rororo wurde 370.000-mal verkauft.[30] Weltweit betrug die Gesamtauflage nach Angaben des Club of Rome mehr als zwölf Millionen Exemplare.[31]

Die »Grenzen des Wachstums« wurden fast umgehend nach Erscheinen zu einer stehenden Wendung in Journalistentexten. Über einem Jahresrückblick auf den Kunstmarkt[32] in der *Zeit* steht ebenso die Überschrift »Grenzen des Wachstums« wie 1978 über einer Analyse des Werbemarktes[33]. Die Bildungsreformen sieht *Zeit*-Autor Dietrich Wolf ebenso »hart auf die Grenzen des Wachstums gestoßen«[34] wie sein Kollege aus der Wissenschaftsredaktion Gustav Adolf Henning die Flügelspannweite eines Flugdinosauriers[35].

In Zeitungen und Zeitschriften blieb die Club-of-Rome-Studie für viele Monate ein Debattenthema. Jahrelang war in Essays und Analysen immer wieder von den »Grenzen des Wachstums« die Rede. Allein in der *Zeit* erscheinen bis zum Ende der 1970er-Jahre insgesamt 97 Artikel, die sie erwähnen.

Wie ist dieser für eine wissenschaftliche Fach-Publikation ungewöhnliche und bis heute einzigartige Publikumserfolg zu erklären? Sicher nicht durch seine literarische Qualität. Das Buch bereitet im Gegensatz zu Carsons *Silent Spring* kein Lesevergnügen. Seine Sprache ist hölzern. Nur wenige der Käufer werden sich durch die Tabellen und unverständlichen Schaubilder durchgekämpft haben, die der Computer des Massachusetts Institute of Technology (MIT) ausgebrütet hatte.

Entscheidend war vermutlich allein die Botschaft, die den Nerv der Zeit traf. Viele Menschen hatten offenbar darauf gewartet, dass die grundlegende Systemfrage offen gestellt wird: Wie lange kann das alles noch so weitergehen? Und nun kamen Wissenschaftler vom MIT, die dem »vagen, aber wachsenden Gefühl des Unbehagens« einen wissenschaftlichen, soliden Grund gaben, indem sie feststellten, was eigentlich eine offensichtliche Banalität ist: nicht mehr sehr lange. Die Resonanz ist vermutlich dadurch zu verstehen, dass ein Bewusstsein der großen Krise der Industriegesellschaft, wie oben gezeigt, bereits vorhanden war: Futurologie, die Krise der Städte und vor allem die ökologische Revolution hatten dafür den Boden bereitet. Eine ausgiebige Presseberichterstattung hatte dieses Krisenempfinden seit den späten 1960ern aus gesellschaftlichen Nischen in die erste Reihe der Öffentlichkeit gehoben. Ein weltpolitisches Ereignis im Jahr nach dem Erscheinen trug dann dazu bei, dass die *Grenzen des Wachstums* in der Presse und im öffentlichen Bewusstsein präsent blieben: Die Ölkrise durch den Exportstopp der arabischen Förderländer nach dem Jom-Kippur-Krieg schien die Brisanz der Botschaft von Meadows zu bestätigen. »Da Energie die Grundlage des im Westen mit vier bis fünf Prozent vorausgeschätzten jährlichen Wirtschaftswachstums abgibt, genügend Ersatz für das Nahostöl aber nicht aufzutreiben ist, könnten die [...] Grenzen des Wachstums früher erreicht sein als geahnt«, schreibt der *Spiegel*.[36]

Die Studie war eine Kriegserklärung an das ökonomische und politische Establishment. Sie »schlägt der in sozialistischen und kapitalistischen Staaten gehuldigten Wachstumsideologie mitten ins Gesicht«, schreibt Thomas von Randow, Wissenschaftsressortleiter der *Zeit*.[37] Von Randow – in den 1950er-Jahren selbst *fellow* am MIT – war unter Deutschlands Journalisten wohl der eifrigste Unterstützer des Club of Rome. 1972 und 1973 schrieb er fünf Artikel über die *Grenzen des Wachstums* und das zweite Auftragswerk für den Club of Rome, die sehr viel weniger beachtete Studie *Menschheit am Wendepunkt* (1974). Randow ignorierte die Kritik an der Kritik nicht. Zum Beispiel den bis heute immer wieder erhobenen Einwand, es »würde uns auch angesichts der neuerlichen Gefahren für den Fortbestand der Menschheit sicher wieder rechtzeitig etwas einfallen, womit der Ruin abermals abgewendet, ja, der Wohlstand weiterhin verbessert werden kann«.[38] Doch für von Randow führte kein Weg vorbei »an der schlichten Tatsache: daß die Erde eine endliche Größe hat«. Die Lage sei nur dann nicht aussichtslos, »wenn wir bereit sind, die Grenzen des Wachstums zu erkennen«.

Von Randow nahm in den Jahren 1972 und 1973 jeden sich bietenden Anlass wahr, um die Botschaft der Grenzen zu verkünden. Als der Club of Rome den Friedenspreis des Deutschen Buchhandels erhält, hebt von Randow die epochale Bedeutung der Studie hervor: »Kaum war eine kursorische Beschreibung dieser Studie im vorigen Frühjahr erschienen, da waren ihre Resultate und die Folgerungen daraus schon in aller Munde. Kein Politiker in der westlichen Welt, der seitdem nicht schon einmal darauf Bezug genommen hätte. Das ist des Friedenspreises gewiß würdig.«[39]

Als der Sachverständigenrat für Umweltfragen sein Papier *Auto und Umwelt* veröffentlicht, schreibt von Randow: »Wie der Bericht des Club of Rome, auf den sie sich mehrfach beziehen, kommen auch die Umweltschützer in ihrem Gutachten zu der trivialen Erkenntnis, daß in einer begrenzten Welt jedwedem Wachstum irgendwo Grenzen gesetzt sind, also auch dem des Straßenverkehrs.«[40] Von Randow berichtet nicht nur, er appelliert: »Bleibt zu hoffen, daß der so konkret beratene Gesetzgeber jetzt auch zügig danach handelt. Die Grenzen des Wachstums – im Straßenverkehr sind sie erreicht.« Bei anderer Gelegenheit, anlässlich des Erscheinens der zweiten Studie des Club of Rome, *Die Menschheit am Wendepunkt* von Mihajlo Mesarović und Eduard Pestel, wiederholt von Randow den Appell an »diejenigen, die in dieser Welt Entscheidungen über unser Wohl zu treffen haben«, sich der Erkenntnisse der Forscher zu bedienen, denn es »bleibt uns keine andere Wahl«.[41]

Von Randows Parteinahme war innerhalb der *Zeit* nicht unangefochten. Die mittlerweile zur Herausgeberin aufgestiegene Marion Gräfin Dönhoff beklagt die politische Einfalt der Autoren: »Kein Wort davon, wie die sozialen Spannungen und Verteilungskämpfe bewältigt werden könnten, die automatisch entstehen, wenn eine Gesellschaft, die an regelmäßig steigende Einkommen gewöhnt ist, sich plötzlich mit Stillstand und Nullwachstum abfinden soll. Auch kein Gedanke, der an die Frage verschwendet wurde, ob eigentlich unsere politischen Institutionen einen solchen Schrumpfungsprozeß aushalten können.«[42] Die Gräfin hat damit den Finger in eine bis heute offene Wunde der Wachstumskritik gelegt.

Im Wirtschaftsressort der *Zeit* nahm man die Mängel der *Grenzen des Wachstums* noch genauer auseinander. Michael Jungblut kritisiert die »sich ständig vermehrende Schar der Wachstumskritiker« für die »hysterische Reaktion«, die »der Glaube an die Unfehlbarkeit der Mathematik und des Computers« ausgelöst hätten.[43] Die Modelle von Meadows beruhten auf falschen Annahmen und ignorierten die Wirkung steigender Rohstoffpreise auf die Nachfrage. »Notwendigerweise unberücksichtigt bleiben mußte in dem MIT-Modell auch die politische Wirkung, die von ihm selber ausgeht. Die Existenz derartiger Berechnungen zwingt Politiker, Wissenschaftler und Manager unter dem Druck der öffentlichen Meinung, über die Probleme der Zukunft nachzudenken und Maßnahmen gegen Raubbau, Verschwendung und Umweltverschmutzung zu ergreifen.« In dieser

Wirkung erkannte Jungblut aber die Notwendigkeit solcher Studien, »um dem blinden Kult mit ökonomischen Wachstumsraten zu begegnen, dem heute vor allem in einigen kommunistischen Ländern und in Japan noch ungehemmt gefrönt wird«. Wachstum, so Jungblut abschließend, »muß nur dann diabolisch wirken, wenn es nicht in die richtigen Bahnen gelenkt wird«.

Die Front zwischen Anhängern und Kritikern der Studie verlief in der *Zeit* – vereinfacht gesagt – zwischen Feuilletonisten und Wissenschaftsredakteuren einerseits und dem Politik- beziehungsweise vor allem dem Wirtschaftsressort andererseits. Ähnlich bei der *FAZ*: Im Feuilleton war der Ton der meisten Artikel wohlwollend. »Trotz mancher, möglicherweise berechtigter Einwände gegen die Kassandrarufe, die der Computer scheinbar so unanzweifelbar macht, bleibt die Notwendigkeit, grundlegende Wertmaßstäbe in unserer Gesellschaft zu ändern und neu zu durchdenken«, schreibt ein ungenannter *FAZ*-Feuilletonist anlässlich der Verleihung des Friedenspreises.[44] Feuilleton-Herausgeber Karl Korn lobt den Börsenverein des Buchhandels dafür, dass er mit seiner Entscheidung für den Club of Rome »fruchtbare Unruhe« fördere.[45] Die Literaturwissenschaftlerin Marianne Kesting nimmt ihn gegen diejenigen in Schutz, »die Beruhigungspillen unter das Volk streuen«. Die meisten »Umwelt-Bücher« seien im Gegensatz zum Club of Rome »bemüht, die heilige Kuh der Industriegesellschaft heiligzuhalten: das industrielle Wachstum«.[46]

### »Umweltschutz braucht Wirtschaftswachstum«

Im Wirtschaftsressort der *FAZ* dagegen überwiegt die Kritik. Für Hans Roeper waren die Sorgen zwar nicht ganz grundlos und vor »Wachstum, Wachstum über alles« habe die *FAZ* schließlich schon früher gewarnt (vgl. 3. Kapitel). »Dennoch muß man nicht gleich die künftige Entwicklung nur noch in den schwärzesten Farben sehen. Prognosen über einen Zeitraum von hundert Jahren sind doch etwas sehr Fragwürdiges, wie sich daran erweist, daß schon wissenschaftliche Konjunkturvorhersagen für nur ein Jahr oft genug nicht zutreffen. Auch scheint, daß so manche, die jetzt im Wirtschaftswachstum das große Übel sehen, in einen ähnlichen Extremismus verfallen wie jene, die das Wirtschaftswachstum zum Ober-Ziel jeder Wirtschaftspolitik erheben.«[47] Es sei schließlich »ein uralter Trieb des Menschen, im direkten oder indirekten Ringen mit der Natur seine Lebensverhältnisse zu verbessern. [...] Vor allem aber wird ein vernünftiges Wachstum auch in Zukunft notwendig sein, weil nur so die umfangreichen Einrichtungen und Ausrüstungen für den Umweltschutz geschaffen werden können.«

Weiteres Wachstum, um die negativen Folgen des bisherigen Wachstums beheben zu können: Dieses Argument war unter Ökonomen verbreitet. In einem Bericht über ein Symposium an der Hochschule St. Gallen zitiert der Autor die Ökonomen Francesco Kneschaurek und Josua Werner: »Es müßten eben mehr Produktionsfaktoren auf den Umweltschutz hin eingesetzt werden. Diese Aufgabe sei aber bei wachsender Produktionskapazität viel leichter zu bewältigen.«[48] Josua Werner durfte seine These einige Wochen nach dem Symposion dann noch einmal in einem Gastbeitrag in der *FAZ* ausbreiten. Die Überschrift sagt dabei schon alles: »Umweltschutz braucht Wirtschaftswachstum«.[49]

Mit dieser Ökonomenthese ergriff auch der *Spiegel* offen Partei gegen die »Apokalypse aus dem Computer«: Für den »Gleichgewichtszustand zum Heil der Menschheit [...] bedarf es wirtschaftlichen Wachstums, nicht allgemeiner Stagnation zur Rettung der Art.«[50] Das entsprach auch ganz der Linie, auf die man sich bei der OECD geeinigt hatte: Die Organisation erklärte die Infragestellung des Wachstums aus Umweltschutzgründen für verfehlt und gab stattdessen die Parole aus, dass Aufgaben der Regierungen »bei der Aufrechterhaltung und Förderung einer akzeptablen menschlichen Umwelt nun im Rahmen von Wachstumspolitiken entwickelt werden müssen«.[51] Hier zeigt sich das Paradigma des Wirtschaftswachstums in seiner reinsten Form: Wachstum ist ein Allheilmittel, das selbst gegen die Schäden wirkt, die es selbst verursacht hat.

Aber abhaken konnte man das Thema damit nicht. Zu offensichtlich war, dass es um mehr ging als irgendeine wissenschaftliche Studie. Die *Grenzen des Wachstums* schienen eine Zeit lang der Weltgeist zwischen Buchdeckeln zu sein. Auch in Deutschlands Chefetagen horchte man auf. Meinhard Miegel, damals Assistent der Geschäftsführung des Henkel-Konzerns, bekam den Auftrag, die Studie vorzustellen und »das Thema im Auge zu behalten«.[52] Noch deutlicher war die Reaktion in der Automobilindustrie. Ausgerechnet der Sportwagenhersteller Porsche präsentierte der verblüfften Öffentlichkeit unter ausdrücklichem Verweis auf die *Grenzen des Wachstums* ein »Langzeit-Auto« mit schlappen 75 PS – das nie gebaut wurde.[53] Auch BMW hatte die Botschaft vernommen: Vorstandschef Eberhard von Kuenheim verkündete vor Journalisten: »Wir kennen die Grenzen des Wachstums des Automobils.«[54] Ignorieren war da für Journalisten keine Option.

## Der *Spiegel* diffamiert Wachstumskritiker

Und so fragte der *Spiegel* im Januar 1973 auf dem Titelblatt: »Wachstum – im Wohlstand ersticken?«[55] Die Autoren stellten fest: »Wohlstandsüberdruß und Kritik am Wirtschaftswachstum ist derzeit in den westlichen Industriestaaten in Mode« und hätten »sogar die Amtszimmer der Politiker« erreicht. Allerdings eine Mode, die wenig Substanz habe und bald vorbei sein werde. Die Stagnation, die Meadows und andere einforderten, sei »freilich ein faszinierender Wunschtraum«, doch allenfalls in ferner Zukunft möglich, denn »heute hätte ein Wachstumsstopp jedenfalls nur fatale Folgen.« Nämlich »Hunger auf ewig« für die Entwicklungsländer und für die entwickelten Gesellschaften die Rückkehr der Armut, »aus der sie sich gerade mühselig herausgestrampelt haben«. Erklärung: »Da in einer stationären Wirtschaft nur noch verschlissene Maschinen und abbruchreife Häuser ersetzt, nicht aber zusätzlich neue produziert werden, müßten die Investitionsgüterindustrien und das Baugewerbe damit rechnen, daß ihre Kapazitäten nur noch zu zwei Fünfteln ausgelastet wären. Die Folge: mindestens drei Millionen Arbeitslose.«

Der ungenannte *Spiegel*-Autor schrieb nicht, welcher Ökonom ihm diese Behauptung in den Block diktiert hatte. Möglicherweise war es der im Artikel mehrfach zitierte Klaus-Dieter Arndt, Präsident des DIW und als ehemaliger parlamentarischer Staatssekretär erster Ideengeber Karl Schillers. Die Überzeugung seines Genossen Hans-Jochen Vogel, dass es die Aufgabe der Politik sei, sich auf das Ende des Wachstums einzustellen – »›Bis 1980 oder 82 müßten wir allmählich auf diese Bahn kommen‹« –

fegt Arndt mit einem schlagenden Argument beiseite: »›Zwei Jahre Praxis in dieser Art, und die Politiker sind weg vom Fenster.‹«

Der *Spiegel* scheut sich nicht, die Wachstumskritiker persönlich zu diffamieren: »Im Glauben an die Segnungen eines Wachstumsstopps vereinen sich Anhänger der linken Denker Marcuse und Adorno mit jenen, deren Argumentation von dem rechten Philosophen Ludwig Klages, der als Wegbereiter des Faschismus gilt, stammen könnte«. Die Anhänger der »neuen Heilslehre«, so macht der *Spiegel* unmissverständlich klar, seien höchst bedenklich: ein freudloser Calvinist wie der holländische Ex-Präsident der EG-Kommission Sicco Mansholt, ein vom »messianischen Puritanismus« erfüllter Entwicklungsminister Erhard Eppler und ein Philosoph Marcuse, »der von einer Gemeinschaft lauter kleiner kluger Goethes« träume. Die »Welt nach Marcuses Gusto« sei am Ende »genauso unfrei, wie die von Konservativen angestrebte«, behauptet der *Spiegel*. Und die schärfste Kritik trifft die »Wirtschaftskapitäne«, die der italienische Topmanager Aurelio Peccei im Club of Rome versammelt habe, um nun »stets zum Verzicht aufzurufen«: »Außer der Angst, der technische, ökonomische und soziale Wandel könnte sie von ihren Stühlen fegen, ist bei den Privilegierten auch dieses Gefühl lebendig: Sämtliche Annehmlichkeiten, die Wohlstand bieten kann, sind nur noch halb so schön – wenn jeder sie genießt. Autofahren und Urlaub am Strand des Mittelmeeres waren selbstverständlich viel gemütlicher, solange nur wenige es sich leisten konnten, Straßen und Küsten also leer blieben.« Wachstumskritik ist für den *Spiegel* Klassenkampf von oben.

In der politischen Debatte, sofern sie in Zeitungsbeiträgen stattfand, gingen die Fronten quer durch Regierung und Opposition. Zu den wenigen Politikern, die öffentlich Partei für den Club of Rome ergriffen, gehören zwei Männer, die die deutsche Politik noch jahrelang prägen sollten. Der CDU-Sozialpolitiker Norbert Blüm sieht den »Fortschritt in der Sackgasse« und meint, »daß wir auf einige Punkte der Steigerung des Produktionsergebnisses verzichten müssen zugunsten einer menschlichen Produktionsweise«.[56] Und der Sozialdemokrat und Städtebauminister Hans-Jochen Vogel glaubt, dass »nach den Epochen der Entdeckung und Ausbeutung« nun »ein Zeitalter der Erhaltung und Wiederherstellung überfällig« sei.[57]

Er forderte auch, die Europäische Gemeinschaft dürfe sich »nicht länger im wesentlichen als eine gigantische Maschinerie zur Steigerung des Sozialprodukts begreifen«. Vogel unterstützte damit – ohne den Namen zu nennen – den EG-Kommissionspräsidenten Sicco Mansholt. Die Meadows-Studie hatte auf den Niederländer so großen Eindruck gemacht, dass er daraus radikale Konsequenzen ziehen wollte. Die Studie hatte ihm nach eigener Aussage einen »Schock« versetzt.[58] Mansholt forderte zum Entsetzen des politischen Establishments in Brüssel und anderen Hauptstädten, die Europäische Gemeinschaft grundlegend neu zu orientieren und die »diabolische« Wachstumspolitik zugunsten des »Umweltgleichgewichts« aufzugeben.[59] »Es wäre wünschenswert, darüber nachzudenken, wie wir zu einer Wirtschaft beitragen können, die nicht mehr auf dem größtmöglichen Wachstum pro Kopf basiert«, schrieb Mansholt. »Außerdem sollten Themen wie Planung, Steuerpolitik sowie Zuteilung von Rohstoffen und wahrscheinlich einigen essentiellen Endprodukten mit bedacht werden.«[60] Für dieses ökoplanwirtschaftliche Vorhaben, das Mansholt zuerst – noch als Vizepräsident – in einem öffentlich gewordenen Brief und dann, nach dem Ende seiner Amtszeit, in einem Buch[61] propagierte, erntete er fast nur Unverständnis, nicht zuletzt von seinem Stellvertreter Raymond Barre, der um Arbeitsplätze und Europas Wettbewerbsfähigkeit fürchtete.

Dass Mansholt sich in der EG nicht durchsetzen würde, war schnell klar. Eine Konferenz in Venedig zum Thema »Industrie und Gesellschaft in der EWG«, auf der Mansholt für seine Idee warb, endete ohne ein gemeinsames Schlusscommuniqué.[62] Bundeskanzler Brandt erklärte Mansholts Ansichten in einer Rede vor Industriellen für »sicher etwas überzogen«.[63] In Brüssel ist dieser Brief, auch Mansholt-Testament genannt, folgenlos versandet. Seine Überlegungen über eine Abkehr von der Wachstumspolitik sind im europäischen Politik-Establishment heute weitestgehend vergessen. In einer offiziellen Broschüre der Europäischen Kommission über den Agrarpolitiker und »wahren Europäer« sind sie mit keinem Wort erwähnt.[64]

Auch in der Presse stieß Mansholt eher auf Unverständnis. In dem oben genannten Leitartikel der *FAZ* lehnt Roeper nicht nur das »besonders düstere Zukunftsbild« des Club of Rome, sondern ausdrücklich auch

Mansholts Ruf nach »Eindämmung des ‹diabolisch‹ gewordenen Wachstums« ab.[65] Die Frage »Wachstum oder Umweltschutz?« hatten die Ökonomen schließlich salomonisch beantwortet: »Umweltschutz durch Wachstum!« Niemand in den Politik- und Wirtschaftsressorts der *FAZ*, des *Spiegel* oder der *Zeit* vertrat offensiv die Position Mansholts. Typisch für die Haltung der Wirtschaftsjournalisten ist ein *FAZ*-Bericht über eine Podiumsdiskussion mit Meadows, Mansholt und ihren Kritikern. Er trug die Überschrift: »Ohne Wachstum geht es nicht« – ohne Anführungszeichen, sodass die Behauptung als Tatsache erscheinen musste.[66]

Jenseits der Feuilletons und Wissenschaftsressorts blieb Wirtschaftswachstum das Kriterium, nach dem die Regierungspolitik zu beurteilen war. So präsent die *Grenzen des Wachstums* in den Monaten und Jahren nach ihrem Erscheinen in den Medien auch waren, wenn es um die konkrete Politik ging, war davon keine Rede. Nach den Bundestagswahlen 1972 erwartete der *Spiegel* von der siegreichen sozialliberalen Koalition selbstverständlich, den »nur bescheidenen Aufwärtstrend« der Wirtschaft zu verstärken. Die Unternehmen hofften schließlich »auf einen Gleichtritt der Bundesrepublik mit den anderen westlichen Industrieländern, die – mit dem Vorreiter USA – fast alle auf eine Hochkonjunktur zusteuern«.[67]

## »Wer fragt noch nach den Grenzen des Wachstums?«

Für den nach Schillers Abgang neuen Superminister – und nächsten Bundeskanzler – Helmut Schmidt war Wirtschaftswachstum als Mittel gegen Arbeitslosigkeit das erste Ziel jeder Politik. Der von Vogel oder etwa dem JuSo-Vordenker Johano Strasser geforderte Ausstieg aus der Wachstumspolitik war für die SPD keine Option, analysiert Christian Graf von Krockow in der *Zeit*: »Denn die Arbeiter- und Gewerkschaftspartei ist seit je auf Wachstum programmiert und muß es im bestehenden System aus Gründen der Vollbeschäftigung und der Wohlstandsmehrung ihrer Mitglieder sein; ihr fehlt jedes Verständnis für Askese-Philosophien, die sich im Milieu der schon Arrivierten und Gesicherten so gefällig diskutieren lassen.«[68] Als Kanzler wird Schmidt die *Grenzen des Wachstums* eine »Gespensterdebatte« nennen.[69] Noch deutlicher war die Abneigung bei Arbeitsminister

Herbert Ehrenberg. Die Studie bringe »ihn heute noch in Rage«, berichtet Zeit-Politikredakteur Rolf Zundel 1976.[70] Ehrenberg hielt sie nicht nur für »pseudowissenschaftlich«, sondern auch unmoralisch: »Solange die Einkommens- und Vermögensverteilung auch in der Bundesrepublik noch so ungleichmäßig und der Hunger in der Welt so groß sind, sind alle spekulativen Modelle über die Notwendigkeit einer Begrenzung des wirtschaftlichen Wachstums das Gerede von Leuten, die allen Wasser predigen und selber Wein trinken.« Dieser Vorwurf des SPD-Politikers entsprach der Behauptung in der *Spiegel*-Titelgeschichte von 1973, die Mitglieder des Club of Rome wollten ihren »Urlaub am Strand des Mittelmeers« ohne die aufstrebenden Unterschichten genießen.[71] Der *Spiegel* war sich mit Schmidt und Ehrenberg jedenfalls über die grundsätzlichen Prioritäten einig: Unbeeindruckt von der Aufregung über die *Grenzen des Wachstums* und bestätigt durch die scheinbare Expertise der Ökonomen konnte und musste man weiter für Wachstum sorgen.

Gunter Hofmann, Politikredakteur der *Zeit*, stand ziemlich allein in seiner Zunft, als er im Januar 1978 die »Tendenzwende in der Umwelt-Politik« bedauerte: »Wer fragt noch nach den Grenzen des Wachstums?«[72] Die »Güterabwägung zwischen den Erfordernissen des Umweltschutzes und den Erfordernissen von Beschäftigung und Wachstum« sei im Kabinett Schmidt eindeutig zugunsten der Ökonomie ausgefallen: »Zeitweise sah das anders aus. [...] Doch seit der Ölkrise im Jahr 1973 haben sich Politik und Umweltbewußtsein auseinanderentwickelt. Die Anstöße von 1969 blieben bei einigen hängen, verblaßten bei anderen; der Hinweis auf die natürlichen Grenzen verhallte.«

In der alltäglichen wirtschaftspolitischen Berichterstattung blieb Wachstum etwas unhinterfragt Positives und Notwendiges, das Erstrebenswerte schlechthin. Ein ungenannter Wirtschaftsredakteur der *Zeit* beginnt seinen Bericht über eine Managerumfrage mit der Behauptung: »Viele der brennenden politischen und ökonomischen Probleme können nur durch einen kräftigen konjunkturellen Aufschwung gelöst werden.«[73] Die ökologische Revolution und die *Grenzen des Wachstums* änderten auch nichts an der Bedeutung, die die Blattmacher weiterhin der Expertise von Ökonomen gaben. Wenn die fünf großen Wirtschaftsforschungsinstitute ihr gemeinsames Frühjahrgutachten präsentierten, war das der *FAZ* einen Aufmacher auf der ersten Seite wert.[74] Und in diesem Gutachten wurden »Spekulationen über die Grenzen des Wachstums« dargestellt als Auslöser für die »Grundstimmung des Pessimismus« – neben der Ölkrise. Wachstum brauche schließlich Optimismus – unabhängig davon, ob man den Konjunktursegen eher von der Angebots- oder Nachfrageseite erwarte.

Der Vorwurf des Pessimismus findet sich in den 1970ern immer wieder in den Wirtschaftsressorts. So fordert der Ökonom Lothar Czayka 1977 in der *Zeit* eine »Kritik der Konsumkritik«. Seine Vorwürfe richten sich gegen die »Sozial- und Kulturkritiker verschiedener Provenienz«, die »den Konsumenten mit Schlagworten wie Konsumzwang, Konsumterror und Grenzen des Wachstums den Konsum zu vermiesen« versuchten.[75] Die einflussreichen Ökonomen des Landes machten ihre Prioritäten klar: Nicht die Auswirkungen fortgesetzten Wachstums auf die Natur und die langfristige Zukunft des Menschen bereitete ihnen Kopfzerbrechen, sondern die Wachstumseinbußen durch den Pessimismus derjenigen, die diese Bedrohungen erforschen. Die Wirtschaftsjournalisten ließen den Ökonomen diese Haltung kritiklos durchgehen und machten sie sich selbst zu eigen.

Für Politik- und Wirtschaftsjournalisten war die Botschaft der *Grenzen des Wachstums* – wenn sie überhaupt je eine Rolle gespielt hatte – bald ebenso ad acta gelegt wie für die handelnden Politiker. Das zeigte spätestens der Weltwirtschaftsgipfel der sieben größten Industrienationen 1978 in Bonn. Da drehte sich fast alles um die Frage, wie man das Wachstum der Weltwirtschaft wieder ankurbeln könne. Auch der wenige Jahre zuvor noch so sehr um die Umwelt besorgte Genscher begrüßte nun als Außenminister laut vernehmbar die von den G7-Staaten beschlossenen Maßnahmen für »mehr Wachstum«.[76]

Eine Vorsorge für eine Zukunft ohne Wachstum spielt weder in den Vorberichten noch während der Verhandlungen oder im Abschlusscommuniqué eine Rolle – genauso wenig wie in allen anderen Weltwirtschaftsgipfeln zuvor und danach. Und die Journalisten, die das Ergebnis bewerteten, schien das nicht zu stören. Kein Redakteur des *Spiegel*, der *Zeit* oder der *FAZ* schien überhaupt wahrzunehmen, dass die Politik eine zentrale Frage, die wenige Jahre zuvor Millionen Menschen bewegt hatte, nun vollständig ignorierte. Wachstum zu stimulieren, erscheint in den Berichten als völlig selbstverständliche, alternativlose Aufgabe der großen Politik. Die Frage, ob das von den G7-Staaten fixierte Wachstumsziel überhaupt sinnvoll sei, kommt im *Spiegel* gar nicht erst auf. Solche Grundsatzfragen der Weltwirtschaftspolitik hatten in der Berichterstattung keine Chance. Der *Spiegel* widmete seine Aufmerksamkeit lieber dem Koalitionsstreit über die Methoden der beschlossenen Wachstumspolitik: FDP-Wirtschaftsminister Otto Graf Lambsdorff forderte radikale Steuersenkungen, während Bundeskanzler Schmidt einen Mix aus verschiedenen Maßnahmen vorzog.[77]

## »Die Unheilspropheten des Club of Rome«

Die Stimmung war wieder völlig umgeschlagen: »Während heute [...] sich kaum jemand findet, der nicht zur Lösung des Arbeitslosenproblems, zur Sanierung der Rentenversicherung oder zur Bezahlung der steigenden Krankheitskosten nach einem höheren Wachstum der gesamtwirtschaftlichen Leistung ruft, wurde Wirtschaftswachstum noch vor wenigen Jahren geradezu als Teufelswerkzeug dargestellt.«[78] Als *Zeit*-Wirtschaftsressortleiter Michael Jungblut dies im Mai 1978 schrieb, hatten die fünf Wirtschaftsforschungsinstitute gerade prophezeit, dass das Bruttosozialprodukt »nur« um 2,5 Prozent wachsen werde – einen Prozentpunkt weniger, als die Bundesregierung in ihrem Jahreswirtschaftsbericht in Aussicht gestellt hatte.

Diese kleine Enttäuschung (tatsächlich waren es dann sogar rund drei Prozent Wachstum) löste gleich größte Besorgnis aus: »Das geringere Wirtschaftswachstum macht aber nicht nur jenen Sorge, denen das Schicksal der Arbeitslosen nicht gleichgültig ist oder die sich über die Finanzierung der Rentenversicherung in den kommenden Jahren Gedanken machen. Jetzt wird auch immer lauter gewarnt, schwaches Wirtschaftswachstum – oder gar Nullwachstum, wie es noch vor wenigen Jahren propagiert wurde – könnte zusammen mit dem technischen Wandel auch zu einem gefährlichen sozialen Sprengsatz werden. Denn wenn das Wachstum nicht ausreicht, um für alle diejenigen eine neue Beschäftigungsmöglichkeit zu schaffen, die infolge des technischen Fortschritts im Büro und der Werkhalle ihren alten Arbeitsplatz verlieren, könnte die Zahl der Arbeitslosen in den nächsten zehn Jahren lawinenartig anschwellen.«[79]

Jungblut selbst macht sich diese Panik nicht zu eigen. Seine Kritik richtet sich gegen das Bruttosozialprodukt als einziges Wohlstandsmaß. Er plädiert dafür, Produktivitätsgewinne künftig nicht in höhere Produktion und wachsende Gehälter zu investieren, sondern in mehr Freizeit – was die Grenzen des Wachstums zu einer »Fata Morgana« werden ließe, die sich auflöse, wenn man sich ihr nähere. Nötig sei dafür ein »Umdenken«, also die Abkehr von der Fixierung auf das BSP. Das blieb allerdings Jungbluts Wunschdenken.

Andere Wirtschafts- und Politikjournalisten konnten mit einer solchen gemäßigten Position nichts anfangen. Sie hatten für den Club of Rome und alle, die eine maßhaltende Wirtschaft forderten, nur Verachtung übrig. »Sie sind wieder am Werk, die Unheilspropheten des Club of Rome«, schreibt im Oktober 1979 der zum Mitherausgeber aufgestiegene Fritz-Ulrich Fack auf der Titelseite der *FAZ*. Der »schwarzen Drehorgelei« auf der Jahrestagung des Clubs in Westberlin hält Fack »ein paar Fakten« entgegen. Es ist im Wesentlichen dasselbe Argument, das Ökonomen wie Bombach verwenden: Die durch Wirtschaftswachstum verursachten Schäden können nur durch noch mehr Wachstum behoben werden. »Die Malthusianer von Rom wollen uns seit Jahren weismachen, der Menschheit Übel seien nur mit Wachstumsbeschränkungen zu lindern. Das Gegenteil ist richtig. Null-Wachstum heißt Stagnation, heißt Stehenbleiben und damit Erschlaffen der wirtschaftlichen und geistigen Antriebe. Es bedeutet Rückschritt und Verschenken von Menschheitschancen.«[80]

Die Angst vor den apokalyptischen Folgen ungebremsten Wachstums, die Meadows und seine Unterstützer in den frühen 1970er-Jahren verbreiteten, wollte Fack wieder in die Angst vor den Folgen ausbleibenden Wachstums umpolen:

> Stagnation (Stehenbleiben): das heißt auf längere Sicht allemal Rückschritt, Erschlaffen der wirtschaftlichen Kräfte und ihrer geistigen Antriebe. Es bedeutet die Gefahr der Überflügelung durch andere Industriestaaten oder andere gesellschaftliche Systeme, und es be-

deutet ein Absinken des Lebensstandards. Bei einem ›Nullwachstum‹ kämen die Arbeitnehmer in eine üble Schere: Die gewohnten jährlichen Lohnsteigerungen blieben aus, während die Soziallasten weiter zunähmen. Denn in der Bundesrepublik verschlechtert sich nicht nur die Altersstruktur beständig – was die Rentenlast für die aktive Generation erhöht –, sondern der Sozialaufwand steigt auch aus anderen Gründen beharrlich, wie jeder beispielsweise an seinen Krankenkassenbeiträgen ablesen kann.«[81]

Möglicherweise noch wirkungsvoller als solche Angstrhetorik war die positive, optimistische Zukunftsbotschaft, die Wirtschaftsjournalisten um die Wende zu den 1980er-Jahren verbreiten. Die *Grenzen des Wachstums* und andere »systemfeindliche Stimmen« interpretierte man als ärgerliche Auswüchse eines zeitgebundenen »Zivilisationspessimismus«[82], den es zu überwinden gelte, weil er als selbsterfüllende Prophezeiung den Leistungswillen schwäche. Dagegen propagierten die Koryphäen des Wirtschaftsjournalismus eine Rückkehr zum Optimismus der frühen 1960er-Jahre: »Die Gesellschaft muss sich auf die Kraft unserer technischen Zivilisation besinnen«, forderte *Zeit*-Herausgeber Stolze, »muss den Mut zurückgewinnen, wissenschaftliche und technische Eliten heranzubilden. Niemand darf sich wundern, daß junge Menschen wenig motiviert sind, wenn ihre Vorbilder beständig darüber klagen, daß unsere Zukunft hinter uns liegt.«[83]

1984 schließlich gibt Fack Entwarnung. Er vermeldet das Abflauen der »Angstpsychosen«, mit der einige Leute »ihre Mitwelt genervt haben«. Dieser »abgrundtiefe Pessimismus« sei überwunden. »Die Mehrzahl der Mitbürger hat auch begriffen, daß zum Erfolg die Leistung gehört, daß man Wachstum braucht, um seiner Probleme – bis hin zur Umweltsanierung – Herr zu werden, und daß drei Millionen neue Arbeitsplätze in Amerika innerhalb von drei Jahren nicht vom Himmel gefallen sind.«[84]

Das Wachstumsparadigma hatte sich in der Öffentlichkeit gegen die *Grenzen des Wachstums* und andere Herausforderer eindeutig behauptet. Die führenden deutschen Wirtschaftsjournalisten jener Jahre hatten den Kern des Paradigmas, nämlich den Glauben an die unbegrenzte Machbarkeit von Wirtschaftswachstum und an dessen Funktion als Allheilmittel verteidigt. Auch die unleugbaren Probleme, die durch das bisherige Wirtschaftswachstum erst entstanden, nämlich die Umweltzerstörung, könnten nur durch weiteres Wachstum gelöst werden. Die Kritik an diesem Glauben ist seither bekanntlich nicht verstummt. Doch der Versuch, die Heilsbotschaft endgültig zu entzaubern und ein neues wirtschaftliches Leitbild jenseits der endlosen Expansion aufzurichten, ist in den 1970er-Jahren bis auf Weiteres gescheitert.

## Die Schwächen des Club of Rome

Wie ist es zu erklären, dass die *Grenzen des Wachstums* und die zahlreichen anderen wachstumskritischen Publikationen der 1970er-Jahre trotz ihres enormen Widerhalls in der Weltöffentlichkeit und eines damals sehr verbreiteten Krisenbewusstseins bei Wirtschaftsjournalisten kein anhaltendes Umdenken bewirkten?

Zunächst sind da die Schwächen der Studie selbst zu nennen. Die vielleicht entscheidende Schwäche erschien zunächst als Stärke: Das Verfahren der »System Dynamics« bot ein »Weltmodell«, das mithilfe eines damals hochmodernen Computers exakte Ergebnisse ausspuckte. Das machte zunächst Eindruck. Die *Grenzen des Wachstums* sind insofern selbst Teil des Machbarkeitsglaubens der 1960er-Jahre. Der mit systemdynamischen Daten gefütterte Computer schien damals so etwas wie die Glaskugel des wissenschaftlichen Zeitalters zu sein.

Aber die Exaktheit der Studie machte sie zugleich extrem angreifbar. Meadows und seine Mitstreiter teilten das Schicksal aller Futurologie: Mit fortschreitender Zeit wachsen die Abweichungen der tatsächlichen Gegenwart von dem, was früher mal die angeblich wissenschaftlich berechnete Zukunft war. Natürlich konnte das Weltmodell aus dem Computer nicht die Welt modellieren. Natürlich fehlte dem Modell tatsächlich – wie oft kritisiert – die soziale Komponente: Weder Preisveränderungen noch politisches Gegensteuern kamen vor. Die berechtigte Kritik an den fehlerhaften Rechnungen verführte dann viele Kritiker dazu, auch die Grundthesen zu verwerfen. Zumal die Warnungen von manchem scharfen Kritiker wohl auch bewusst verdreht wurden. Die vorausberechneten absoluten

Grenzen lagen im 21. Jahrhundert, nicht in den 1970er-Jahren. Doch die Ölkrise und die anschließende wirtschaftliche Schwächephase vermittelten den Eindruck, dass die absoluten Grenzen unmittelbar erreicht seien. Das stärkte zunächst die Wirkung der Botschaft. Aber umso eindrücklicher erschien dann die Gegenbotschaft, als die Konjunktur eben doch wieder anzog und Öl und andere Rohstoffe nicht kontinuierlich teurer wurden.

Der Bericht des Club of Rome ist ein düsteres Buch: Die Wissenschaftler sagen »den Wachstumstod der Zivilisation voraus«[85] (von Randow). Solche Horrorbotschaften werden zwar zunächst von Journalisten gerne aufgenommen und weitergegeben, weil sie damit für Aufregung sorgen und Debatten lostreten können. Aber die Wirkung beim Publikum lässt nach, wenn die Gefahr nicht unmittelbar sichtbar eintrifft. Dann werden weitere Alarmrufe eben bald als »schwarze Drehorgelei« (Fack) empfunden. Journalisten, die über bevorstehende Katastrophen berichten wollen, haben einen schweren Stand, solange sie scheinbar von der noch nicht so katastrophalen Gegenwart dementiert werden.

Dönhoff hatte Recht: Meadows war politisch einfältig. Ihm fehlte wie den anderen wachstumsskeptischen Autoren ein positives politisches Konzept, das über das Aufrütteln hinausging. Sie haben bis heute kein Programm, keine Strategie, keinen Willen zur Macht. Wie Gunter Hofmann in der *Zeit* schreibt: »Für Siege sind die Ökologen nicht gerüstet.«[86] Ein Politiker kann mit dem drohenden Untergang keine für Wähler attraktive Politik machen, wenn er nicht zumindest eine positive Botschaft als Lösung anbieten kann. So enorm der mediale Nachhall auch war, politisch blieb der Club of Rome fast völlig wirkungslos.[87]

Selbst Thomas von Randow, der eifrigste journalistische Unterstützer des Club of Rome, musste 1979 feststellen, dass dieser »keinen Weg aus der Zivilisationskrise weisen« könne.[88] Aus seiner Enttäuschung über den »Zusammenschluß von Untergangspropheten« machte von Randow keinen Hehl. Dem Club sei seit dem berühmten ersten Report »nicht mehr eingefallen als all den anderen Gremien auch«. Der neue Report mit dem Titel *Das menschliche Dilemma* singe »nur wieder das alte Lied mit einer neuen Melodie«.

## Der Wirtschaftsjournalismus bleibt unkritisch

Dass die Umwelt bedroht und daher zu schützen sei, wurde schnell auch in Wirtschaftsredaktionen Allgemeingut. Aber war nicht der Umweltschutz, wie die Ökonomen zeigten, ohnehin ein Gut wie jedes andere, das es zu produzieren und auf das Bruttosozialprodukt anzurechnen galt? Kein Wirtschaftsjournalist der drei hier untersuchten Blätter hat diese verbreitete Ökonomenthese je kritisch auseinandergenommen. Vor allem aber: Das BSP zu steigern, schien der einzige gangbare Weg, die Arbeitslosigkeit niedrig zu halten. Im Diskurs um die *Grenzen des Wachstums* fehlte der Versuch, jenes Denkgefängnis aufzubrechen, das Wachstum als einziges Mittel gegen Arbeitslosigkeit darstellte.[89] Meadows und andere Kritiker haben es versäumt, dieses argumentative Machtzentrum der Wachstumsdogmatiker ernsthaft infrage zu stellen, geschweige denn, Alternativen vorzutragen.

Versagt hat hier aber vor allem der Journalismus. Zu einer Zeit, als »Wohlstand für alle« weitgehend Realität geworden war und ein großer Teil der Gesellschaft ein Bewusstsein für die Gefahren weiteren Wirtschaftswachstums entwickelt hatte, hielten die tonangebenden Journalisten ebenso am Wachstumsparadigma fest wie die große Mehrheit der Politiker aller etablierten Parteien. Hodenbergs These, der deutsche Journalismus sei ab den 1960ern zu einer kritischen Kraft geworden, während er in den 1950ern allzu regierungstreu und konsensorientiert gewesen sei, verdient also seinerseits Kritik, gerade was den *Spiegel* betrifft, der bis heute als Inbegriff des kritischen Journalismus gilt. Man war zwar aufmüpfig gegen alte, längst im Niedergang begriffene Autoritäten, doch gegenüber einer der wichtigsten aufstrebenden Mächte des neuen Establishments handzahm: gegenüber den Ökonomen. Der Wirtschaftsjournalismus nahm die Chance zur Emanzipation nicht wahr, die die wachstumskritische Literatur der frühen 1970er-Jahre bot.

Die Kritik ist seither keineswegs verstummt. Im Gegenteil. Die *Grenzen des Wachstums* und andere mittlerweile zu Klassikern gewordenen Bücher wie Ernst Friedrich Schumachers *Small is beautifull* (1973, deutsch 1977) und Herbert Gruhls *Ein Planet wird geplündert* (1975) waren Ausgangspunkte einer grundlegenden Kritik am Wachstumsparadigma in Wissenschaft und Zivilgesellschaft – aber kaum im Wirtschafts- und Politikjournalismus. Die große Zeit der Wachstumskritik in den frühen 1970er-Jahren wird von den tonangebenden Stimmen in Ökonomie, Politik und Journalismus seit dem Ende desselben Jahrzehnts als eine überwundene Phase des allgemeinen Pessimismus betrachtet. Damit beginnt die lange Gegenwart des Wachstumsparadigmas.

## 5. Kapitel
## Interviews mit Wirtschaftsjournalisten
*(Michael Jungblut, Roland Tichy, Max A. Höfer)*

In Interviews stellen Journalisten üblicherweise die Fragen. Auf den nächsten Seiten geben drei bekannte Wirtschaftsjournalisten stattdessen Antworten. Für die Gespräche gab es keinen einheitlichen Fragenkatalog. Im Fokus steht aber in allen drei Gesprächen das Dreiecksverhältnis zwischen Journalisten, Politik und Wirtschaftswissenschaft vor dem Hintergrund des Wachstumsparadigmas.

Einer der drei Interviewten, Michael Jungblut, tauchte bereits im vorangegangenen Kapitel als *Zeit*-Redakteur auf. Er gehört zu den wenigen noch lebenden Protagonisten dieser Zeit. Die beiden anderen, Roland Tichy und Max A. Höfer, sind etwas jünger und waren seit den 1980er-Jahren als Journalisten aktiv, seit den 1990er-Jahren in führenden Positionen. Höfer und Tichy erweitern das Spektrum der Untersuchung, weil sie nicht in den drei hier untersuchten Blättern tätig waren, sondern in Wirtschaftsmagazinen.

Ich habe bewusst Journalisten angesprochen, die zwar weiterhin als Publizisten aktiv sind, aber nicht mehr in etablierten Zeitungsverlagen. Sie können daher mit einer gewissen inneren Distanz auf ihren Berufsstand und ihre Arbeit zurückblicken.

Ihre aktive Zeit als Wirtschaftsredakteure in leitender Position fällt in jene Zeit, die ich die *lange Gegenwart des Wachstumsparadigmas* nenne. Diese Gegenwart beginnt mit dem Scheitern des Club of Rome in den 1970er-Jahren. Sie dauert bis heute an. Das Ende des Kalten Krieges, die deutsche Einheit, die Erweiterung der Europäischen Union, der gemeinsame Binnenmarkt und die Einführung des Euro haben an der anhaltenden Wirksamkeit des Wachstumsparadigmas nichts fundamental geändert. Auch die Finanzkrise seit 2007 nicht. Wie das zu erklären sei, wird in den Gesprächen womöglich deutlicher.

## »Natürlich wären die Journalisten eigentlich dafür da, die brennenden Fragen zu stellen«

**Michael Jungblut** war ab 1965 Redakteur und von 1977 bis 1986 Wirtschaftsressortleiter bei der *Zeit*. 1986 bis 2002 war er Leiter der Hauptredaktion Wirtschafts-, Sozial- und Umweltpolitik des *Zweiten Deutschen Fernsehens*.

*Herr Jungblut, Sie haben in den frühen 1960er-Jahren in Köln und Hamburg Volkswirtschaftslehre studiert, unter anderem beim späteren Superminister Schiller.*
Schiller behauptete immer, ich sei einer seiner Schüler. Aber das stimmt nicht wirklich. Er wurde, kurz nachdem ich nach Hamburg kam, schon Wirtschaftssenator in Berlin. Wir hatten später sehr viel Kontakt und ich beließ ihn im Glauben, sein Schüler zu sein.

*Welche Rolle spielte damals im VWL-Studium der Begriff des »Wachstums«?*
Man machte sich relativ wenig Gedanken über grundsätzliche Fragen nach dem Wachstum. Es wurde damals als selbstverständliches Ziel vorausgesetzt. Vor allem herrschte die Meinung: Wir haben alles im Griff und verfügen inzwischen über die Instrumente, eine Wirtschaftskrise zu verhindern. Da haben sich die Ökonomen bekanntlich geirrt.

*War die Weltwirtschaftskrise ein großes Thema?*
Es war ein Thema, aber kein großes. Unsere Professoren erwähnten die Weltwirtschaftskrise immer mit dem Hinweis, dass man inzwischen gelernt habe, wie man die Wirtschaft auf Dauerwachstumskurs hält. Egal ob Keynesianer oder liberalere Ökonomen, alle waren davon überzeugt, dass man sich über Massenarbeitslosigkeit keine Sorgen mehr machen müsse.

*Wie kamen Sie dann zur Wirtschaftsredaktion der Zeit? Spielte Ihr Studienfach dabei eine entscheidende Rolle?*
Ich war als Student in Hamburg in einem besonderen Studentenheim, dem Europa-Kolleg. Da gab es neben dem Fachstudium noch ein europapoliti-

sches Studium und Abendveranstaltungen mit bekannten Professoren oder Politikern wie dem damaligen Hamburger Innensenator Helmut Schmidt. Zu den Referenten gehörte auch Marion Gräfin Dönhoff, damals Leiterin des Ressorts Politik bei der *Zeit*. Nach der Veranstaltung mit ihr, an der ich wegen Prüfungsvorbereitungen nicht teilgenommen hatte, erzählte mir ein Kommilitone: Die *Zeit* sucht einen jungen Volkswirt. Ich schrieb dann Dönhoff einen Brief und kurz darauf saß ich bei ihr und Diether Stolze, dem Leiter des Wirtschaftsressorts, zum Vorstellungsgespräch.

*Stolze, der ihr Ressortleiter und später einer der Herausgeber war, hat den Wirtschaftsjournalismus damals, so heißt es, stark verändert.*
Eigentlich hatte Stolze von Wirtschaft herzlich wenig Ahnung. Ich weiß nicht, ob er das Fach nebenher studiert hat, aber er war ein exzellenter Journalist. Und deswegen hatte ihn der Verleger Gerd Bucerius als Ressortleiter geholt. Gegen den Widerstand der gesamten Redaktion. Der Wirtschaftsteil der *Zeit* war bis dahin unendlich langweilig. Man schrieb ellenlange, unverständliche Artikel für ein Fachpublikum. Stolze hat das geändert und eigentlich als Erster Wirtschaftsjournalismus für eine breite Leserschaft gemacht. Das war sein großes Verdienst.

*Welche Bedeutung hatte in den 1960er- und 1970er-Jahren die Expertise von Ökonomen für die Themenfindung und Meinungsbildung im Wirtschaftsressort? Der Historiker Werner Bührer meint, Stolze sei stets dem wirtschaftswissenschaftlichen Mainstream hinterhergelaufen.*
Stolze hat sich gar nicht darum gekümmert, was in wirtschaftswissenschaftlichen Büchern stand. Die Ökonomen interessierten ihn nicht besonders. Er war überhaupt kein Theoretiker. Der Macher Franz Josef Strauß, der war sein Schwarm. Im Grunde war Stolze in dieser Hinsicht etwas naiv. Wachstum war für ihn ein Wert in sich. Er hat begeistert den Dow Jones verfolgt und konnte es gar nicht abwarten, dass der die 1000-Punkte-Marke überstieg. Und wenn General Motors und Ford fusioniert hätten, hätte er das allein schon deshalb begrüßt, weil das neue Unternehmen dann einen fast doppelt so hohen Umsatz gehabt hätte. Das war seine Art, Wirtschaft zu betrachten.

**Und Sie selbst? Hatten Sie viel mit Ökonomen zu tun?**
Ja, mir lagen die schon wegen des Studiums näher. Ich hatte viele Kontakte zu den Wirtschaftsforschungsinstituten, zu Ökonomen wie Herbert Giersch und anderen Mitgliedern des Sachverständigenrates. Natürlich haben mich auch neue ökonomische Theorien wie der Monetarismus oder die Reagonomics beschäftigt. Weniger interessiert haben mich komplexe mathematische Modelle, in denen unter weltfremden Voraussetzungen der Nachweis zu führen versucht wird, dass dauerhaftes Wachstum im Gleichgewicht möglich ist – auch wenn damit Nobelpreise zu gewinnen sind.

**Wie lief das? Kamen die Ökonomen eher zu Ihnen oder haben Sie die Ökonomen gefragt?**
Das ist immer ein Geschäft auf Gegenseitigkeit. Wir wollten deren Urteil zu aktuellen Fragen, die nutzten gern die Gelegenheit, ihre Ideen mithilfe der *Zeit* in die Öffentlichkeit zu tragen. Neben Interviews waren das beispielsweise große Diskussionsrunden – oft im Hause des Verlegers –, die dann anschließend sehr ausführlich in der *Zeit* dokumentiert wurden.

**Haben Ökonomen großen, vielleicht zu großen Einfluss auf den Wirtschaftsjournalismus?**
Das sehe ich nicht – weder heute noch damals. Ich fürchte eher, dass es immer weniger Journalisten gibt, die sich sachkundig und kritisch zugleich mit den vorherrschenden ökonomischen Ideen und Strömungen auseinandersetzen, zum Beispiel mit dem überzogenen Renditedenken und der aus meiner Sicht absurden Konzentration auf einen kurzfristigen Shareholder-Value.

**Sie sagten, Sie hatten engen Kontakt mit Schiller.**
Als er Bundeswirtschaftsminister war, haben wir oft miteinander gesprochen und telefoniert. Ich habe ihn auch mehrfach für die *Zeit* interviewt.

**Nicht nur für Journalisten war Karl Schiller in seinen ersten Jahren als Wirtschaftsminister ein Star. Woran lag das?**
Er konnte sehr prägnant und einleuchtend formulieren und verstand es, die breite Bevölkerung zu erreichen. Er suchte immer nach neuen Redewendun-

gen. Als ich einmal im Gespräch sagte, »Das Schiff ist aus dem Ruder gelaufen«, fragte er sofort, ob er das verwenden dürfe. Natürlich war Schiller auch ein interessanter Ökonom, ein Anhänger von Keynes zwar, aber einer, der dessen Lehren auch mit Abstand betrachten konnte und später den »Abusus« der keynesianischen Instrumente durch die Wirtschaftspolitik kritisierte.

*Heute gilt er als personifizierter Zeitgeist des Machbarkeitsglaubens der 1960er-Jahre.*
Das war Schiller sicher. Übrigens: Die Mittel, die er damals in der ersten Rezession gemeinsam mit Finanzminister Strauß für Konjunkturprogramme ausgegeben hat, sind für heutige Begriffe lächerlich gering gewesen. Wichtiger war, dass die Leute glaubten, die beiden schaffen das, der tatkräftige Strauß und Schiller, der weiß, wo es langgeht. Entscheidend ist in solchen Lagen, wieder Optimismus zu verbreiten. Das konnte er.

*Gab es in der Redaktion der Zeit Streit oder Diskussionen über Schillers Politik?*
Nein. Nicht über Schiller. Aber zum Beispiel die Mitbestimmung war ein Streitthema. Und die Freigabe der Wechselkurse.

*Wie empfanden Sie damals den Club of Rome und Die Grenzen des Wachstums?*
Ich habe mich darüber lustig gemacht. Mich störte das unökonomische Denken des Club of Rome. Die glaubten beispielsweise, dass es bis zum Jahr 2000 kein Kupfer mehr geben würde. Ich hielt das für eine lächerliche Vorstellung, weil bei Knappheit die Preise steigen würden, sodass einerseits der Verbrauch sinkt und andererseits Vorkommen erschlossen werden, die bisher unwirtschaftlich waren. Außerdem würde man dann überall bereits verbautes Kupfer recyclen. Das passiert ja heute auch. Solche Beispiele eines völlig unmarktwirtschaftlichen Denkens gab es zuhauf in der Studie. Einverstanden war ich mit dem grundsätzlichen Gedanken, dass eine Wirtschaft nicht unendlich weiter wachsen kann, vor allem nicht mit den Raten, wie wir sie nach dem Krieg hatten. Selbst wenn man ein Wachstum von nur zwei oder drei Prozent annimmt, führt diese exponentielle Kurve bald zu idiotischen Ergeb-

nissen. Die Frage zu stellen, was der Planet aushalten kann und wie lange unser Wirtschaften so weiter gehen kann, die fand und finde ich richtig.

*Was sagte denn Ihr Ressortleiter und späterer Herausgeber Diether Stolze zu den Grenzen des Wachstums? Geschrieben hat er damals zumindest kaum darüber.*
Ich glaube, der hielt das für Blödsinn. Es hat ihn nicht weiter interessiert. Ich kann mich jedenfalls nicht erinnern, dass er sich darüber mal laut Gedanken machte. Er war, wie gesagt, in solchen Fragen etwas naiv. Er fand es großartig, wenn alles stieg und immer größer wurde. Ob das nun ein Aktienindex war, das Bruttosozialprodukt oder die Umsätze von Unternehmen.

*Gab es von Stolze oder anderen Redaktionsmitgliedern Druck, den Club of Rome zu kritisieren?*
Meinungszwang gab es damals nicht. Wir haben über viele Themen oft lange diskutiert. Und wenn man gut argumentierte, sagte Stolze: »Na, dann schreiben Sie eben Ihre Meinung.« Er war zum Beispiel auch strikt gegen die Aufhebung des festen Wechselkurses der D-Mark zum Dollar. Aber er war so liberal, mich das Gegenteil schreiben zu lassen. Er ließ mir auch meine Steckenpferde, die er nicht wichtig fand, zum Beispiel Arbeitnehmerbeteiligung am Unternehmen oder Flexibilisierung der Arbeitszeiten.

*Innerhalb der Zeit kann man große Unterschiede zwischen den Ressorts feststellen. Wissenschaftsredakteur Thomas von Randow hat sich die Botschaft des Club of Rome zu eigen gemacht. Das Wirtschaftsressort war ziemlich kritisch. Gab es da auch mal offenen Streit um die Blattlinie?*
Streit nicht. Dass die Ressorts unterschiedliche Meinungen vertraten, war damals bei der Zeit sehr ausgeprägt. Chefredakteur Josef Müller-Marein hat mal sinngemäß gesagt: Die Zeit ist ein Blatt, das sich auf einen gemeinsamen Erscheinungstag und eine gemeinsame Druckschrift geeinigt hat, in allen anderen Fragen sind wir höchst unterschiedlicher Meinung. Die Redakteure im Politikressort waren zum Beispiel lange Atlantiker, träumten also von einer immer engeren Verflechtung mit den USA, während wir in der Wirtschaftsredaktion die Zukunft in Europa sahen. Die Chefredaktion hat sich in unsere

Arbeit im Wirtschaftsressort kaum eingemischt, höchstens wenn sich Verleger Bucerius über irgendwas furchtbar geärgert hatte. Aber auch das blieb weitgehend folgenlos. Theo Sommer hat sich nicht die Bohne für Wirtschaft interessiert. Der hatte da oft recht kindische Vorstellungen. Er ist bis heute stolz, noch nie eine Aktie besessen zu haben, weil er das für eine Art Wirtschaftsverbrechen hält. Steuern hat er aber hinterzogen, wie wir mittlerweile wissen.

*Und Gräfin Dönhoff?*
Die hatte, obwohl studierte Volkswirtin, keine Ahnung. In regelmäßigen Abständen hatte ich mit Dönhoff immer wieder dieselbe Diskussion. Sie sagte dann, dass es doch eigentlich gut wäre, die Wirtschaft staatlich zu planen. Ich antwortete immer, dass das nicht funktioniere, weil die Wirtschaft selbst mit den besten Computern nicht planbar sei, wie man im Osten ja sehen könne. Das leuchtete ihr ein. Und dann: »Aber wenn man richtig planen könnte, wäre das doch besser als eine Marktwirtschaft.« »Jaja«, sagte ich dann immer, »wenn man das könnte.«

*Sie haben mehrmals in den späten 1970ern und frühen 1980ern geschrieben, dass man die Fixierung auf das Bruttosozialprodukt als Wohlstandsindex hinterfragen solle. Produktivitätsgewinne sollten nicht in mehr Geld und Gütern, sondern beispielsweise als mehr Freizeit verwirklicht werden. An der Fixierung auf die eine Zahl und ihr Wachstum hat sich aber bis heute nicht viel geändert.*
Leider ja. Es ist ja auch sehr schwer, das Wirtschaftswachstum anders zu berechnen als wir es jetzt machen, also zum Beispiel höhere Qualität mit einzubeziehen.

*Ist denn der Wirtschaftsjournalismus unbedingt auf Statistiken und Zahlen angewiesen?*
Das sollte zumindest nicht alles sein. Aber es wachsen immer wieder neue Journalisten nach, die das nur so lernen. Mich stört am gegenwärtigen Wirtschaftsjournalismus sehr, dass qualitative Fragen nach wie vor kaum Beachtung finden. Wenn zum Beispiel über die Krise bei einem Unternehmen wie

Hewlett Packard geschrieben wird, geht es lang und breit um rückläufige Umsätze und negative Finanzdaten, aber keiner fragt sich, was das für die Mitarbeiter bedeutet. Der Börsenkurs und die Rendite werden wichtiger genommen als die Menschen. Der Stakeholder-Gedanke ist verloren gegangen. Ich habe dieses Beispiel gewählt, weil HP einmal ein sehr innovatives Führungsmodell hatte. Das ist inzwischen vermutlich den Bach heruntergegangen – aber darüber steht nie auch nur eine Zeile in der Zeitung.

*Ist der Wirtschaftsjournalismus also schlechter geworden?*
Nicht generell. Zumindest ist er leserfreundlicher geworden. Den Wirtschaftsteil kann heute jeder verstehen. Aber ich lese relativ selten kritische Berichte, die wirklich zeigen, wie man dort mit den Mitarbeitern umgeht. Da werden Leute oft von heute auf morgen ohne erkennbaren Grund rausgeworfen, weil sich jemand im Management als besonders führungsstark präsentieren will. Das Geschwätz von wegen »Der Mensch steht im Mittelpunkt« ist heute noch hohler als früher. Es geht meist nur noch um die Interessen von Investoren, von irgendwelchen Hedgefonds. Dass die Wirtschaft für die Menschen da ist, und nicht umgekehrt, wird völlig vergessen – auch von vielen Journalisten.

*Hat sich die Einstellung zum Wachstum bei den Journalisten in den vergangenen Jahrzehnten verändert?*
Ja und nein. Einerseits sind Umweltthemen und auch die Wachstumsfrage immer mal wieder da. Aber auf der anderen Seite wird eben sofort gejammert, wenn das Wachstum auch nur 0,1 Prozentpunkt geringer als erwartet ausfällt. Oder man zeigt auf die Chinesen, die immer noch sieben oder acht Prozent schaffen. Nur ganz selten wird darauf hingewiesen, dass 1,2 Prozent Wachstum pro Kopf in Deutschland real mehr sind als in China sieben Prozent.

*Stecken Journalisten zu sehr unter einer Decke mit Politikern, Unternehmen und Ökonomen?*
Ja, die Korruption durch scheinbare Nähe, die gibt es. Aber das war früher eher noch schlimmer. Da wurde ganz gezielt in »Hintergrundgesprächen« unter dem Mantel der Verschwiegenheit alles Mögliche erzählt. Die Journalis-

ten fühlten sich dann verpflichtet, den Mund zu halten, weil sie ins Vertrauen gezogen wurden. Heute, in Zeiten von Twitter, klappt das nicht mehr.

*Kann man als Journalist in einer Wirtschaftsredaktion denn überhaupt eine Gegenposition zum Primat des Wachstums durchhalten?*
Das hängt wohl davon ab, wer Ressortleiter und Chefredakteur ist. Aber es stimmt schon, der Wachstumsbegriff wird viel zu wenig hinterfragt. Wer das tut, gilt leicht als Spinner.

*Grundsatzfragen wie die nach dem Wachstum zu stellen, scheinen viele Journalisten gar nicht für ihre Aufgabe zu halten?*
Natürlich wären die Journalisten eigentlich dafür da, die brennenden Fragen zu stellen. Das ist eine ihrer wichtigsten Aufgaben, die in der alltäglichen Berichterstattung leider oft vernachlässigt wird. Journalisten springen leider meist nur auf Trends auf. Schreiben alle über irgendwas, das am nächsten Tag schon wieder vergessen ist. Journalisten haben natürlich nicht die Zeit und die Möglichkeiten, selbst Theorien und Modelle zu entwickeln. Sie sollten aber die Ideen, die es hoffentlich gibt, zur Bevölkerung und zu den Politikern tragen. Leider sehe ich derzeit niemanden, der für die großen sozialen und ökonomischen Probleme hochentwickelter Staaten Lösungen entwickelt, so wie etwa Keynes oder Milton Friedman das zu ihrer Zeit getan haben. Es gibt kaum Ökonomen, die darüber nachdenken, wie wir die Kurve von der herkömmlichen Wachstumsgesellschaft in eine andere Zeit bekommen. Wir werden auch durch die Digitalisierung der Produktionsprozesse ganz gewaltige Veränderungen erleben. Bisher schafften wir es immer, große Massenarbeitslosigkeit trotz Automation zu vermeiden. Aber irgendwann wird die Produktion sich völlig selbst steuern. Dann ist die Frage, wer daran verdient, wie die Wertschöpfung verteilt wird. Werden die Löhne weiter gedrückt, damit die Leute überhaupt noch Arbeit haben? Sollen die Kapitaleigner demnächst nicht mehr Millionen und Milliarden, sondern Billionen auf dem Konto haben? Die rund um den Globus zu beobachtende extreme und zunehmende Spreizung der Vermögensverhältnisse macht mir Sorgen. Das geht vielleicht noch zehn oder zwanzig Jahre gut, aber irgendwann wird es knallen.

**Glauben Sie, dass Wirtschaftsjournalisten Einfluss auf das öffentliche Bewusstsein haben?**
Eigentlich schon. Aber fraglich ist, ob sie dafür überhaupt noch die Möglichkeit haben, wenn der Internetjournalismus zweifelhafter Qualität immer stärker um sich greift und die Leute damit zufrieden sind. Das Problem ist, dass der Qualitätsjournalismus auszusterben droht, weil die Verleger nicht mehr bereit sind, genug gute Leute zu angemessenen Gehältern zu beschäftigen. Bei vielen Zeitungen bin ich skeptisch, ob die noch lange durchhalten.

## »Hauptstadtjournalisten sind Staatsjournalisten«

**Roland Tichy** gehört zu den bekanntesten und erfahrensten Wirtschaftsjournalisten Deutschlands. Er war von 2007 bis 2014 Chefredakteur der *WirtschaftsWoche*, zuvor Politikchef des *Handelsblattes* und Chefredakteur von *Impulse* und anderen Wirtschaftsmagazinen. Tichy ist Vorsitzender der Ludwig-Erhard-Stiftung und betreibt das Meinungsportal www.rolandtichy.de.

*Herr Tichy, wollten Sie schon immer Journalist werden?*
Ja – meine erste Zeitung habe ich mit zwölf Jahren gemacht. Die Auflage hatte sensationelle 45 Exemplare. Die Betriebserlöse, 20 Pfennig pro Exemplar, haben wir in Eisbecher umgesetzt. Bier hat uns damals noch nicht geschmeckt. Das änderte sich, aber das Berufsziel blieb. Schon vor dem Studium hab ich ein Volontariat beim *Salzburger Volksblatt* gemacht und während des Studiums war ich nebenher an der Deutschen Journalistenschule in München.

*Sie haben von 1977 bis 1982 in München Volkswirtschaftslehre studiert. Hat das Ihre Ansichten über Wirtschaft und Politik nachhaltig geprägt?*
Ich habe auch Politik- und Kommunikationswissenschaft studiert. Aber klar, die Volkswirtschaftslehre war wichtig. Ich war am Anfang lange auf dem keynesianischen Trip. Das war Ende der 1970er noch State of the Art. Wir haben damals alles über Akzellerator-Modelle und automatische Stabilisatoren gelernt, also diesen ganzen Stabilitäts- und Wachstumsmechanismus.

Der Bruch für mich kam dann, als ich mich mit Milton Friedman und dem Monetarismus beschäftigt habe. Darüber habe ich auch viele Filme für den *BR* gemacht, mit denen ich das Studium finanziert habe. Also der Einfluss der monetaristischen Schule hat mich schon stark geprägt.

*Dieser Wandel war wohl typisch für jene Zeit.*
Ja, da kam es zu einem Paradigmenwechsel. Die Abweichungen der Wirklichkeit von den keynesianischen Versprechen waren allzu deutlich geworden. Die Schlussphase der Regierung Helmut Schmidts war geprägt von der Kombination von Inflation, Stagnation und Arbeitslosigkeit – und dazu noch explodierende Staatsverschuldung. Seine anderen Verdienste, Terrorismusbekämpfung und Nachrüstung, will ich nicht kleinreden, aber die wirtschaftliche Bilanz von Schmidt ist sensationell schlecht. Trotzdem gilt er immer noch als Wirtschaftskanzler.

*Welche Rolle spielte im VWL-Studium der Begriff des »Wachstums«?*
Das war schon ein zentraler Begriff. Wir haben Konjunktur damals verstanden als schwankende Wachstumsraten um einen geradlinigen Wachstumspfad. Man ging davon aus, dass die Wirtschaft in einem langfristigen Schnitt um rund vier Prozent wächst. Und wenn sie mal nur um ein Prozent wächst, herrscht Depression. Wenn sie um fünf Prozent wächst, ist das ganz gut. Der Glaube, dass sich die Konjunktur steuern lässt, hatte sich in Deutschland sehr verfestigt. Karl Schiller hatte dazu erheblich beigetragen. Nach seinem Rücktritt hat er diese Linie weitgehend aufgegeben, was man ihm nicht hoch genug anrechnen kann. Aber das verhinderte nicht, dass seine Epigonen von dieser Idee der Konjunktursteuerung fasziniert waren. Auch wir Studenten, weil diese Idee uns aus der Rolle des distanzierten Betrachters, der am Rande steht und mäkelt, in die Rolle des gesamtgesellschaftlichen Akteurs versetzte, der die Wirtschaft steuert. Wer Volkswirtschaft studierte, war auf dem Weg zum Kapitänspatent für Konjunkturkrisen.

*Das erklärt das enorme Selbstbewusstsein, mit dem Ökonomen wie Herbert Giersch in der Öffentlichkeit und gegenüber der Politik damals auftraten.*

Genau. Das hatte auch eine teuflische Wirkung, die bis heute anhält: Der Glaube nämlich, dass der Staat über die große wirtschaftliche Erkenntnis verfügt und laufend eingreifen muss. Zum Beispiel gibt es heute einen nationalen Plan für die Elektromobilität. Mir ist völlig unklar, warum die Regierung beschließt, dass wir eine Million Elektroautos kaufen sollen. Wenn die Leute solche Autos wollen, wird die Industrie sie schon herstellen. Funktioniert hat so etwas nie. Wir erleben jetzt das Desaster der Energiepolitik, früher das Scheitern der staatlich geförderten Computerindustrie. Aber Politik weiß eben immer alles besser. Airbus ist vielleicht ein Sonderfall, weil der Markt für Verkehrsflugzeuge extrem vermachtet ist.

*Sie selbst haben auch eine Vergangenheit im Politikbetrieb. Nach dem Studium wurden Sie Referent für Sozialpolitik im Planungsstab des Kanzleramts.*
Erst war ich Assistent am Lehrstuhl für Sozialökonomik in München. Wir beschäftigten uns mit der ökonomischen Betrachtung des Gesundheitssystems. Damals dachten viele noch, Gesundheit habe nichts mit Geld zu tun. Gleichzeitig erlebten wir die explosionsartigen Anstiege der Kassendefizite und der Beiträge. 1983 ging ich dann ins Kanzleramt. Da habe ich einige Arbeiten geschrieben, die mich bis heute beschäftigen, zum Beispiel über den demografischen Wandel.

*Aus Ihnen hätte also auch ein Ministerialbeamter werden können.*
Auf die Dauer passte mir das aber nicht. Ich wollte Journalist sein. Auf eine Anzeige hin habe ich mich dann bei der *WirtschaftsWoche* beworben. Bis 1990 war ich deren Bonner Korrespondent. Als die Wiedervereinigung kam, erhielt ich die Chance, Stellvertreter des Rundfunkbeauftragten für die neuen Länder zu werden. Da ging es um die Abwicklung des DDR-Rundfunks und den Neuaufbau der jetzigen *ARD*-Struktur. Der Einigungsvertrag sah vor, dass wir den DDR-Staatsfunk nach öffentlich-rechtlichen Prinzipien fortführen und überführen oder beenden. Es war nicht klar, was daraus wird. Starke Kräfte der SED und der nordrhein-westfälischen SPD wollten ein drittes deutsches Fernsehen aus Ostberlin haben. Der Sozialismus wäre also per Äther über uns gekommen. Aber das ist mittlerweile ohnehin so.

*Sie haben mehrfach die Seiten gewechselt zwischen Journalismus und politischem Sektor beziehungsweise Unternehmen. Glauben Sie, dass Seitenwechsler dem Journalismus generell guttun?*
Ja. Es ist gut, wenn man als Journalist andere Bereiche der Gesellschaft kennenlernt. Wenn man weiß, wie die Ministerialbürokratie oder Unternehmen funktionieren, kann man besser damit umgehen. Die meisten Journalisten verhalten sich asymmetrisch. Sie sind stark im Austeilen und schwach im Einstecken. Ich war in politischen Positionen, auf denen man verprügelt wurde ohne Ende. Als Mitarbeiter von Kohl war man für manche ein Nazi und im Vorstandsbüro von Daimler-Chef Jürgen Schrempp war es auch nicht sehr gemütlich. Journalisten predigen leider oft ex cathedra und haben keine Vorstellung davon, dass die Menschen, die sie beleidigen oder gar vernichten, eigenen Logiken und Sichtweisen folgen, die ihr Leben rechtfertigen.

*Eine Gefahr von Interessenkonflikten sehen Sie durch solche Wechsel nicht?*
So was mag im Einzelfall vorkommen, aber im Prinzip ist ein Job beendet, wenn er beendet ist. Man nimmt wertvolle Informationen, Einsichten und Kontakte mit, die für einen Journalisten nur gut sein können. Die Vorstellung, dass der Journalismus eine Art Orden ist, finde ich albern.

*Sie waren Chefredakteur mehrerer Wirtschaftsmagazine, zuletzt der* WirtschaftsWoche. *Auf solchen journalistischen Führungsposten erlebt man sicher immer wieder Versuche der Einflussnahme.*
Ich habe ein liberales Verständnis von Politik. Danach ringt man um Einfluss und ums Rechthaben. Das macht man in der Politik und in den Medien. Deswegen finde ich es a priori nicht verwerflich, wenn sich jemand an diesem Ringen beteiligt. Es gibt natürlich verwerfliche Intensitäten, also Bestechung oder Drohungen. Aber um die öffentliche Meinung zu kämpfen ist in Ordnung. Ich weiß auch nie, ob vielleicht der eine oder andere mehr Wahrheit besitzt als ich. Das weiß ich erst im Nachhinein. Ich glaube nicht, dass Journalisten grundsätzlich im Besitz einer höheren Wahrheit sind, genauso wenig wie Beamte oder Politiker. Die Zukunft ist offen. Sie entwickelt sich im Diskurs, durch Versuch und Irrtum, im Wettbewerb.

*Welcher Sektor ist denn nach Ihrer Erfahrung in diesem Wettbewerb geschickter? Unternehmen oder Politik?*
Politiker sind, glaube ich, besser darin, weil sie darauf gedrillt sind, sich ständig darzustellen und der Wahrheit ihren Spin zu geben. Unternehmen sind häufig sehr auf sich und ihre Produkte bezogen. Die wollen irgendein Problem lösen, irgendwas verbessern. Politik ist auf Zustimmung aus, auf Akklamation. Ich habe immer wieder erlebt, dass Unternehmen völlig baff waren, wie sie von der Politik ausmanövriert wurden. Von politischer Kommunikation haben die meist nicht viel Ahnung.

*Und wie war das mit Ökonomen oder Forschungsinstituten?*
Die sind meist eher skrupulös. In der Ökonomie werden extrem schmale Löcher extrem tief gebohrt. Die sind dann so schmal, dass sich kein Schwein interessiert und es keinen Wissensfortschritt gibt. Ich halte das für verkehrt. Ich glaube, dass Volkswirtschaft eine politische Wissenschaft sein sollte. Institutionenlehre ist meiner Ansicht nach wichtiger als irgendein theoretisches Modell, das nie den Realitätscheck erlebt.

*Hat sich die Position der Wirtschaftsjournalisten im Vergleich zu den Kollegen des Politikressorts gewandelt?*
Nach meiner Erfahrung hatten Wirtschaftsjournalisten früher stets eine gewisse Wirtschaftsnähe. Das war ein ganz guter Kontrapunkt zu den Politikjournalisten, die an den Eutern der Politik saugten. Aber das ist gekippt, weil die Bedeutung der Wirtschaftsjournalisten rapide abgenommen hat. Das hat auch mit der Verlagerung der politischen Prozesse und des Politikjournalismus nach Berlin zu tun. Berlin ist jetzt entscheidend bei der Themenauswahl und beim Spin dieser Themen. Wir haben mal mit einer PR-Agentur eine kleine Untersuchung gemacht, die zeigte, dass ein Thema, sobald es eine gewisse Bedeutung hat, aus den Wirtschaftsressorts an die Politikredaktionen abgegeben wird. Dort skandalisiert man es dann und verleiht ihm einen Dreh nach links.

*Wer bestimmt die Agenda? Unternehmen, Politik, Wirtschaftswissenschaft? Oder die Medien selbst?*

Die Wissenschaft kaum, denn die braucht immer einen Transporteur, vielleicht mit der Ausnahme von Hans-Werner Sinn. Meist sind es Politik und Medien gemeinsam, die die Themen setzen. Beide sind ja ein kaum noch zu trennendes Konglomerat geworden. Die Nähe zwischen Politik und Journalismus hat in Berlin gegenüber Bonner Zeiten zugenommen. In Wirklichkeit ist Berlin kleiner als Bonn.

*Sie meinen die wenigen Straßenzüge zwischen Café Einstein und Borchardt in Berlin-Mitte.*
Ja, da sitzen Politiker und Journalisten alle aufeinander. In Bonn musste man manchmal immerhin noch bis nach Bad Godesberg fahren. Die Hardthöhe war 30 Kilometer entfernt. Die Verbände saßen oft in Köln. Ab und an kam auch mal die Wirklichkeit in Person demonstrierender Bauern oder Kohlekumpels nach Bonn. So etwas gibt es in Berlin nicht mehr. Unsere Hauptstadt funktioniert wie eine barocke Residenzstadt, die völlig abgekoppelt von Land und Wirtschaft lebt. Manche nennen es auch ein Raumschiff.

*Sind Journalisten in diesem Betrieb eher die Antreiber oder die Getriebenen?*
Das kann man gar nicht so genau unterscheiden. Vielfach sind sie schon eher die Getriebenen.

*Können Journalisten große Themen auch gegen den Widerstand des politischen Betriebs setzen?*
Nehmen Sie die Finanzkrise. 2007 haben wir Wirtschaftsjournalisten geschrieben, dass es eine Krise gibt. Die Politik hat da noch gesagt: »Spinnt ihr denn, schaut euch die Daten an, läuft doch alles gut.« Doch dann kam die Lehman-Pleite wie ein Todesstern.

*Was wünschten Sie sich von Journalisten, um die kritische Distanz zur Politik wieder zu vergrößern?*
Berlin verlassen! Früher saßen die politischen Redaktionen der Zeitungen in ihren Erscheinungsorten in Frankfurt, Düsseldorf und so weiter. In Bonn hatten sie nur einen oder wenige Korrespondenten als Horchposten. Der Politik-

chef, der bestimmte, was in die Zeitung kommt, saß in München und stand unter dem Eindruck einer föderalen Ordnung, zu der auch BMW und Siemens gehörten. Daraus hat er eine politische Linie entwickelt. Heute sitzen die Politikchefs alle in Berlin. Aber in Berlin gibt es keinen, der erzählt, wie das Leben wirklich ist. Da erfährt man nicht, was für Probleme ein Autokonzern derzeit hat. Journalisten sind dort korrumpiert durch die Nähe zum politischen Betrieb, übernehmen dessen Sichtweisen durch diese ganzen Hintergrundkreise. Die schreiben dann alle dasselbe. Aber die Leute wollen das nicht mehr lesen. Das ist der eigentliche Grund für die derzeitige Krise des Journalismus. Er ist zum Staatsjournalismus geworden.

*Die Hauptstadtjournalisten sind also Herdentiere?*
Ja.

*Ist es die Aufgabe von Journalisten, die ganz großen Fragen zu stellen, also zum Beispiel die nach dem Sinn oder den Grenzen des Wirtschaftswachstums?*
Klar. Manche tun das ja auch, aber sehr einseitig. Ein paar Feuilletonisten bei der *Zeit* oder anderswo schreiben über das Ende des Wachstums, aber sie begreifen nicht, dass sie dann auch über das Ende des Sozialstaates schreiben müssten. Wir sollten uns fragen: Wer will denn überhaupt Wachstum? Ein großer Teil der Bevölkerung nicht. Die sind zufrieden damit, wie es ihnen geht. Einzelne Unternehmen wollen wachsen, aber ganze Branchen müssen nicht wachsen. Mercedes wäre es recht, wenn sie selbst wachsen und BMW schrumpft. Ludwig Erhard meinte, wenn die Leute kein Wachstum mehr wollen, dann kriegen sie halt kein Wachstum mehr. Ihm ging es um die Freiheit dieser Entscheidung. Erhard war kein Wachstumsgegner, aber er hat frühzeitig erkannt, dass der Staat, wenn er es verspricht, dann auch liefern muss, und wenn er dies nicht kann, zur Verschuldung greift. Das geht ja auch, solange der Staat noch nicht hoch verschuldet ist und Zinsen zahlen muss. Wir erleben heute das Ende dieser Art Wachstumspolitik, und dieses teure Ende wird uns noch lange beschäftigen. Denn der heutige Staat sitzt in der doppelten Falle von einerseits steigenden Zinsverpflichtungen und andererseits wachsenden Ansprüchen an das Sozialprodukt, die die Parteien selbst formu-

lieren. Ständiges Wachstum braucht also vor allem der Staat für seine Umverteilungsspielchen. Und ein überschuldeter Staat braucht schon Wachstum, damit er seine Zinsen zahlen kann. Manche Grüne sagen zwar, wir bräuchten kein Wachstum mehr, aber als Staatspartei merken sie dann, dass sie doch auch Wachstum brauchen, weil sie sonst ihre Umverteilungspolitik vergessen können. Also bleiben nur drei Möglichkeiten: mehr Schulden, mehr Steuern – aber dafür gibt es Grenzen – oder neues Geld schöpfen. Das ist die letzte Stufe des Wachstumsfetischs.

*Und dann ...*
... bricht alles zusammen und man fängt wieder von vorne an.

*Warum stellen Hauptstadtjournalisten solche Fragen nicht?*
Sie können das nicht, weil sie Staatsjournalisten sind. Sie sind nicht Apologeten der Marktwirtschaft, sondern des Staatskapitalismus.

## »Wer das Wachstumsparadigma bezweifelt, wird zum Häretiker«

**Max A. Höfer** war von 1992 bis 2003 Ressortleiter Politik und Leiter des Hauptstadtbüros der Zeitschrift *Capital*. Von Anfang 2006 bis Ende 2009 war Höfer Geschäftsführer der Initiative »Neue Soziale Marktwirtschaft«. 2010 gründete er die Agentur höfermedia in Berlin.

*Herr Höfer, in Ihrem Buch* Vielleicht will der Kapitalismus gar nicht, dass wir glücklich sind *gehen Sie unter anderem mit der Volkswirtschaftslehre ins Gericht.*
Ich kritisiere an der gängigen Volkswirtschaftslehre vor allem, dass sie ausblendet, wie politisch die Ökonomie ist. Das Politische wird oft als neutrale wissenschaftliche Erkenntnis umetikettiert. Nehmen wir das Thema Freihandel. England wurde erst zum Befürworter des Freihandels, als es selbst eine beherrschende Stellung im Baumwoll- oder Getreidehandel hatte. Fortan diente der Freihandel dem britischen Imperialismus als Waffe. Friedrich List

hielt dagegen mit seiner Lehre von den Erziehungszöllen, die übrigens auch den ostasiatischen Wachstumsökonomien von heute zugrunde liegt. Wenn ein Land aufholen will, braucht es moderaten Protektionismus. Freihandel ist also eminent politisch und alles andere als ein universell gültiges Gesetz zur ökonomischen Prosperität. Ökonomen sind meist kulturblind. Sie glauben, ihre Methoden könnte man jedem Land überstülpen, als ob sie unabhängig seien von kulturellen Bedingungen. Das ist der Anspruch der Ökonomie: eine Art Physik zu sein. Doch dann wird Wirtschaft zu einer Rechenaufgabe. Die früheren deutschen Nationalökonomen wie Max Weber oder Werner Sombart haben sich ganz selbstverständlich mit kulturellen und religiösen Wirkungen auf die Ökonomie befasst. Inzwischen ist das fast völlig aus den Wirtschaftswissenschaften herausgefallen. Deirdre McCloskey ist da eine der wenigen Ausnahmen. Die meisten heutigen Ökonomen verschleiern sogar ihre normativen Grundlagen, die meist calvinistisch-utilitaristisch sind. Vor allem wird als völlig selbstverständlich unterstellt, dass Wachstum gleichsam ein genuines Hauptziel allen Wirtschaftens ist.

*Darüber wurde in Ihrem Studium nicht diskutiert?*
Nein. Und weil die normativen Grundlagen nicht diskutiert werden, sind die Ökonomen mit ihren Ratschlägen an die Politik unheimlich einseitig. Das Gros ihrer Forschungsansätze und Ratschläge läuft darauf hinaus, Wachstum und Produktivität zu erhöhen. Alle gehen fälschlicherweise davon aus, dass die Leute glücklicher werden, wenn sie mehr konsumieren: Mehr ist besser als weniger.

*Und diese verschleierten Normen der VWL beherrschen auch den Wirtschaftsjournalismus?*
Die Ökonomie präsentiert sich politisch und kulturell neutral und prägt damit natürlich die VWL-Studenten, aus denen sich viele Wirtschaftsjournalisten rekrutieren. Die sind häufig unpolitisch, weil sie glauben, es gebe ökonomische Wahrheiten so wie es physikalische gibt, etwa den Impulssatz. Als ob eine gleichsam göttliche Ordnung der Ökonomie nach mehr Produktivität, Wettbewerb oder Innovation verlangt. Dass das hochgradig normativ ist, vergessen viele. Ökonomen ähneln Theologen, die Bibelworte zitieren.

*Wie äußerten sich diese ökonomischen Normen im Arbeitsalltag eines Wirtschaftsmagazins?*
Zeitungen und Zeitschriften laufen vor allem der Aktualität hinterher. In gewisser Weise versuchen sie auch, vorherzusehen, was aktuell werden wird. Um ideologische Kämpfe geht es da weniger, zumindest bei *Capital* war das nicht der Fall. Aber man kann schon sagen, dass die Redakteure im Anlage- und Unternehmensressort grundsätzlich im Sinne der Kapitalmärkte dachten, und sie konnten sich dabei voll und ganz auf die neoklassische Ökonomie berufen. Die Frage war immer: Was steigert den Unternehmenswert? Wenn ein Unternehmen Plastik herstellt und es gewinnbringend verkaufen kann, dann ist das für Anleger eine gute Sache. Hauptsache, die Bilanzzahlen sind gut. So denkt man da. Ökologische Kriterien spielen keine Rolle, soziale eigentlich auch nicht, denn in der marktradikalen Ökonomie löst sich ja alles in Wohlgefallen auf, wenn alle Interessen durch die »invisible hand« des Markts ausgeglichen werden. Bei Eugene Fama gibt es keine Finanzmarktblasen, keine suboptimalen Zustände und keine Unzufriedenheit. Der Markt hat immer Recht und löst alle Probleme optimal, zumindest kann niemand anders es besser lösen als der Markt. Somit sagen die Aktienkurse die absolute Wahrheit über die Welt, die Firmen und deren Erfolg. Diese Denkweise des Neoliberalismus spielte ab den 1990er-Jahren eine immer stärkere Rolle, Finanzmarktkennzahlen hatten Offenbarungscharakter und wurden nicht hinterfragt. In dieser Optik sind Ökoprodukte nur dann gerechtfertigt, wenn sie sich besser verkaufen lassen. Dann redet man von »Win-win«: »Make the world a better place« und werde gleichzeitig damit Milliardär. Aber auf Gewinn zu verzichten, um wirklich ökologischer zu sein, das wäre »Wertvernichtung«, weil man auf Geldgewinne verzichtet. Der Finanzjournalismus hat in der Lehman-Pleite vor allem deshalb versagt, weil er immer weniger investigativ arbeitet und vor dem *access reporting* des Bankenmarketings kapituliert hat – übrigens nicht ohne den politischen Willen eines Medien-Tycoons wie Murdoch, seit er sich das *Wallstreet Journal* unter den Nagel gerissen hatte. Hinzu kommt, dass der neoliberale Wirtschaftjournalismus den Feind vor allem im Regierungsapparat sieht, nicht bei der sakrosankten Privatwirtschaft. So kann ideologische Voreingenommenheit auch blind machen.

**Und wie war es im Politikressort, das Sie leiteten?**
Grundsätzlich waren die 1990er-Jahre ein Jahrzehnt des Thatcherismus und des Neoliberalismus, das gilt für den gesamten Wirtschaftsjournalismus mehr oder weniger. Wir im Politikressort hatten natürlich einen politischeren Blick und haben auch skeptische Grundsatzfragen gestellt, zum Beispiel, wenn es um Privatisierungen ging, die von den Kollegen im Unternehmensressort prinzipiell gutgeheißen wurden. Ob es etwa politisch klug ist, die Flugüberwachung zu privatisieren? Das bringt dem Staat zwar ein paar Millionen an einmaligen Einnahmen. Doch wenn die Fluglotsen dann keine Beamten mehr sind und streiken dürfen, können sie der Volkswirtschaft große Verluste zufügen – wie man das auch bei den Lokführern gesehen hat. Kostenaspekte müssen eben auch mit politischen Aspekten abgewogen werden. Dazu fehlen vielen Betriebswirten einfach die Fantasie und das politische Wissen.

**Wie stark ist der Einfluss von Ökonomen und Wirtschaftsforschungsinstituten auf den Wirtschaftsjournalismus?**
Sehr stark. Die Journalisten haben nicht die Zeit, all die wissenschaftlichen Fachzeitschriften zu lesen. Dafür halten sie Kontakt zu den Instituten. Die intellektuelle Aufrüstung läuft also über das ifo, das Kieler Institut für Weltwirtschaft, das DIW oder andere. Die geben dir Aufsätze, geben dir schnelle und begründete Einschätzungen zu aktuellen Fragen, der Institutsleiter sitzt außerdem vielleicht in der Steuerschätzungskommission und gibt darüber – unautorisierte – Tipps. Die Institute hatten natürlich auch schon mal Nachhaltigkeitsthemen auf Lager. Zum Beispiel war ich Anfang der 1990er-Jahre der Erste, der Bernd Raffelhüschen mit seiner Generationenbilanzierung rausbrachte. Wir haben das Thema der Tragbarkeit von Staatsschulden damals ganz groß gefahren. Das war das Pendant zum ökologischen Fußabdruck. Raffelhüschen hatte uns exklusiv die Zahlen über die interne Staatsverschuldung gegeben, die er für die Renten- und Sozialversicherung und so weiter ausgerechnet hatte.

**Schafft so etwas nicht auch Abhängigkeiten?**
Eigentlich nicht. Keine Seite hat ein Druckmittel gegen die andere: Die Professoren können die Journalisten nicht zwingen, etwas zu veröffentlichen, und

umgekehrt haben die Redaktionen keinen Anspruch auf die Exklusivität von Studien. Es entsteht freilich ein Vertrauensverhältnis zwischen den Akteuren, aber das ist auch gut so. Am Ende entscheidet der Redakteur, was ins Blatt kommt.

*Aber übernimmt man damit nicht auch bestimmte Botschaften?*
Es ist doch so: Wenn ein Wirtschaftsjournalist gegen den Mindestlohn ist, geht er zu Hans-Werner Sinn. Ist er für den Mindestlohn, geht er zu Peter Bofinger. Insofern spielen ideologische Voreingenommenheiten schon eine Rolle. Aber viel wichtiger als das ist der Aktualitätsdruck und der große Druck, etwas Neues zu finden. Vielleicht mögen die *Spiegel*-Leute Hans-Werner Sinn nicht so sehr, aber wenn er die Schieflage der Target-Salden in der EZB-Bilanz entdeckt und darüber alle VWL-Lehrstühle aufschreckt, dann ist das auch für den *Spiegel* eine Story. Journalisten grasen jedenfalls alles ab, um auch noch der zweiundneunzigsten Geschichte über die Gesundheits- oder Arbeitsmarktreform etwas Neues beizufügen.

*Kommt durch die Fixierung auf Zahlen der Blick auf das Unberechenbare in der Wirtschaft nicht zu kurz?*
Klar. Wenn zum Beispiel externe Effekte nicht berechnet werden, gibt es sie nicht. Das ist ein sehr enger Blick auf die Welt. Hier wirkt sich leider der digitale Echtzeitjournalismus negativ aus. Weil sich immer mehr Medien wegen der kurzen Recherchezeit auf immer weniger Quellen und Agenturen verlassen, kommt es zu einer Homogenisierung der Information, und eine Zahl bietet da den Anschein einer quantitativ verbürgten Wahrheit.

*Kommen wir mal zur Politik. Medienkritiker beklagen die abnehmende Distanz der Journalisten zur Politik. Haben sie Recht?*
Der Einfluss der Politik war früher eher stärker. Bonn war noch mehr ein Treibhaus als Berlin heute. Da gab es drei Italiener, wo man sich traf. Es war noch viel mehr Vertrauen zwischen den politischen Institutionen und den Medien. In Bonner Zeiten gab es noch Pressemitteilungen mit Sperrfrist »Morgen 15 Uhr«, an die sich die Journalisten hielten. Im heutigen Echtzeitjournalismus hält eine Sperrfrist vielleicht noch 15 Minuten. Ich habe den Eindruck, dass

Berlin den Journalisten gutgetan hat. Die Konkurrenz ist größer geworden und die Kumpanei nicht mehr ganz so stark. Aber natürlich gibt es weiter Seilschaften. Der Finanzminister beziehungsweise sein Pressemann gibt einem Journalisten exklusive Informationen nur, wenn er weiß, dass er sich auf ihn verlassen kann. Mit solchen exklusiven ersten Informationen bist du in der Redaktion der King. Aber du wirst eben auch keinen Kommentar schreiben, in dem du den Schäuble »verbrennst«. 95 Prozent aller Enthüllungen beruhen ja nicht auf Eigenrecherchen, sondern darauf, dass der Journalist etwas gesteckt bekommt. Und der, der die Information durchsticht, benutzt dich, um irgendjemandem zu schaden. Wenn du das grundsätzlich ablehnst, verzichtest du auf 95 Prozent aller exklusiven Geschichten. Diese Art des Journalismus ist ein dauernder Drahtseilakt, bei dem es darauf ankommt, die gesteckten Informationen so gut es geht zu prüfen und ein Gefühl dafür zu entwickeln, ob die Veröffentlichung in Ordnung ist. Ich finde diese Stories wichtig, solange man die Umgangsformen wahrt, nicht lügt und nicht bewusst Kampagnen betreibt. Es ist ein Geben und Nehmen. Es gibt nicht den einzig wahren, reinen Edeljournalismus und den korrumpierten, schmutzigen. Solides Handwerk ist aber auch, wenn sich ein Journalist die Mühe macht, die Meldungen, die zur Veröffentlichung drängen, gegenzuchecken und einzuordnen, indem auch andere Interessen dargestellt werden.

*Selbst etwas bewegen kann die Presse also gar nicht?*
Die Macht des Journalismus sollte man nicht überschätzen. Den Euro gibt es, weil Kohl und andere Spitzenpolitiker ihn wollten, nicht weil Journalisten ihn wollten. Politikjournalismus ist meines Erachtens überwiegend der Resonanzraum der politischen Bühne. Die Politik setzt die Themen. Wenn die Politik ein Thema nicht will, dann ist es sehr schwer, es dennoch auf die politische Agenda zu setzen, vor allem dauerhaft. Wie wir am Beispiel der Flüchtlingskrise im Sommer 2015 sehen konnten, haben alle im Bundestag vertretenen Parteien die Willkommenskultur der Kanzlerin unterstützt. Dementsprechend einhellig haben die Medien dafür den politischen Resonanzraum geboten. Erst als die Kommunalpolitik und die CSU von diesem Konsens abwichen, folgten dann auch die Medien. Oder um ein Beispiel aus der Wirtschaftspolitik zu nehmen: Wenn das Thema Staatsverschuldung keiner Partei im Bun-

destag in den Kram passt, kann ein Journalist noch so viele Politiker darauf ansprechen, es kommt nichts zurück, sie werden nichts sagen. Eine Große Koalition ist deshalb stets schlecht für die politische Debatte, denn sie will Ruhe. Die eigentliche Frage ist, ob der Journalismus nichtsdestotrotz ein kritischer Begleiter ist oder nur Lautsprecher der Politik.

*Ein weiterer Kritikpunkt am gegenwärtigen Journalismus ist seine tatsächliche oder vermeintliche Gleichförmigkeit. Folgen Journalisten einem Herdentrieb?*
Klar gibt es den Herdentrieb im Journalismus. Der hat eine gewaltige soziale Wirkung. Und es gibt Leitwölfe aufgrund ihrer Argumentationskraft, ihrer Position und der Geschichten, die sie heranschleppen. Keiner will Außenseiter sein und nicht eingeladen werden, wenn es darum geht, den Minister in der Regierungsmaschine bei Auslandsreisen zu begleiten.

*Ist das auch der Grund, warum Hauptstadtjournalisten so selten am Wachstumsdogma rütteln?*
Wer sich quer zum Mainstream stellt, wird immer auch infrage gestellt. Ich glaube, ein Journalist, der sich als Gegner der Wachstumspolitik profiliert, hat kaum Chancen auf eine Führungsposition, denn er gerät sofort in schwierige Grundsatzdebatten und steht argumentativ ständig an der Wand. In der politischen Kommunikation ist das sogenannte Framing entscheidend, also eine Erzählung zu etablieren, die die Sicht auf die Probleme bestimmt. Das Wachstumsframing ist apokalyptisch: Ohne Wachstum – so die Botschaft – funktioniert die Demokratie nicht mehr. Dabei ist das absurd, selbst wenn wir durch langsame Schrumpfung auf das Wohlstandsniveau des Jahres 2006 zurückgeworfen würden: Ist es uns damals so schlecht gegangen? Sind wir da verhungert? Trotzdem gibt es bisher keinen Frame, der das Schrumpfen positiv erscheinen lässt. Auf alle wichtigen Probleme antworten Ökonomen und Politikern mit »mehr Wachstum«. In dem Moment, wo du das Wachstumsparadigma bezweifelst, fallen sie über dich her wie über einen Häretiker.

## Fazit

Einige Erklärungen für die Zähigkeit des Wachstumsparadigmas in den Redaktionen werden in den Interviews deutlich. Die drei Interviewten sind sicher nicht in jeder Hinsicht repräsentativ für den Berufsstand des Wirtschaftsjournalisten. Durchaus typisch ist aber, dass alle drei ein wirtschaftswissenschaftliches Studium absolviert haben. Das prägt ein Leben lang. Die meisten Wirtschaftsjournalisten reflektieren diese Prägung vermutlich weit weniger kritisch, als es Max A. Höfer tut.

Dann ist da das symbiotische Verhältnis von Journalisten, Ökonomen und Wirtschaftspolitikern, das alle drei grundsätzlich bestätigen. Der meinungsbildende Einfluss von Ökonomen auf die alltägliche Berichterstattung und Meinungsbildung von Journalisten wird nicht von allen gleich stark gesehen. Das Problem der (zu) großen Nähe zwischen Hauptstadtjournalisten und Politikbetrieb wird von allen dreien als solches gesehen. Interessanterweise gehen die Ansichten darüber völlig auseinander, ob dies in Berlin stärker der Fall sei als früher in Bonn.

Ziemlich einig sind sich Jungblut, Höfer und Tichy darin, dass man es als Skeptiker des Wachstumsparadigmas in einer Wirtschaftsredaktion nicht leicht hat. Der eigenen Karriere tut man als Wirtschaftsredakteur keinen Gefallen, wenn man ideologisch allzu sehr aus der Reihe tanzt. Journalisten seien Herdentiere, sagt Roland Tichy. Das widerspricht dem Selbstbild des Journalismus als Berufsstand, für den Kritik und Unabhängigkeit höchste Werte sind. Aber Tichys pessimistisches Bild der eigenen Zunft entspricht durchaus den Annahmen der *Indexing-Hypothese*. Davon mehr im nächsten Kapitel.

## 6. Kapitel
## Die lange Gegenwart
## des Wachstumsparadigmas

»Es wäre eine Illusion zu glauben, nach dieser Krise gehe es im alten Stil weiter«, behauptet der *Spiegel* im Dezember 2008 in einer Titelgeschichte.[1] »Denn diese Krise ist anders: Sie geht an die Substanz.«

Letztlich aber ging es nicht nur in der Wirtschaftspolitik, sondern auch im Journalismus doch weitgehend im alten Stil weiter. Sogar in eben jenem Artikel kommt der *Spiegel* zum Schluss, dass die alte Generallinie der Wirtschaftspolitik, nämlich durch schuldenfinanzierte Konjunkturprogramme das Wachstum anzukurbeln, alternativlos sei: »Das aktuelle Krisenmanagement der Regierungen und Notenbanken ist eine Gratwanderung – immer nahe am Abgrund. Es wäre schön, wenn es einen anderen, sichereren Weg gäbe. Aber es gibt keinen.« Und mit Blick auf die bevorstehenden Bundestagswahlen erwarten die *Spiegel*-Redakteure von den Siegern dasselbe, was ihre Vorgänger in den 1960er- und 1970er-Jahren einforderten: »Aber egal, wer gewinnt, es ist schon klar, welche Hauptaufgabe der Bundeskanzler oder die Bundeskanzlerin haben wird: Die Menschen, denen die sinkenden Wachstumszahlen zum Verhängnis wurden, wieder aus der Arbeitslosigkeit zu holen.«

Dass diese Krise möglicherweise mit einem politischen System zu tun hat, dass dem Wirtschaftswachstum Priorität einräumt, wird höchst selten thematisiert. Eine Abkehr vom Glauben, dass weiteres Wachstum notwendig und möglich sei, fand in den Wirtschafts- und Politikredaktionen bisher nicht statt. Die Aufforderung einiger britischer Wissenschaftler in einem öffentlichen Brief an die Königin, die Krise als Weckruf zu verstehen und sich vom Wachstumsparadigma zu verabschieden, verhallte im dritten Absatz einer Meldung in der *FAZ*.[2] Stattdessen bleibt Wachstum die zentrale Kategorie des Wirtschaftsjournalismus. Im Sommer 2015 schreibt *FAZ*-Wirtschaftsredakteur Johannes Pennekamp, wie seine Vorgänger es vor Jahrzehnten taten, über eine »gesunde Wirtschaftsentwicklung«, die selbstverständlich eine »auf dem Wachstumspfad« sei.[3] In Gastbeiträgen fordern Ökonomen weiterhin, die Bedingungen für mehr Wachstum zu schaffen. Jennifer Blanke, Chefökonomin des World Economic Forum, zum Beispiel: »Nach fast einem Jahrzehnt schleppenden Wachstums in Europa sind tatsächlich flächendeckende Anstrengungen nötig, damit die gesamte Region wieder auf einen steileren und nachhaltigeren Wachstumskurs zurückkehrt.«[4] Wobei ihre Vokabel »nachhaltig« mit Ökologie nichts zu tun hat, sondern wie bei den meisten Ökonomen nichts anderes als »anhaltend« bedeutet. Blankes Ratschläge hätten auch in den 1990er- oder 2000er-Jahren erscheinen können: bessere Bedingungen für Gründer und berufstätige Frauen.

Obwohl Wirtschaftsjournalisten die Finanzmarktkrise oft als epochales Ereignis kennzeichnen, hatte diese auf die Wachstumsfixierung kaum Auswirkungen. Von einem grundlegenden Umdenken ist in den analytischen Artikeln und Kommentaren wenig zu lesen. Das gilt nicht zuletzt für die Wirtschaftsredakteure des *Spiegel*. Ganz in der Tradition des Wachstumsparadigmas klagt Christian Reiermann im November 2015, dass die deutsche Wirtschaft »unter den Möglichkeiten« bleibe. Zur Beglaubigung der These des Artikels dienen vor allem Aussagen des Chefökonomen der ING-DiBa-Bank, Carsten Brzeski.[5] Angesichts des günstigen Umfelds – Rekordtief der Zinsen, niedriger Ölpreis, günstiger Eurokurs – ist er enttäuscht, dass die deutsche Wirtschaft nicht auf zwei Prozent Wachstum komme: »Eigentlich müssten diese Erleichterungen für deutlich mehr Auftrieb sorgen.« So klagt Reiermann im altbekannten Sinne der Standardökonomen über den Mangel an politischen Reformen für mehr Wachstum: »Seit Jahren ruhen sich die Bundesregierungen unterschiedlichster Koalitionen auf dem Erreichten aus. [...] Seit Jahren investiert Deutschland zu wenig.« Beleg: Ein Ranking der OECD, in dem Deutschland »im letzten Drittel« liege. Ebenso altbekannt wie die Instrumente der Diagnose der Wachstumsschwäche sind auch die Mittel der Wahl, die Reiermann vorschlägt, um den angeblichen »Stillstand« zu überwinden. Es sind die wachstumspolitischen Evergreens aus den Vorkrisenjahren: Steuersenkung und Deregulierung.

Zwischen all den tiefgreifenden politischen und gesellschaftlichen Veränderungen und Brüchen der vergangenen Jahrzehnte ist die anhaltende Fixierung des Politik- und Medienbetriebes auf das Wirtschaftswachstum eine erstaunliche Konstante. Philipp Krohn kommt in seiner Sprachanalyse des Wachstumsdiskurses – Stand 2002 – zu dem Ergebnis, dass sich seit den 1960er-Jahren die Vorstellungen des Zusammenhangs von Wirtschaft, Wachstum und Wohlstand kaum verändert hätten. Er spricht von einem »Ritual der Wachstumsbeschwörung« durch Ökonomen, Unternehmenssprecher und Wirtschaftsjournalisten.[6] Krohn ist seit 2008 Wirtschaftsredakteur der *FAZ*.

Der Journalismus hat in der Finanzkrise insgesamt keine gute Figur gemacht. Die Medienwissenschaftler Hans-Jürgen Arlt und Wolfgang Storz attestieren in einer Studie im Auftrag der gewerkschaftsnahen Otto-Brenner-Stiftung das »eklatante journalistische Versagen« von fünf überregionalen Tageszeitungen[7], Deutscher Presseagentur und öffentlich-rechtlichen Rundfunkanstalten: »Der tagesaktuelle deutsche Wirtschaftsjournalismus stand dem globalen Finanzmarkt gegenüber wie ein ergrauter Stadtarchivar dem ersten Computer mit einer Mischung aus Ignoranz und Bewunderung, ohne Wissen, wie er funktioniert, ohne Ahnung von den folgenreichen Zusammenhängen, die sich aufbauen.«[8] Im Fokus ihrer Studie steht die Unfähigkeit der Journalisten, den Ausbruch der Finanzkrise vorherzusehen, sie zu erklären und die Verantwortlichen zu kritisieren. Sie hätten erst »im Krisenverlauf Sachkompetenz und kritische Distanz«[9] zu den Vorgängen an den Finanzmärkten entwickelt, während sie sich zunächst vor allem durch »Faktensammlerfleiß und Reflexionsfaulheit«[10] ausgezeichnet hätten.

Bemerkenswert ist allerdings das Desinteresse der Autoren an der Wachstumsfrage. Die Ansichten der Redakteure über grundlegende Fragen des Wachstums spielen in der Studie keine Rolle. Die von Arlt und Storz interviewten Wirtschaftsjournalisten werden weder nach den Wachstumszwängen eines vom Finanzsektor dominierten Wirtschaftssystems und den naheliegenden kausalen Zusammenhängen mit der Entstehung der Krise gefragt noch kommen sie von sich aus darauf zu sprechen. Was in den Wirtschaftsredaktionen stattfand, war allenfalls eine Abkehr von der bis dahin vorherrschenden Überzeugung von der Effizienz der Finanzmärkte. »Wir stehen der Haltung, der Markt kann es besser als die Politik, weil der vorausschauenden Weisheit der Menschen oder der Politiker weniger zu trauen ist, skeptischer gegenüber als zuvor«, sagt Rainer Hank, Wirtschaftschef der *Frankfurter Allgemeinen Sonntagszeitung*, im August 2009.[11] »Mich überrascht, wie eine ganze Reihe von Journalisten, die mir bisher als Hardcore-Neoliberale aufgefallen sind, sehr schnell umgeschwenkt sind, nachdem die Krise nicht länger zu leugnen war. Plötzlich rufen diese Leute nach einem starken Staat und diskutieren marxistische Ideen«, klagt der Medienwissenschaftler Siegfried Weischenberg.[12]

Eine Studie der Stiftung Denkwerk Zukunft kann die anhaltende Dominanz des Wachstumsparadigmas unmittelbar bestätigen. Die Autoren haben die quantitative und qualitative Bedeutung des Themas Nachhaltigkeit im Vergleich zur traditionellen Wirtschaftberichtserstattung in vier Tageszeitungen[13] und im *Spiegel* vom 1. April bis 30. Juni 2014 untersucht. Ergebnis: »Ökonomie schlägt Nachhaltigkeit 7:1«.[14] Auf einen Artikel, der ökologische Fragen behandelt, kommen also im Schnitt sieben Artikel, die ein unkritisch positives Bild wirtschaftlicher Dynamik und Expansion zeichnen. Besonders krass ist das Missverhältnis bei der *FAZ*, was nicht durch das Fehlen von Nachhaltigkeitsthemen verursacht wird, sondern dadurch, dass in ihr das Wirtschafts- und Finanzressort traditionell viel stärker vertreten ist als in der *Süddeutschen*, im *Spiegel* und erst recht der *BILD*. In den drei Untersuchungsmonaten nahmen Wirtschafts- und Finanzthemen 29,7 Prozent des Platzes der *FAZ* in Anspruch, im *Spiegel* 8,6 Prozent. Dort nahmen Artikel mit einem Bezug zum Thema Nachhaltigkeit aber 4,0 Prozent des Platzes in Anspruch, während es in der *FAZ* nur 1,6 Prozent waren.[15]

Der Denkwerk-Vorstandschef Meinhard Miegel fasst zusammen:

> Wirtschaftsthemen werden nicht nur breit aufbereitet, sondern in aller Regel auch positiv konnotiert. Die Ambivalenz wirtschaftlicher Aktivitäten, ihre Licht-, aber eben auch Schattenseiten, wird nur selten deutlich. Zumeist gilt wirtschaftliches Wachstum unhinterfragt als gut, auch wenn es zu einer Erhöhung des $CO_2$-Ausstoßes oder

einer zusätzlichen Versiegelung von Bodenflächen beiträgt. Wenn überhaupt, wird von solchen Folgen sehr viel knapper und oft ohne unmittelbare Bezugnahme zu ihren Ursachen berichtet.«[16]

Das alles heißt aber nicht, dass die immer umfangreichere wachstumskritische Literatur und der sogenannte Postwachstumsdiskurs in der Presse nicht wahrgenommen werden. Dieser Diskurs findet durchaus auch in den hier betrachteten Blättern statt. Die Bücher von Miegel[17] werden im Feuilleton der *Zeit* oder der *FAZ* ausführlich und wohlwollend besprochen.[18] Er ist ebenso wie Niko Paech[19], Harald Welzer[20], Reiner Klingholz[21] und andere Wachstumswarner in den meinungsbildenden Medien als Gesprächspartner und Gastautor präsent.[22] Der *Spiegel* ließ den Allround-Philosophen Richard David Precht 2011 einen Essay mit der Überschrift »Immer mehr ist immer weniger«[23] veröffentlichen und brachte 2014 eine Titelgeschichte über »Konsumverzicht«[24].

Die kritische Beschäftigung mit der Frage nach der Zukunft des Wirtschaftswachstums findet also nicht nur unter Ausschluss der breiten Öffentlichkeit statt. Im Gegenteil, das Leserinteresse scheint groß zu sein. »Wann immer wir in diesem Feuilleton Gespräche mit Meinhard Miegel brachten, in denen dieser die Erschöpfung der Wachstumsideologie analysierte und in anschaulichen Beispielen und eindrucksvollen Zahlen Belege dafür fand, dass ein Umdenken und Umlenken besser früher als später stattfinden sollte, waren die Reaktionen der Leser sehr eindrucksvoll«, schreibt der frühere *FAZ*-Feuilletonchef Nils Minkmar im Rahmen eines »Spezials« zum Thema Nachhaltigkeit.[25] Dieses Umdenken findet allerdings weiterhin vor allem in den Feuilletons und Wissenschaftsressorts statt und nur selten in den Politik- und Wirtschaftsressorts. Es erreicht kaum die Analysen und Kommentare zum aktuellen wirtschaftspolitischen Tagesgeschehen. Die wachstumskritischen Autoren und ihre Thesen spielen als Referenzen darin keine Rolle. Und wenn sie doch einmal vorkommen, dann allenfalls als Objekte der Kritik, als »Schwarzmaler«[26], wie 35 Jahre zuvor die Autoren der Club-of-Rome-Studie.

Allein in der *Zeit*, die als Wochenzeitung auch im Wirtschaftsteil einen teilweise feuilletonistischen Stil pflegt, nehmen auch Wirtschaftsredakteure aktiv an diesem Umdenken teil. Petra Pinzler und Wolfgang Uchatius fallen dadurch auf. Uchatius schreibt zum Beispiel im Mai 2009 einen Essay mit dem programmatischen Titel »Wir könnten auch anders«.[27] Er stellt darin unter anderem die Vorschläge von Christoph Binswanger vor, wie der Wachstumszwang des gegenwärtigen Wirtschaftssystems überwunden werden könnte. Vier Jahre später schreibt Uchatius: »Jan Müller hat genug«. Gemeint ist der junge durchschnittsdeutsche Konsument, den die Werbeagentur Jung von Matt konstruiert hat. Eine sinkende Nachfrage, so Uchatius, sei der entscheidende Grund für das Ende des Zeitalters des Wachstums.

Im Wirtschaftsressort der *FAZ* ist der einzige Ort für den Wachstumsdiskurs die jeden Montag erscheinende Rubrik »Wirtschaftsbücher«. Hier werden auch Bücher von Kritikern des Wachstumsparadigmas besprochen. Der von Irmi Seidel und Angelika Zahrnt herausgegebene Band *Postwachstumsgesellschaft* (2010) ist nach Ansicht des Rezensenten Philipp Krohn »ehrlich und nachdenkenswert, ohne dass man alle Vorschläge teilen oder für realistisch halten muss«.[28]

Auch Edward und Robert Skidelskys *Wieviel ist genug?* (2012, deutsch 2013) wird von der Rezensentin Karen Horn durchaus anerkennend aufgenommen: »Endlich unterzieht sich einmal ein Ökonom der Mühe, seine politischen Empfehlungen im Licht der Philosophie zu reflektieren und damit auch seine Wertvorstellungen klar offenzulegen. Ob man den Verfassern mit ihrer vormodernen, aristotelischen, naturrechtlich begründeten Ethik am Ende folgen will oder nicht – man weiß nach der Lektüre wenigstens genau, warum. Das Buch ist ein vorbildliches Beispiel dafür, wie auch ein Ökonom fundierte Wertedebatten führen kann.«[29] Dass die Rezensentin der Wachstumskritik nicht besonders gewogen ist, macht sie aber schon gleich im Einstieg klar: »Wachstumskritik ist ein Dauerbrenner. Wenn die Wirtschaft floriert, gibt es Bedenkenträger, die meinen, es könne so kaum ewig weitergehen. Wenn sie strauchelt, sehen sich die Besserwisser bestätigt.«

Seiner Rezension von Meinhard Miegels *Exit* (2010) schickt Krohn die Behauptung voraus, »auf dem Markt der Literatur über ökologische Nachhaltigkeit tummel[te]n sich allerlei windige Gestalten.«[30] Außerdem schade »eine verallgemeinerte Wachstumskritik – halbinformiert und naiv ins Blaue hinein formuliert – [...] dem Anliegen, zu einer zukunftsfähigen Entwicklung beizutragen, meist mehr als zu nutzen.« Doch Miegel sei von »ganz anderem Kaliber«: »Seine Analyse liefert einen wichtigen Denkanstoß, der eine vertiefte Auseinandersetzung verdient.«

Die Kritiker des Wachstumsparadigmas werden also nicht ignoriert. Aber diese Wahrnehmung des Postwachstumsdiskurses beschränkt sich weitgehend auf Rezensionen. Die Grundsatzkritik am Wachstumsparadigma hat keinen vernehmbaren Einfluss auf die aktuelle Berichterstattung und Kommentare.

Als etwa in den Jahren 2008 und 2009 infolge der Rezession durch die Finanzkrise die Bundesregierung mit zwei schuldenfinanzierten Konjunkturpaketen für »Beschäftigungssicherung durch Wachstumsstärkung« sorgen will, wird dies in keinem der drei untersuchten Blätter grundsätzlich infrage gestellt. In der *Zeit* diskutieren die Redakteure Mark Schieritz und Thomas Fischermann ausführlich das keynesianische Pro und das neoklassische Kontra zum Konjunkturpaket.[31] Aber keiner von beiden verschwendet einen Gedanken an die Aussicht, dass eine hochentwickelte Volkswirtschaft wie Deutschland möglicherweise überhaupt nicht mehr lange wachsen kann oder sollte. Der »Exit«, den Miegel als unausweichlich ansieht, die Option also, sich auf wenig oder gar kein weiteres Wachstum einzustellen, taucht erst gar nicht als praktikable Alternative auf.

Wie ist diese Langlebigkeit und Lebendigkeit des Wachstumsparadigmas in der Presse zu erklären? Vermutlich muss man davon ausgehen, dass die sogenannte Indexing-Hypothese weitgehend die journalistische Wirklichkeit beschreibt. Diese von dem amerikanischen Medienforscher Lance Bennett zuerst formulierte Theorie behauptet, dass die meisten Journalisten ihre Meinungen in aller Regel gemäß den Ansichten der Mächtigen und Etablierten entwickeln, über die sie berichten und mit denen sie in einem symbiotischen Verhältnis verbunden sind. Auch Arlt und Storz bestätigen das in ihrer Studie: »Im Zweifel schloss man sich der vorherrschenden Meinung an«.[32] Und diese wird in Wirtschaftsfragen von denen gebildet, die als Experten gelten, angesehenen Ökonomen. Welche Lehren in der Wirtschaftswissenschaft dominieren, wird stärker als in anderen

Sozialwissenschaften in einem Konsensverfahren der Eliten ausgemacht. Wachstumskritiker gehören diesen Eliten in aller Regel nicht an.

Hier interessiert noch eine andere Frage: Wie können Politik- und Wirtschaftsjournalisten die Vorstellung von der Notwendigkeit und der Möglichkeit weiteren Wachstums rechtfertigen und weiter vertreten? Was macht das mittlerweile fast 70 Jahre alte, aus den Krisen und Kriegen der ersten Hälfte des 20. Jahrhunderts entstandene Wachstumsparadigma für Journalisten und ihre Leser weiterhin glaubwürdig?

Botschaften brauchen eine erzählerische Verpackung, um eingängig zu sein. Besonders erfolgreich sind Botschaften, die immer wieder im Zusammenhang mit einer überzeugenden Erzählung daherkommen. Historiker sprechen von Narrativen. Oft genügt dafür schon eine eingängige Metapher, eine immer wieder auftauchende, anschauliche Redewendung, die die Art und Weise prägt, wie über ein Thema gesprochen wird.

Die Ökonomin Deirdre McCloskey hat entlarvt, dass auch für den Erfolg ökonomischer Theorien nicht so sehr deren wissenschaftliche Stichhaltigkeit verantwortlich ist, sondern vielmehr solche Narrative, die sich über die Massenmedien in den Köpfen festsetzen und aus einer fragwürdigen Theorie ein nicht mehr hinterfragtes Paradigma machen können.[33] In den Geistes- und Sozialwissenschaften hat sich die Erkenntnis weitgehend durchgesetzt, dass die Vorstellung von der unbedingten Notwendigkeit und unbegrenzten Machbarkeit des Wirtschaftswachstums auf bestimmten Erzählmustern beruht.

Auf einer Tagung des Max-Planck-Instituts für Wissenschaftsgeschichte im November 2014 waren sich die Teilnehmer weitgehend einig über die Ursache für die Macht der Wachstumsidee: »weil die Geschichte als Wachstums- und Fortschrittsgeschichte erzählt werde und diese Erzählung wiederum unsere Zukunftserfahrungen forme.«[34]

Aber bis zu den meisten Wirtschaftsjournalisten hat sich das offenbar nicht herumgesprochen, was ein Hauptgrund für die Langlebigkeit des Wachstumsparadigmas sein dürfte. Wer das, was er von Ökonomen liest, für die Wahrheit im Sinne »harter« Wissenschaft nimmt, ohne das dahinterstehende Narrativ mitzubedenken, der hat wenig Anlass zur Skepsis. Henrik Müller[35], Journalistikprofessor und Kolumnist von *Spiegel-Online*, ist der seltene Fall eines Wirtschaftsjournalisten, der die Bedeutung von Narrativen überhaupt thematisiert hat:

> Diese Erzählungen sind nützlich und gefährlich zugleich. Nützlich, weil sie die große, abstrakte Ökonomie überhaupt erst erfassbar machen. Gefährlich, weil dominante Narrative ganze Gesellschaften dazu verleiten, heraufziehende Risiken zu übersehen und über längere Zeit in die falsche Richtung zu steuern. [...] Typischerweise produzieren dominante ökonomische Narrative zuerst Illusionen und dann große Probleme.«[36]

An dem Über-Narrativ, das in dem Begriff »Wachstum« selbst steckt, erzählt Müller allerdings in seinen Kolumnen selbst fleißig und unkritisch mit. Die daraus entstandenen Illusionen, geschweige denn die Probleme des fortgesetzten Wachstums, thematisiert Müller ebenso wenig wie die meisten anderen Wirtschaftsjournalisten.

Wir wollen uns drei im gegenwärtigen Wirtschaftsjournalismus besonders verbreitete Narrative des langlebigen Wachstumsparadigmas etwas genauer ansehen.

# 7. Kapitel
# Drei Erzählungen aus dem Reich des ewigen Wachstums

## Das Wachstum der Grenzen durch Innovation

Die publizistischen Aktivitäten von »Katastrophenpropheten« und »Kulturpessimisten« verleiten den Wirtschaftsredakteur Georg Meck von der *Frankfurter Allgemeinen Sonntagszeitung* dazu, ein »Hoch auf das Wachstum« zu schreiben.[1] Dem »Unken« und »Stänkern« von Harald Welzer hält er eine wachstumsoptimistische Botschaft entgegen: »›In einer endlichen Welt kann eine Ökonomie nicht funktionieren, die auf endlosem Wachstum beruht‹, verkündet Welzer. Warum eigentlich nicht? Warum soll die Menschheit die Gabe verloren haben, Neues zu erfinden? Gerade um der drängenden Probleme – Ernährung, Klima, Energie – Herr zu werden, braucht es Fortschritt, also Wachstum.«

Die banale Erkenntnis, dass in einer begrenzten Welt kein unbegrenztes Wirtschaftswachstum möglich ist, gefährdet den für eine wachsende Wirtschaft unentbehrlichen Optimismus der Produzenten und Konsumenten. Dem Vorwurf, Pessimismus zu verbreiten, sehen sich seit den 1970er-Jahren alle ökologisch bewegten Aktivisten, Publizisten und Politiker ausgesetzt (vgl. 4. Kapitel). Doch dieser Vorwurf allein wirkt nicht besonders überzeugend, um den Wachstumsoptimismus wiederherzustellen. Dazu ist eine klügere Kommunikationsstrategie gefragt, die nicht das Unbezweifelbare bezweifelt, aber dessen Bedeutungslosigkeit glaubwürdig machen kann. Es geht um nichts anderes als die Versöhnung der Wachstumsökonomie mit den ökologischen Sorgen. Das argumentative Zaubermittel gegen die natürlichen Grenzen ist seither die unerschöpfliche Erfindungsgabe des Menschen: Uns wird schon noch was einfallen, bevor die Grenzen erreicht sind, weil uns bisher auch immer was eingefallen ist. Oder wie man in Köln sagt: »Et hätt noch emmer joot jejange.« Diese Tautologie, die dem Rheinländer in schwierigen Lebenslagen den Mut zum Weitermachen gibt, verwenden Ökonomen und Wirtschaftsjournalisten zur Wiederherstellung erlahmender Wachstumszuversicht.

Überzeugungskraft verleiht diesem Glauben an die endlose Innovationsfähigkeit nicht zuletzt die erzählerische Form, in der das Argument oft vorgetragen wird. So schreibt im Sommer 2012 vor dem Weltgipfel »Rio +20« *Spiegel*-Wirtschaftsredakteur Alexander Neubacher in einem Essay:

> Die Steinzeit ist nicht aus Mangel an Steinen zu Ende gegangen. Vor rund 5000 Jahren kam einer unserer Vorfahren auf die Idee, Kupfer und Zinn zu verschmelzen; das war's dann für die Steinzeit, die Bronze-Ära brach an.
>
> Daran sollten wir denken, wenn uns nächste Woche die melodramatischen Appelle aus Rio de Janeiro erreichen, die Horrorstorys vom Ende des Ölzeitalters, die Legende von den Grenzen des Wachstums, die apokalyptischen Schilderungen der drohenden Klimakatastrophe. Also: Die Steinzeit ging nicht zu Ende, weil alle Steine aufgebraucht waren; die Ära der Pferdefuhrwerke war nicht vorbei, weil plötzlich die Gäule ausstarben. Und so dürfte auch das Zeitalter der fossilen Brennstoffe nicht wegen zu wenig Öl, Gas und Kohle zu Ende gehen, sondern dadurch, dass den Menschen etwas Neues, Besseres einfällt.
>
> [...] Das Problem bei der globalen Umweltbewegung aber besteht darin, dass sie weniger darüber nachdenkt, wie das Neue in die Welt kommt, sondern, im Gegenteil, darüber, wie es sich verhindern lässt. Es müsste um Wachstum und Innovationen gehen, stattdessen ist die Rede von ›Vorsorge‹ und ›Nachhaltigkeit‹, womit im Grünsprech einiger Umweltfreunde Verzicht und Fortschrittsfeindlichkeit gemeint sind.«[2]

Das Steinzeit-Bild geht auf den früheren saudi-arabischen Ölminister Achmed Zaki Yamani zurück – was Neubacher nicht erwähnt – und wird oft von Kritikern der Wachstumskritik verwendet.[3] Das Argumentations- und

Erzählmuster der Rettung durch Innovation gehört allerdings schon in den frühen 1970er-Jahren zum Standardrepertoire der zeitgenössischen Kritiker des Club of Rome. Dabei ist auch Neubachers Pferdegeschichte in verschiedenen Varianten ein argumentativer Evergreen. Der *Spiegel* zitiert damit 1972 das britische Wirtschaftsmagazin *Economist*: »So wie heute die MIT-Wissenschaftler den Zusammenbruch der Menschheit belegen, hätte vor hundert Jahren jeder Wissenschaftler schlüssig beweisen können, dass der städtische Verkehr vom London des Jahres 1972 unmöglich, daher eine Stadt von den heutigen Ausmaßen der Britenmetropole undenkbar sei, denn wo sollten die Londoner ihre Pferde unterbringen, wie könnten sie vermeiden, im Pferdemist zu ersticken?«[4]

Dass dieses Narrativ vermutlich keine Schöpfung von Journalisten, sondern von Ökonomen ist, legt ein Bericht des *FAZ*-Redakteurs Roeper über eine Veranstaltung des Stifterverbandes für die Deutsche Wissenschaft 1972 nahe. Gottfried Bombach wischte, wie Roeper berichtet, die Ergebnisse von Meadows als »trivial und banal« zur Seite.[5] Die Menschen hätten »seit dem Altertum immer wieder neue Wachstumsgrenzen gesehen, und immer wieder sei es gelungen, sie hinauszuschieben.« Außerdem: »Was den Umweltschmutz anlange, so genügten eigentlich wenige Prozente des Sozialprodukts, um ihn zu beseitigen. Umwelt sei für die Industrie immer gratis gewesen; wenn sie etwas dafür bezahlen müsse, werde ihr auch etwas zur Lösung dieses Problems einfallen. Das gleiche gelte für die Rohstoffe: wenn sie knapp werden, werden neue Verfahren oder neue Rohstoffe gefunden.«

Davon überzeugt war 1979 auch *FAZ*-Herausgeber Fack: »Gewiss, die Ressourcen dieser Welt sind nicht unerschöpflich. Pfleglicher Umgang mit dem Naturhaushalt ist erforderlich. Aber menschlicher Erfindungsgeist wird die Grenzen des Erreich- und Gewinnbaren andererseits auch wieder hinausschieben.«[6] Er war sich darin einig mit *Zeit*-Herausgeber Stolze: »Eine saubere Umwelt, noch größerer sozialer Ausgleich im Inneren und Hilfe für die Armen draußen in der Welt – diese und andere Träume lassen sich verwirklichen: durch Pioniergeist und Leistung, durch Forschung und Wirtschaftswachstum. Wir sollten nicht länger über die Grenzen des Wachstums grübeln, sondern endlich tun, wozu vor fast zwei Jahrzehnten John F. Kennedy seine Landsleute aufgefordert hat: zu ›neuen Grenzen‹ aufbrechen.«[7]

Drei Jahrzehnte später exerziert Winand von Petersdorf vom Wirtschaftsressort der *Frankfurter Allgemeinen Sonntagszeitung* das Narrativ idealtypisch vor. Nach einem Rückblick auf die *Grenzen des Wachstums* und die Ölkrise von 1973 erklärt er wie sein *Spiegel*-Kollege Neubacher: »Die Steinzeit ist nicht aus dem Mangel an Steinen zu Ende gegangen, und das Ölzeitalter wird nicht aus dem Mangel an Öl enden.«[8] Es folgt eine Geschichte der fossilen Unerschöpflichkeit:

» Innovationen vergrößern die Reserven im entscheidenden Maß und schieben das Ende der Öljahre in die Ferne. So war es schon immer: In den frühen Jahren des Gewerbes ließen Geschäftsleute schwere Laken in offene Quellen werfen und danach in Wannen austropfen. Die globalen Reserven beschränkten sich bis dahin auf jene wenigen Ölquellen, die damals aus der Erde heraustraten. Hätte man damals die Leute gefragt, wann sie das Ende der Ölförderung wähnen, hätten sie höchst pessimistisch geantwortet: Lange kann es nicht mehr dauern.

Doch dann kam die erste revolutionäre Innovation des Ölzeitalters: das Bohren. Mit der Bohrung konnte aus tieferen Reservoirs gefördert werden. Die globalen Reserven vervielfältigten sich.

In gewisser Weise wiederholt sich der Vorgang bis heute nach gleichem Muster. 1970, als die ›Club of Rome‹-Forscher ihren Großcomputer mit Öldaten fütterten, lagen die globalen Ölreserven bei 600 Milliarden Fass Öl, die noch in der Erdkruste schlummerten. Bis 2006 waren 760 Milliarden Fass gefördert worden, und die globalen Reserven lagen bei 1,2 Billionen Fass.

Mit Gehirnschmalz und Geld vergrößert der Mensch die Ölreserven. Es werden immer noch neue Quellen entdeckt, es werden Methoden verfeinert, bekannte Quellen besser auszuschöpfen, und es wird unkonventionelles Rohöl gewonnen aus Teersanden, Schweröl und Schiefergestein. Rohrsysteme machen abgelegene Reserven zugänglich. Neue Stahlsorten ermöglichen Bohrungen durch harte Steinschichten.«

*Abbildung 7:* **Artikel mit dem Suchwort »Innovation« in der FAZ**
*(Quelle: eigene Recherche).*

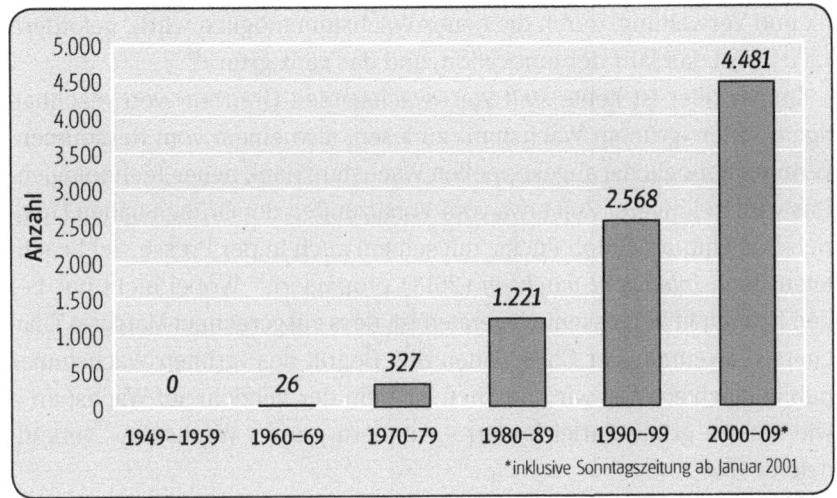

Mit der forcierten Beschwörung des Wachstumsoptimismus durch den Glauben an die endlose Erfindungsgabe des Menschen erlebt auch der dazugehörige ökonomische Fachbegriff »Innovation«[9] eine rasante Medienkarriere. »Innovation ist das Schlagwort des Jahrzehnts«, stellte der Ökonom Michael Hutter 2010 fest.[10]

Die Erwartung endloser Innovationsfähigkeit ist in allen Parteien das zentrale Argument dafür, dass sich Ökologie und Wachstumsparadigma miteinander versöhnen ließen. Diese Aussicht verleitete etwa die CDU auf ihrem Parteitag von 1989 dazu, das »Wachstum der Grenzen« als Ziel in ihre Leitsätze aufzunehmen.[11] Das Wortspiel verwendete schon Jahre zuvor der Ökonom Joseph Huber in seinem Buch *Die verlorene Unschuld der Ökologie* (1982): »Die Grenzen des Wachstums sollen durch ein Wachstum der Grenzen mit Hilfe der neuen Technologien überwunden werden.«[12] Die Verbreitung dieser Vorstellung von der Verschiebbarkeit natürlicher Grenzen machte es möglich, dass auch in der einstigen Wachstumsgegnerpartei der Grünen die Bereitwilligkeit siegte, »ihren Part im Wachstumsoratorium« mitzusingen wie die *Frankfurter Allgemeine Sonntagszeitung* im Januar 2004 feststellt.[13] Eine Woche zuvor hatten der damalige Parteivorsitzende Reinhard Bütikofer und die Fraktionsvorsitzende Katrin Göring-Eckardt in einem Gastbeitrag eine »Innovationsoffensive in Wirtschaft, Politik und Verwaltung, durch die neues Wachstum möglich wird«, gefordert: »2004 wird das Jahr der Innovation, und das ganz grün.«[14]

Immer öfter ist heute statt von »wachsenden Grenzen« von »nachhaltigem« oder »grünem Wachstum« zu lesen, also einem vom Ressourcenverbrauch möglichst abgekoppelten Wachstum dank neuer Technologien. Das wird in jüngerer Zeit etwa vom Vorsitzenden der Grünen-nahen Heinrich-Böll-Stiftung, Ralph Fücks, mit seinem auch in der Presse viel beachteten Buch *Intelligent wachsen* (2013) propagiert.[15] Wobei nicht nur bei den Grünen in Vergessenheit geraten ist, dass ausgerechnet Margaret Thatchers Umweltminister Chris Patten den Begriff des »grünen Wachstums« publik machte: »Was wir brauchen ist nicht der Verzicht auf Wachstum – wie ihn die grüne Partei fordert –, sondern grünes Wachstum«, verkündete er 1989.[16]

Mittlerweile ist grünes Wachstum als politisches Programm auch in der EU und den Vereinten Nationen verankert. In Europa haben sich 15 Staaten zur Green Growth Group zusammengeschlossen, die im Erreichen des 2-Grad-Klimaschutzziels »signifikante Chancen für die Schaffung von Arbeitsplätzen und grünem Wachstum« sieht.[17] Eine vom UNO-Generalsekretär Ban Ki-moon eingesetzte Expertenkommission stellte 2014 ein Papier namens »Better Growth, better Climate« vor. Die Botschaft sei, so der Kommissionsvorsitzende und ehemalige mexikanische Staatspräsident Felipe Calderón, »dass wir beides schaffen können, die Wirtschaft zu beleben und den Klimawandel einzudämmen«. Diese Möglichkeit schaffe »der technologische Wandel«.[18] Ähnlich äußert sich 2012 OECD-Generalsekretär Angel Garcia: »Zusammen mit Innovation kann der Umbau zu einem grünen Wirtschaftssystem das Wachstum auf lange Frist antreiben.« Nicht nur in diesem Satz wird deutlich, dass die Priorität auf dem Wachstum liegt. Die Begrünung ist Mittel zum Zweck des Wachstums. Die Geschichte von der unendlichen Erfindungsgabe, die die materiellen Grenzen des Wachstums stets verschoben hat und weiter verschieben (oder gar aufheben?) wird, ist also zu einer wirtschafts- und umweltpolitischen Leitstrategie der Staatengemeinschaft geworden.

Kritik am Technikoptimismus des grünen Wachstums ist in den Zeitungen eher selten. Und wenn, dann kommt sie meist nicht von Redakteuren, sondern von Gastautoren. »Es ist eine Illusion«, schreibt der Chefökonom des Potsdam-Instituts für Klimafolgenforschung, Ottmar Edenhofer, »auf einen grünen Deus ex Machina zu hoffen, der gewissermaßen das Klimaproblem als willkommene Nebenwirkung von wachstumsfördernden Maßnahmen löst.«[19]

Der linke Politologe Ulrich Brand kritisiert in einem *FAZ*-Beitrag vor allem die Grünen für ihren »Technikoptimismus, der schon fast Angst macht«. Gegen Fücks und seine Vorstellung eines grünen Kapitalismus argumentiert er mit dem Rebound-Effekt:

> Die neoliberale Schulweisheit, die Grenzen des ökonomischen Wachstums durch Einsatz neuer Technologien hinausschieben zu können, funktioniert nicht. Zu wenig werden die Grenzen der Wirkungsmacht technologischer Innovationen reflektiert. [...] So führt der sogenannte Abpralleffekt (rebound) dazu, dass Produkte, die ökologisch effizienter hergestellt werden, in der kapitalistischen Konkurrenz tendenziell weniger kosten und die Verbraucher in höhere Güterklassen aufsteigen lassen: größere Autos und Flachbildschirme zum gleichen Preis. Darauf gibt es keine technologische Antwort.«[20]

In der Presse ist von diesem Rebound-Effekt aber selten die Rede. Die Erzählung von der Heilung der Schäden der Technik und Wachstumsökonomie durch neue Technik und weiteres Wachstum hat eindeutig Vorrang. »Optimismus ist Pflicht.« Dieser Maxime Karl Poppers, die der Ökonom Herbert Giersch in einem *FAZ*-Gastbeitrag auf die Wirtschaft übertrug,[21] fühlten und fühlen sich die meisten Wirtschaftsjournalisten offenbar grundsätzlich verpflichtet.

Das Innovationsnarrativ ist das Mittel der Wahl, um diesen Optimismus gegen alles »Unken« und »Stänkern« glaubwürdig zu rechtfertigen. Die Idee der Innovation erweist sich als Erneuerung des Fortschrittsglaubens, der durch die Schrecken des 20. Jahrhunderts und die Zerstörung der Natur unglaubwürdig geworden war. Aus einem optimistischen geschichtsphilosophischen Gedanken wurde ein ökonomischer Imperativ der Ängstlichen: Erfinde, und du wirst gerettet.

Bei der Verbreitung des Glaubens an die alle Grenzen überwindende Kraft der Innovation erwiesen sich dessen Propheten selbst als sehr innovativ. Einer der erfolgreichsten ist zum Beispiel Harvard-Professor Clayton Christensen, der sich mit seiner These von der *disruptiven Innovation*[22] einen Guru-gleichen Status in der Szene der Managementratgeber erobern konnte. In der Thinkers50-Rangliste[23] stand er 2013 auf Platz eins. Seine These von der »zerreißenden« Kraft der Innovation, die althergebrachtes Denken und mit diesem auch nicht innovative Unternehmen zerstört, bietet so etwas wie ein neues akademisches Fundament des anschwellenden Rufs nach Innovation, ohne den keine Stellenanzeige, kein Unternehmensquartalsbericht und kein Parteiprogramm mehr auskommt.

Auf Christensens Theorie bauen nicht nur er selbst, sondern zahlreiche andere *disruption consultants* mit *disruption seminars* und *disruption conferences* ein einträgliches Beratungsgeschäft auf. Dass die empirische Grundlage der Theorie von der ebenfalls in Harvard lehrenden Historikerin Jill Lepore in einem aufsehenerregenden Beitrag im Magazin *New Yorker* infrage gestellt wurde, mag dazu beigetragen haben, dass Christensen in der Thinkers50-Liste 2015 auf Platz zwei abrutschte. Aber »disruptive Innovation« bleibt, wie der Präsident des Europäischen Parlaments, Martin Schulz, in einem Gastbeitrag in der *Zeit* erklärt, das »Schlagwort der Stunde«.[24]

Ökonomen fallen immer wieder bildhafte Geschichten über die endlose Möglichkeit und unbedingte Notwendigkeit von Innovation ein, die den Weg in den Wirtschaftsjournalismus finden. Zum Beispiel Joel Mokyr: Selbst wenn die »niedrig hängenden Früchte« der Innovation tatsächlich alle schon gepflückt sein sollten, werde die Wissenschaft eben Leitern bauen, um die höher hängenden Früchte ernten zu können.[25] Vielleicht sind Geschichten wie diese deswegen so beliebt, weil sie einem Grundbedürfnis der Moderne entsprechen: Sie geben scheinbar Halt in der historischen Haltlosigkeit einer Wachstumsökonomie, die nicht nur traditionelle Ordnungen, sondern auch die Begrenzungen der Natur nicht akzeptieren zu müssen glaubt. Es ist das Pfeifen im Walde aller unternehmungswilligen

Menschen, die sich selbst und ihren Gefährten Mut machen wollen angesichts offenkundiger Katastrophenahnungen: Zugegeben, wir wissen noch nicht genau, wie es weitergehen wird, aber es wird uns noch was einfallen, schließlich ist uns früher auch was eingefallen, sonst wären wir nie so weit gekommen.

## Der Standort Deutschland als Ersatzvaterland

Im Jahr 1988 beginnt eine der erstaunlichsten Erfolgsgeschichten geschickter Öffentlichkeitsarbeit in der deutschen Pressegeschichte. Sie ist eng mit dem Namen Hans-Olaf Henkel verbunden. Der damalige Deutschland-Chef von IBM gibt im Februar 1988 dem *Spiegel* ein Interview »über die Gefahren für den Industriestandort Deutschland«.[26] Es ist der erste Auftritt Henkels und dieses Begriffs im Nachrichtenmagazin. Wenig später steht er auch in der *FAZ*: in einem Gastbeitrag Henkels aus Anlass der CeBIT-Messe. Der *Standort Deutschland* sei »generell ins Gerede gekommen«, behauptet Henkel da.[27] Tatsächlich war es vor allem er selbst, der ihn ins Gerede brachte.

Im Interview und dem Gastbeitrag sind schon die Zutaten zu finden, mit denen in den folgenden Jahren die Geschichte vom bedrohten Standort Deutschland immer wieder erzählt wird: Die hohe Steuerbelastung der Unternehmen, die hohen Lohnkosten (O-Ton Henkel: »verheerend«) und kurze Arbeitszeiten seien der Grund für geringe Investitionen in Deutschland und höhere Investitionen in England und anderen Ländern.[28] »Deshalb müssen Themen wie Steuern, Arbeitsstrukturen, Liberalisierung und Arbeitskosten angepackt werden«, fordert Henkel. »Über alle diese Themen müssen wir mehr reden und schreiben.«[29] Dieser Wunsch sollte in Erfüllung gehen. Für die folgenden Jahre gehört die Sorge um den Standort Deutschland zum Inventar der wirtschaftspolitischen Öffentlichkeit – und Henkel selbst auch.

Das zentrale Element der Erzählung vom Standort Deutschland ist der Topos des Stehenbleibens und Eingeholtwerdens. »Bei uns hat sich da wenig verändert«, schreibt Henkel. »Verändert haben sich die anderen. Die Engländer streiken so wenig wie noch nie, die Ostasiaten wissen auch, was

Qualität ist, und die Unternehmensbesteuerung wird in vielen Ländern heruntergeschraubt.«[30] Im *Spiegel*-Interview sagt er: »Bei uns hat sich an den Standortfaktoren gar nichts verändert, es ist ja objektiv nichts schlechter geworden. Entscheidend ist, daß es in anderen Ländern viel besser geworden ist.«[31]

Die Botschaft des kollektiven Niedergangs durch Stillstand war nicht ganz neu. In einer Anzeigenkampagne hatte der Bundesverband der deutschen Banken schon 1981 Lohnzurückhaltung gefordert mit dem Slogan: »Wir müssen mit Null-Wachstum rechnen – und mit den Japanern.« Henkel verband diese Furcht nun mit dem einprägsamen Schlagwort »Standort Deutschland« zum Appell für eine nationale Kraftanstrengung: »In dieser Situation sollten wir Unternehmer den deutschen Bundeskanzler und die deutsche Bundesregierung unterstützen, um gemeinsam eine Offensive zum Standort Deutschland zu führen.«[32] Und: »Wir brauchen jetzt eine von allen gesellschaftlichen Gruppen getragene kraftvolle Initiative, den Standort Deutschland konkurrenzfähig zu halten.«[33]

Die *Spiegel*-Redakteure Wolfgang Kaden und Michael Schmidt-Klingenberg geben sich in jenem ersten Interview ziemlich kritisch: »Für die These von der schrumpfenden Konkurrenzfähigkeit Deutschlands spricht doch wenig«, halten sie Henkel entgegen und führen den Rekordüberschuss des Außenhandels als Argument an. In einem späteren Artikel kritisiert Wirtschaftsressortleiter Kaden Henkel und andere Manager, die sich ähnlich geäußert hatten, als »Standort-Kassandras«:

> So, als habe die Propagandaabteilung des Bundesverbandes der Deutschen Industrie das Startsignal gegeben, wird seit Monaten nur noch über das eine geredet. Kein Tag, keine Unternehmertagung vergeht, ohne daß über das schicksalsträchtige Thema debattiert wird. Und zumeist fällt die Standortbeschreibung finster aus. ›Höchste Arbeitskosten bei kürzester Arbeitszeit, eine Vorreiterrolle bei den Umweltkosten, extrem hohe Energiepreise und eine wettbewerbsverzerrende, einmalig hohe Steuerbelastung industrieller Unternehmen im internationalen Vergleich haben die Bundesrepublik zum teuersten Industriestandort werden lassen‹, schildert Tyll Necker, Präsident

des Bundesverbandes der Deutschen Industrie, die Schief-Lage der Nation. Der Kurs zeigt abwärts und nach auswärts: ›Das Wachstum wandert aus‹.«[34]

Kaden kommt zu dem Fazit, dass die Bundesrepublik »bei den Schönheitswettbewerben um die Ansiedler gut mithalten« könne. »Die Debatte über den Standort Deutschland sollte so eingeordnet werden, wie sie von ihren Initiatoren gedacht war: als Angstmacher, der Steuerpolitiker und Tarifpartner weich klopft; als ein eigenwilliger Beitrag der Unternehmer im Verteilungskampf.« Und wieder ein paar Monate später nimmt er die Kassandras erneut mit einem Kommentar aufs Korn. Thatchers England mit seinen stark gesenkten Unternehmenssteuern, das als Vorbild dargestellt werde, dürfte, so prophezeit Kaden, »der Kundschaft zukünftig kaum Qualität bieten«.[35]

Kadens Kritik an der Standort-Deutschland-Kampagne wurde nach seinem Aufstieg zum Chefredakteur 1991 allerdings bald deutlich relativiert. »Deutschlands Unternehmer flüchten«, stand am 20. Januar 1992 auf dem *Spiegel*-Titel. »Ist der Standort Deutschland also wirklich bedroht durch allzu hohe Steuern, durch staatliche Umweltauflagen, durch unverschämte Gewerkschaften?«, fragen die Autoren. Und sie geben die salomonische Antwort: »Nicht heute und vielleicht auch nicht morgen, aber die Gefahren sind erkennbar.«[36]

1993 schließlich – die deutsche Volkswirtschaft erlebte nach dem kurzen Wiedervereinigungsboom ihre erste echte Rezession seit 1982 – schlug der *Spiegel* Alarm, wie er es schon 1966/67 getan hatte. Nun kamen die den Standort Deutschland betreffenden Erzählmuster voll zum Einsatz: »Deutschland, die führende Industrienation Europas, hat den Anschluß verloren.«[37] Das Problem sei nicht die Rezession selbst, sie habe aber »schonungslos aufgedeckt: Die nach den USA und Japan drittgrößte Wirtschaftsnation der Welt, Exportweltmeister des Jahres 1990, hat die Zukunft verschlafen, die Konkurrenz ist davongezogen. [...] Die Welt hat sich dramatisch verändert, die deutsche Industrie ist noch die alte geblieben. [...] Die Folgen des Schlendrians sind verheerend. [...] Zweistellige Wachstumsraten werden in Ländern wie China und Taiwan, aber auch in Malaysia und Indonesien in den nächsten Jahren die Regel sein [...] An den Fehlentwicklungen haben sie alle gemeinsam mitgewirkt – die Unternehmer, die Arbeitgeber und die Politiker. Einträchtig haben sie veraltete Strukturen zementiert.«[38]

Die Geschichte vom Wettrennen der Volkswirtschaften, das keine Verschnaufpause erlaubt, ist der erzählerische Kern der Kampagne. Allmählich begann das Narrativ in der Presse – im *Spiegel* deutlicher als in den beiden anderen untersuchten Blättern – zum Selbstläufer zu werden. »Wenn wir nicht aufpassen, verlieren wir den Anschluß an die Elite«, zitiert der *Spiegel* Hansjürgen Hauck, den Chef der Müller Weingarten AG.[39] Im selben Artikel prophezeit ein Unternehmensberater: »Der Managementstandort Deutschland verliert an Position«, weil »die meisten Unternehmensführer noch immer in den alten Kategorien« denken. Die Amerikaner seien »schon weiter«. Der ungenannte *Spiegel*-Autor macht sich diese Position zu eigen: »Welche Chancen hat da der Standort Deutschland? Wenige – solange die Kosten hoch, die Strukturen bürokratisch erstarrt und die Produkte veraltet sind.«

Der *Spiegel* sah Ende 1993 »ein Bild des Jammers« vor sich, das die »Verkrustungen der Bundesrepublik sichtbar« mache.[40] Notwendig sei eine »Radikalkur« für den Standort Deutschland. Deren Ziel war für Wirtschaftsredakteure altbekannt, nämlich »eine gesunde, wieder wachsende und wettbewerbsfähige [...] Industrie«. Im Dezember 1995 beklagt der *Spiegel*: »Jahrelang haben Wirtschaft und Politik über den ›Standort Deutschland‹ debattiert – und nichts ist passiert.«[41] Man habe eben nicht auf die gehört, die wissen, wie man es macht: »Schon lange drängen die Ökonomen darauf, neue Wege bei der Bekämpfung der Arbeitslosigkeit zu gehen. Die Politiker hören zu – und verweigern die Entscheidung. [...] Dem Standort Deutschland steht erst noch bevor, was viele deutsche Konzerne bereits geschafft haben: die Erneuerung verkrusteter Strukturen, die sogenannte Restrukturierung.« Wieder zwei Jahre später fragt das Magazin in einem ganz ähnlichen Artikel: »Läßt sich Stillstand noch steigern?«[42] Der Artikel ist ein einziger Vorwurf an die späte Kohl-Regierung, nicht das zu tun, was die deutschen Unternehmen gemeistert hätten: »Sie haben Verkrustungen aufgebrochen, sich schlank und schlagkräftig gemacht.«

Zumindest für die Wortwahl der Kampagne war die gescholtene Bundesregierung allerdings durchaus zu haben: »Ich will keine Hire-and-fire-Gesellschaft, aber eine verkrustete Gesellschaft kann es auch nicht sein«, zitiert die *Zeit* Bundeswirtschaftsminister Günter Rexrodt.[43] In der *FAZ* schreibt der Minister einen Gastbeitrag darüber, »[w]ie der Standort Deutschland wieder erstarken kann«, und sagt darin »Arbeitslosigkeit, Bürokratisierung und Verkrustung« den Kampf an.[44] In einem Gastbeitrag von Forschungsminister Jürgen Rüttgers in der *FAZ* – *Wandert der Wohlstand aus?* – wird der Standort Deutschland dreimal genannt – und der SPD »Blockade« vorgeworfen.[45] Die Anklage gegen »Blockierer« und alles »Veraltete«, »Verkrustete«, »Erstarrte«, das sich neuer Wachstumsdynamik widersetzt, gehört ab der zweiten Hälfte der 1990er-Jahre zum Inventar vieler wirtschaftspolitischer Artikel. Zwischen 1988 und der zweiten Hälfte der 1990er-Jahre lässt sich deutlich eine Veränderung der Position des *Spiegel* nachvollziehen. Während die Standort-Deutschland-Botschaften in der *FAZ* meist nur zitiert oder in Gastbeiträgen von Ökonomen oder Unternehmensführern vertreten werden, übernehmen die Redakteure des *Spiegel* die Rolle der Standort-Kassandra bald selbst. Die kritische Distanz, mit der Kaden den Thesen Henkels zunächst begegnet, weicht immer mehr der Verinnerlichung dieser Position.

Besonders deutlich wird das in dem »Streifzug durch ein Land der Reformer und Blockierer«, den der *Spiegel* im Juni 2002 veröffentlicht, als Kanzler Schröder das Hartz-Programm gegen die Arbeitslosigkeit präsentiert. Den erzählerischen Einstieg dazu liefert einer der Hauptprotagonisten der Standort-Deutschland-Debatte:

» Manchmal fragt Herbert Henzler, ehemals Chef von McKinsey Deutschland, seine Studenten in Amerika, wer ihre Helden seien. Bill Gates, sagen sie dann, der Gründer von Microsoft. Stellt Henzler seinen deutschen Studenten die gleiche Frage, kommen folgende Antworten: Schumi, Oliver Kahn. Es wird sehr still im Atrium der Deutschen Bank, Unter den Linden, als Henzler diese Geschichte erzählt. Die Zuhörer haben sich schon anhören müssen, dass die Dänen alles besser machen, die Iren und die Holländer. London sei ›das absolute

Eldorado‹, hat Henzler gesagt, und jetzt noch die Demütigung: ein Rennfahrer, ein Torwart als Helden der Nation. Kein Unternehmer. Wo soll da das Wachstum herkommen? Es ist einer jener Abende, an denen man sich sehr schlecht fühlt als Deutscher. Weil die Deutschen so viel falsch machen und die anderen so viel richtig.«[46]

Das Medienphänomen Standort Deutschland zeigt, was eine raffinierte Öffentlichkeitsarbeit ausrichten kann: Henkel, Henzler und andere Bannerträger des Standorts haben längst nicht nur ein Wortpaar in der deutschen Presselandschaft etabliert, das vor 1988 in keinem der drei untersuchten Blätter auftaucht. Sie haben mustergültig vorexerziert, was Kommunikationstheoretiker allgemein als Agenda-Setting oder spezieller als Framing bezeichnen.

Die Framing-Theorie von Erving Goffman erklärt, dass die Art und Weise, wie eine Nachricht oder andere Sachverhalte präsentiert werden, deren Interpretation beeinflussen kann.[47] Der Frame (Rahmen) besteht aus Abstraktionen, die die entscheidende Bedeutung tragen. Im konkreten Fall des Standorts Deutschland sind das: die Vorgabe eines Kollektivsubjekts, zu dem die Angesprochenen gehören, und das Motiv des unvermeidbaren Wettbewerbs mit anderen solchen Kollektivsubjekten. Dieser Wettbewerb wird durch immer wiederkehrende Sprachbilder illustriert: Stillstand, Verkrustung, Erstarrung, Blockade und das Erzählmuster des Eingeholtwerdens durch vermeintlich Schnellere. Je selbstverständlicher und unbewusster die Rede vom Standort mit jenen negativen Vokabeln der fehlenden Dynamik verbunden wird, desto wirksamer ist das Framing.

Der Erfolg ist möglicherweise auch durch die historische Sonderlage der Deutschen zu erklären: Das Wortpaar »Standort Deutschland« bietet der postnationalen deutschen Gesellschaft ein scheinbar zeitgemäßes, nämlich ökonomisch verstandenes Ersatzvaterland. Die Deutschen mit ihrer durch Naziverbrechen, Krieg und jahrzehntelange Teilung gebrochenen nationalen Identität sind für ökonomische Identifikationsangebote vermutlich besonders empfänglich. »Wir« kommt den Deutschen nur beim Fußball und wenn es um die Wirtschaft geht relativ leicht über die Lippen. Cordt Schnibben vom *Spiegel* hat dies in einem Essay hervorgehoben:

»Fragt man die Deutschen, was ihnen einfällt, wenn sie an ihr Land denken, sagen sie (in dieser Reihenfolge): Industrie, Heimat, Leistung, Ordnung, Fortschritt, Sauberkeit. Ihr Nationalbewusstsein ruht auf der Qualität deutscher Wertarbeit. Die Nation als Versorgungseinrichtung, als Garant für Arbeit und Brot, als Arbeitsamt und Rentenbehörde – das wurde zum Kern deutscher Vaterlandsliebe. Darum beunruhigten Wirtschaftskrisen die Bundesbürger stets mehr als Identitätskrisen. Darum ist mehr vom ›Standort Deutschland‹ die Rede als von Deutschland.«[48]

Nicht für das alte Vaterland, sondern für den Standort Deutschland, der im unendlichen Wettbewerb um Wohlstand gegen den Rest der Welt steht, müssen daher immer wieder Reserven mobilisiert werden. »Made in Germany ist kein Jubelruf mehr«, heißt es in einer *FAZ*-Serie zu »Deutschland im Wettbewerb«, sondern »vielmehr ein Appell sich aufzuraffen«.[49] Im Frame vom Standort Deutschland lebt unterschwellig ein ökonomisierter Rest der kriegerischen Ursprünge des Wachstumsimperativs fort. Das Vaterland führte Krieg, der Standort Deutschland steht im zwar friedlichen, aber dennoch knallharten wirtschaftlichen Wettbewerb. Die Botschaft ist die Furcht vor der kollektiven Niederlage: Die anderen haben aufgeholt oder uns gar überholt, wir müssen schneller strampeln, sonst verlieren wir den Anschluss. Der Standort Deutschland soll also letztlich das Mindestmaß an Wir-Gefühl und an gemeinschaftlicher Anstrengung befördern, ohne das eine postnationale, wohlhabende Gesellschaft in friedlichen Zeiten kein Wirtschaftswachstum hervorbringen kann.

Seit Deutschlands Wachstumsraten im internationalen und vor allem europäischen Vergleich wieder als zufriedenstellend gelten, wird es um den Standort Deutschland immer stiller. Die Zahl der Artikel, in denen der Begriff vorkommt, sinkt seit Jahren: in der *FAZ* von 1.583 in den 1990er- auf 1.267 in den 2000er-Jahren, Tendenz weiter fallend. Im Jahr 2015 sind es nur 49 Artikel in *FAZ* und *Sonntagszeitung*, während es im Jahr 2008 noch 89 Artikel und im Jahr 1998 insgesamt 199 waren. In letzter Zeit handelt es sich dabei in der Mehrheit um Artikel über einzelne Unternehmen ohne politische Aussage.

Die Erklärung ist offensichtlich: Da der Frame des Begriffs »Standort Deutschland« durch das Befördern kollektiver Versagensängste eine Krisenstimmung erzeugt, taugt er wenig zur Darstellung der erfolgreichen, wachsenden deutschen Volkswirtschaft. Ohnehin sind wesentliche Forderungen durch Schröders Agenda 2010 umgesetzt worden. Die große Zeit des Standorts Deutschland als Pressethema ist daher vorbei. Aber die Macher der Kampagne können sagen: Mission erfüllt.

### Der Einwanderer als Wachstumsretter

Ibrahim Demir hat es geschafft, findet er. Und das finden auch Ralph Bollmann und Lena Schipper, Wirtschaftsredakteure bei der *Frankfurter Allgemeinen Sonntagszeitung*. Der aramäische Christ aus der Türkei hatte, so berichten sie, »nur fünf Jahre lang die Grundschule besucht, als er Mitte der neunziger-Jahre mit 16 Jahren nach Deutschland flüchtete, weil sein Vater in der Heimat verfolgt wurde«. Doch er machte eine Ausbildung und: »Heute betreibt der Schuhmachermeister ein Atelier für Maßschuhe in Wiesbaden.«[50]

Menschen wie Demir braucht eine Volkswirtschaft, die wachsen soll, obwohl immer weniger Kinder geboren werden. Zumindest verkünden das tonangebende Wirtschaftsjournalisten. Erzählungen wie die von Demir finden sich immer häufiger in den Wirtschaftsressorts. Dieses Narrativ vom Einwanderer als Retter der Wirtschaft ist ein relativ junges wirtschaftsjournalistisches Phänomen. Vor der Jahrtausendwende ist es noch kaum zu finden.

Die Erwartung, die sich darin ausdrückt, erinnert allerdings an eine rund hundert Jahre alte These. Sie stammt aus Werner Sombarts Hauptwerk *Der moderne Kapitalismus*. Für ihn stand fest, dass »die Fremden« besonders gut als Unternehmer geeignet sind.[51] Die »Wanderung entwickelt den kapitalistischen Geist«, schreibt Sombart, »durch Abbruch aller alten Lebensgewohnheiten und Lebensbeziehungen«. Die Fremden seien also zum wirtschaftlichen Erfolg »verdammt«, denn: »die Fremde ist öde. [...] Sie bedeutet ihm nichts. Höchstens kann er sie als Mittel zum Zweck – des Erwerbes nutzen.«[52] Der Fremde sei weniger abgelenkt als die Einheimischen. Für ihn gebe es, so Sombart, weder Vergangenheit noch Gegenwart. »Es gibt für ihn nur eine Zukunft.«[53] Und: »[D]er Fremde ist durch keine Schranke in der Entfaltung seines Unternehmergeistes gehemmt, durch keine persönlichen Rücksichten: In seiner Umgebung, mit der er in geschäftliche Beziehungen tritt, stößt er wieder nur auf Fremde. Und unter Fremden sind überhaupt zuerst gewinnbringende Geschäfte gemacht worden, während man dem Genossen half.«[54] Für den Eingewanderten gebe es, so Sombart: »Keine Tradition! Kein altes Geschäft! Alles muß neu geschaffen werden, gleichsam aus dem Nichts: keine Bindung an einen Ort: in der Fremde ist jeder Ort gleich.« Aus diesen Voraussetzungen erwachse »die Entschlossenheit zur vollendeten Ausbildung des ökonomisch-technischen Rationalismus.«[55]

Die Erzählung von der Einwanderung als Frischzellenkur, die einer wohlhabenden Gesellschaft weiteres Wirtschaftswachstum ermöglicht, ist der Tenor zahlreicher Artikel in den Wirtschaftsressorts anlässlich der sogenannten Flüchtlingskrise 2015. In der *Zeit* heißt es: »Einwanderer haben ihre Gesellschaften immer bereichert und Innovation, Dynamik und wirtschaftlichen Erfolg gebracht. Schon deshalb, weil diejenigen, die das existenzielle Risiko einer Flucht auf sich nehmen und alles hinter sich lassen, Außergewöhnliches zu leisten bereit sind.«[56] Doch dieser Glaube an den Einwanderer als Dynamiker und der Ruf nach Einwanderung zur Stärkung der Wachstumskräfte werden erst laut, als die Bundesrepublik bereits auf eine längere Migrationsgeschichte zurückblickt.

Die erste Phase der Masseneinwanderung – die mit dem Begriff des »Gastarbeiters« verbunden ist – wurde bekanntlich nicht von den Einwanderern selbst, sondern von der westdeutschen Privatwirtschaft im Verein mit staatlichen Institutionen angestoßen, weil der abgegraste heimische Arbeitsmarkt kein weiteres Produktionswachstum hergab. Gefragt waren aber damals noch nicht Sombarts »Fremde«, also Unternehmer und innovative Fachkräfte. Gefragt waren Arbeiter.

Dabei spielte die Presse im Gegensatz zu heute keine fordernde Rolle. Der Wunsch der Wirtschaft nach Zuwanderung für Wachstum war zunächst kein großes Medienthema. Die ersten Anwerbeverträge kommen in der Berichterstattung kaum vor. Der *FAZ* waren sie allenfalls kleine Meldungen wert.[57] Auch im *Spiegel* kamen die Gastarbeiter bis 1964 nur sporadisch in glossenhaften Stücken vor, wenn ein Grieche wegen »kommunistischer Umtriebe« abgeschoben werden sollte[58] oder sich Mafiosi mit Hilfe italienischer Behörden nach Deutschland eingeschlichen hatten[59]. Die erste *Spiegel*-Titelgeschichte über »Gastarbeiter in Deutschland« anlässlich des millionsten Ankömmlings besteht vor allem aus Beschreibungen von Szenen in Bahnhöfen, Anwerbebüros und Massenunterkünften.[60] Die ökonomischen Hintergründe der ersten nachkriegsdeutschen Massenzuwanderung werden kaum erwähnt. Nur ein Vertreter der Deutschen Arbeitgeberverbände wird erwähnt, der sagt, dass »die Leistungen der westdeutschen Wirtschaft [...] ohne die Mithilfe der Gastarbeiter nicht möglich gewesen« wären. Im *Spiegel* blieb es im Großen und Ganzen bis Ende der 1980er-Jahre bei dieser eher unökonomischen Betrachtung der Einwanderung.

In der *FAZ* werden die mit den Gastarbeitern verbundenen Wachstumswünsche der deutschen Wirtschaft und ihrer politischen Erfüllungsgehilfen erst zum Thema, als die Anwerbung bereits auf vollen Touren läuft. Die Geschichte der Arbeitsmigration in die Bundesrepublik beginnt also ohne eine nennenswerte PR-Offensive. Der monatliche Konjunkturbericht der *FAZ* erwähnt Gastarbeiter erstmals im Dezember 1963: »[M]an hofft allgemein, daß auch im nächsten Jahr Helfer aus anderen Ländern in derselben Zahl zur Verfügung stehen, damit die Produktionsleistung nicht sinkt.«

*FAZ*-Herausgeber Jürgen Eick war wenig begeistert:

> Das Wandern von Arbeitern über Staatsgrenzen hinweg ist gewiß keine Ideallösung, weder für das aufnehmende Land noch für die Gastarbeiter selbst, zumal wenn die Rückkehr dieser Arbeiter in die Heimat das erklärte Ziel der Politik ist, also ein Einschmelzen in die deutsche Bevölkerung gar nicht vorgesehen ist. Es ist eine Vernunftehe, ziemlich dicht am Rande einer Notlösung. [...] Schon hört man, wir werden wahrscheinlich zwei bis drei Millionen Ausländer brauchen. Eine solche Abhängigkeit von ausländischen Arbeitskräften wäre nicht ungefährlich. Es könnte sehr wohl sein, daß diese Gastarbeiter eines Tages in ihrer Heimat genügend lukrative Arbeitsplätze finden und nicht mehr wiederkommen. Was dann? Wird sich

unsere Volkswirtschaft dann auf eine sehr schmerzliche Weise gesundschrumpfen? Oder werden wir schließlich auf der verzweifelten Suche nach neuen Arbeitern auch vor andersfarbigen Völkern nicht haltmachen?«[61]

Ein Jahr später, 1967, machte Eick seine Kritik in einem Leitartikel noch deutlicher: »Wenn wir ein weiteres Wachstum erzielen wollen, wie einst, werden wir noch mehr Gastarbeiter beschäftigen müssen. Wollen wir das wirklich?«[62] Eick zumindest wollte es offensichtlich nicht. 1973 schließlich hielt Eick die »Schallmauer« beim »Gastarbeiter-Problem« für »erreicht«.[63] Nun wurde er noch deutlicher als sechs Jahre zuvor:

> Diese Zeitung hat niemals zu den Wachstumsfetischisten gehört, hat vielmehr stets der Stabilität den Vorrang eingeräumt. Das gilt auch hier für Stabilität der Sozial- und Lebensordnung, die dem ständigen Druck der Zuwanderung kaum noch standhalten kann. Der Zustrom von immer weiteren Gastarbeitern muß gebremst werden; wir müssen es hinnehmen, wenn damit unser Sozialprodukt langsamer wächst, als es andernfalls möglich wäre. Wirtschaftswachstum ist kein Selbstzweck, es muß immer im Zusammenhang mit allen Facetten des Lebens gesehen werden.«

Die Bundesrepublik sei »eben kein ideales Einwanderungsland« mit »weiten, unbesiedelten Flächen«, sondern »jeder Neuankömmling« treffe »auf dichtbesiedelte Industrieregionen, die bereits in jeder Beziehung aus den Nähten platzen«. Hinter Eicks Ablehnung der Einwanderung stehen also im weitesten Sinne ökologische Argumente wie die Befürchtung, das »Übel« der »Verdichtung« der Besiedelung Deutschlands werde sich durch weiteren Zuzug verstärken. Eicks Forderung, auf Wirtschaftswachstum zu verzichten, falls dies nur durch weitere Einwanderung erreichbar wäre, die die gesellschaftliche und ökologische Stabilität seiner Ansicht nach gefährden würde, entsprach den Vorstellungen der ordoliberal-konservativen Vordenker der sozialen Marktwirtschaft. Für diese war Wachstum kein unbedingtes Ziel, sondern ein Ergebnis vernünftiger Politik und freier wirtschaftlicher Entscheidungen, auf das man bei veränderten Umständen auch zugunsten anderer Ziele verzichten könne. Doch das war in den 1970er-Jahren eine Randposition des Wirtschaftsjournalismus geworden. Von anderen Kommentatoren wurde schon damals die Alternative, ohne weitere Gastarbeiter auszukommen, als irreal abgetan, weil dann schließlich die Wirtschaft nicht mehr wachsen könne. »Wir haben heute in Deutschland in Sachen der Ausländerbeschäftigung gar keine Wahl. Es geht nicht darum, ob wir fremde Arbeiter beschäftigen wollen oder nicht, sondern nur noch darum, zu erreichen, daß dies so sinnvoll wie möglich geschieht«[64], schreibt die *Zeit* 1964. Und ein Jahr später: »Wir werden weiterhin versuchen müssen, Arbeitskräfte aus den unterbeschäftigten Ländern zu gewinnen, um das Wachstum unserer Wirtschaft zu sichern.«[65] Auch in der *FAZ* waren die Redakteure nicht alle Eicks Meinung. So schrieb der Düsseldorfer Korrespondent Wilhelm Throm 1971:

> Wenn plötzlich alle ausländischen Arbeitnehmer unser Land verlassen würden, wäre Knall und Fall jeder zehnte Arbeitsplatz verwaist. Deutsche, die an ihre Stelle treten könnten, gäbe es nicht. Die totale Abwanderung der Ausländer hätte schwerwiegende Folgen. Das Produktionspotential unserer Industrie würde rapide sinken, und die schon jetzt beträchtlichen Lücken in den Dienstleistungen würden noch größer. Unsere Wirtschaft könnte nicht mehr wachsen, müßte gar schrumpfen, es sei denn, die deutschen Arbeitnehmer wären bereit, entsprechend länger zu arbeiten und auch wieder all das zu tun, was man heute weitgehend Ausländern zu tun überläßt. Aber das wäre ja, weil nach den Vorstellungen der Gewerkschaften die Arbeitszeit immer noch kürzer werden soll, reine Illusion. Die Ausländer sind also zu einem unentbehrlichen Bestandteil unseres Wirtschaftspotentials geworden. Ihre Bedeutung wird bei anhaltender Wirtschaftsexpansion noch wachsen. Wir werden künftig noch mehr als die 2,2 Millionen Gastarbeiter brauchen, die wir jetzt schon haben. Denn eine Aussicht, daß die natürliche Entwicklung der deutschen Bevölkerung diese Ausländer entbehrlich machen könnte, besteht für lange Zeit nicht.«[66]

Ähnlich äußerte sich 1973 Theo Sommer, damals Politikchef, später Herausgeber der *Zeit*, über die Hypothese einer Bundesrepublik ohne Gastarbeiter: »Wir alle wären schlechter dran, unser Wohlstand minder satt, unsere Wachstumsrate weniger hoch.«[67] Es sei, so Sommer, »schon hier und da die Rede davon, daß wir bald auch Afrikaner und Asiaten werden holen müssen, um das Perpetuum Mobile des fortdauernden Wirtschaftswachstums in Schwung zu halten.« Schon damals beklagt Sommer »die Lebenslüge, daß wir kein Einwanderungsland sind.« Denn »da wir der Gastarbeiter nicht nur bedürfen, um unseren Wohlstand zu steigern, sondern schon ihn zu halten, [...] können und dürfen wir auch gar nicht verhindern, daß einige jener, die all das für uns erledigen, hier Bürgerrechte erwerben.« Sommers Rezept von 1973 entsprach für die kommenden Jahrzehnte dem Mainstream der deutschen Einwanderungsdebatte: Man brauche »zum einen wohl Drosselung des weiteren Zustroms, zum anderen aber Integration all jener, die sich assimilieren wollen.«

Die Behauptung, dass Zuwanderung notwendig sei, um Wachstum zu sichern, war allerdings schon ganz bald nach Sommers Artikel kein Thema mehr. Mit dem Nachlassen des Wachstums nach der Ölkrise stiegen bald die Arbeitslosenzahlen deutlich an. Die Bundesregierung reagierte im November 1973 mit dem Anwerbestopp für Nicht-EG-Arbeitnehmer. Bis Ende der 1980er-Jahre blieb der ökonomisch begründete Ruf nach Zuwanderung verstummt. In den 1980er-Jahren konnten angesichts millionenfacher Arbeitslosigkeit durch die auf den Arbeitsmarkt drängenden letzten starken Geburtsjahrgänge der deutschen Geschichte die positiven ökonomischen Auswirkungen von Einwanderung kein Thema sein. Wenn von Einwanderern in der Presse die Rede war, dann ging es um das »Gastarbeiterproblem«. *Zeit*-Redakteur Eduard Neumaier fürchtete, dass bei anhaltendem Zuzug und mangelnder Integration »aus Städten wie Berlin, München, Frankfurt, Köln, Stuttgart und Solingen-Remscheid Super-Marseilles« werden würden.[68] »Soziale Spannungen« seien »in jedem Falle unvermeidbar – Spätfolgen des deutschen Wirtschaftswunders«. Als die Arbeitslosigkeit im Jahr 1982 neue Rekordstände erreicht, thematisiert der *Spiegel* auch die besonders schwierige Lage junger Ausländer in der Bundesrepublik, die »gegen deutsche Bewerber kaum Chancen« hätten.[69] Auch als in den späten 1980er- und frühen 1990er-Jahren die Zahlen der Aus- und Übersiedler und schließlich der Asylbewerber aus aller Welt deutlich steigen, stehen in der Presse soziale Probleme und finanzielle Belastungen durch die Zuwanderung im Zentrum der Berichte.

In den 1990er-Jahren ändert sich allmählich das Meinungsklima. Einwanderer werden wieder zu Wachstumsbringern. In einer *Spiegel*-Titelgeschichte über das »Leben im Untergrund« von 1995 sagt der Ökonom Thomas Straubhaar: »Die Illegalen sind in allen westlichen Ländern das Schmieröl der Wirtschaft.«[70] In der Titelgeschichte *Zu viele Ausländer? – Sprengsatz für Rot-Grün* von 1998 machen sich die *Spiegel*-Autoren erstmals zu eigen, was »unter Experten [...] unstreitig« sei, auch wenn es »vielen Deutschen unangenehm in den Ohren klingen muß: Die Bundesrepublik wird wegen fortschreitender Vergreisung künftig dringend Neubürger brauchen – nur eben die richtigen.«[71] Der *Spiegel* zitiert dann einige der Experten: Der wirtschaftliche Erfolg der Bundesrepublik sei, so der Ökonom Klaus Zimmermann[72], »mit dem Aufstieg zum ersten Einwanderungsland Europas verbunden.« Eine Studie des Rheinisch-Westfälischen Instituts für Wirtschaftsforschung (RWI) habe berechnet, dass ausländische Arbeiter dem deutschen Staat per Saldo 30 Milliarden Euro einbrächten. Immigration bringe einen »erheblichen Gewinn für die deutsche Volkswirtschaft.«

Und schließlich taucht auch der Sombart'sche »Fremde« als Unternehmer in derselben *Spiegel*-Geschichte auf, der in den darauffolgenden Jahren ein immer wiederkehrendes Motiv des Wirtschaftsjournalismus wird:

> Wenn etwa Senol Akkaya, 40, auf einem Gerüst 100 Meter hoch über Berlin steht, grüßen ihn Dutzende von Arbeitern auf dem Potsdamer Platz – alles Leute der Firma STA-GmbH, Akkayas Stahlbauunternehmen. Sie spannen Stahldrähte und biegen Moniereisen, sie haben das legendäre Hotel Adlon am Brandenburger Tor mitgebaut, zogen dem Bau der Daimler-Tochter Debis in Deutschlands Machtzentrum Streben ein. Jetzt werkeln die 78 festangestellten Männer des Türken gerade am neuen Bundeskanzleramt. Gibt es viel zu tun, stockt Akkaya seine Truppe sogar auf 150 Leute auf.

1993 erst hat Akkaya sein Unternehmen gegründet. Die Deutschen auf dem Bau, Ingenieure und Architekten, sagt der Türke, würden ihn problemlos akzeptieren. Mit mehr als 30 Projekten hat er sich einen guten Ruf erarbeitet und dabei, so sagt er, ›jede Mark ordnungsgemäß an die Sozialversicherungen abgeführt‹. Als Türke müsse man in Deutschland nicht nur etwas besser sein als die Konkurrenz, sondern immer auch einen Zacken korrekter. Inzwischen, meint er selbstbewußt, könne Deutschland auf die Türken nicht mehr verzichten: ›Wir sind Ziegelsteine in der Mauer. Wenn man die Steine rauszieht, fällt die Mauer zusammen.‹«[73]

Zur Beglaubigung des stolzen türkischstämmigen Unternehmers zitiert der *Spiegel* den Migrationsforscher Klaus Bade mit der Aussage, »daß sich die Zuwanderer in einer expandierenden Marktwirtschaft mittelfristig ihre Arbeitsplätze selbst schaffen«. Die Tendenz – Wir brauchen Einwanderung, weil wir Wirtschaftswachstum brauchen – wird in den folgenden Jahren immer stärker im Wirtschaftsjournalismus.

Ab den 1990er-Jahren wird der demografische Niedergang der deutschen Bevölkerung, nachdem er lange Jahre trotz eindeutiger Erkenntnislage in den Medien ignoriert wurde, ein immer häufigeres Thema. Aber gerade im *Spiegel* wird vorrangig nicht die Bevölkerungsschrumpfung selbst problematisiert, sondern die dadurch drohenden Einbußen weiteren Wirtschaftswachstums: »Ohne kräftige Reanimation von außen aber, da sind sich alle einig, geht in Deutschland im kommenden Jahrhundert nicht mehr viel. [...] Weniger Arbeitskräfte und die auch noch deutlich älter – die Ökonomen sehen kaum Möglichkeiten, damit das bisherige Wachstum und die Zunahme des Wohlstands durchzuhalten. Selbst wenn pro Jahr 200 000 Arbeitskräfte nach Deutschland einwandern, bricht, so eine IW-Analyse, der derzeitige Wachstumstrend von zwei Prozent des Bruttosozialprodukts in spätestens 20 Jahren ab.«[74]

Einer der eifrigsten journalistischen Werber für Wachstum durch Wanderung unter den Wirtschaftsjournalisten der Gegenwart ist *Spiegel-Online*-Kolumnist Henrik Müller. »Deutschland braucht alle fähigen Ausländer, die kommen wollen«, postuliert er 2004.[75] Er wiederholt diese Forderung seither immer wieder in seiner Kolumne. Die Bundesrepublik werde »nur prosperieren können, wenn sie [...] die heimische Basis durch großzügige Zuwanderung [...] stärkt.«[76] Müller erzählt zur Begründung dieser Forderung auch die Geschichte vom dynamischen Sombart'schen »Fremden«, der den Alteingesessenen den Schneid abkauft:

> Ökonomische Argumente gegen Einwanderung sind vorgeschoben. Der Zuzug mobiler, leistungsfähiger Ausländer birgt für die sesshaften Einheimischen einen erheblichen Nutzen, erst recht in einer alternden, müden Gesellschaft wie der deutschen. Wirtschaftswachstum, das wissen wir bereits, resultiert aus dem Streben vieler Menschen nach mehr – nach mehr Wohlstand, mehr Ansehen, mehr Macht, mehr Möglichkeiten zur Selbstentfaltung. Wachstum beginnt mit dem Willen, ein besseres Leben führen zu wollen. Migranten beweisen eindrucksvoll, dass sie ebendies wollen: Sie verlassen ihre Heimat, um in der Fremde ein besseres Leben zu führen. [...] Leistungsfähige und Leistungswillige werden gebraucht: Akademiker, Fachleute mit Biss, Unternehmertypen, die in Deutschland Firmen gründen wollen. Schon heute betreiben rund eine Viertelmillion Ausländer Unternehmen. Mehr wären besser.«[77]

In den Jahren nach der Jahrtausendwende etablieren Wirtschaftsjournalisten wie Müller dieses Motiv des Einwanderers als Träger unternehmerischen Geistes in der deutschen Presse. Seither ist es ein Dauerbrenner.

»Mit ihren Ideen, mit Gründergeist oder ihrer Ausbildung treiben die Zuwanderer das Wirtschaftswachstum häufig mit an«, schreibt *Zeit*-Redakteur Axel Hansen 2014.[78] In seinen Artikel steigt er mit der Präsentation von Sombart'schen Dynamikern ein, wie sie uns in jüngeren Artikeln immer wieder begegnen: »Tung, Software-Entwickler aus Vietnam, oder Sundeep, Elektroingenieur aus Indien.« Unter der Zwischenüberschrift »Wie die Einwanderung hilft« stützt Hansen seine These mit einer Behauptung von Stephan Sievert vom Berlin-Institut für Bevölkerung und Entwicklung: »Es waren immer schon die Guten, die ausgewandert sind.« Hier schimmert besonders deutlich Sombarts These des Fremden als des fürs Unternehmertum Vorbestimmten durch, den er, Kulturpessimist und Kapitalismusgegner, der er war, allerdings nicht zu den »Guten« gezählt hätte.

In jüngerer Zeit – allerdings vor der »Flüchtlingskrise« – drängen die Rufer nach Einwanderung zu besonderer Eile. »Warum Deutschland sofort mehr Zuwanderer braucht«, betitelt Yasmin El-Sharif einen Appell: Sonst steuere Deutschland auf einen »massiven Fachkräftemangel zu.«[79] Dieser werde einen »fatalen Teufelskreis in Gang setzen: Weniger Wachstum gleich geringerer Arbeitskräftebedarf, weniger Arbeitskräfte gleich geringeres Wachstum.« El-Sharif ist mittlerweile Ressortleiterin Wirtschaft bei *Spiegel-Online*.

Verwandt mit dem Motiv des zuwandernden künftigen Unternehmers und Erfinders ist das Motiv des »Fachkräftemangels«, der das Wachstum gefährde und durch Zuwanderung behoben werden müsse. Im Gegensatz zu dem früheren Ruf der Wirtschaft nach Gastarbeitern vor 1973, der wie wir gesehen haben, nicht durch eine mediale Kampagne vorbereitet war, findet der Ruf von Unternehmen, Verbänden und Ökonomen nach Fachkräften ein lautes und meist positives Echo in der Presse. Der Begriff »Fachkräftemangel« taucht zwischen 2000 und 2005 in 125 Texten der *FAZ* (inklusive *Sonntagszeitung*) auf, zwischen 2006 und 2010 sind es 427 und von 2011 bis zum 28. Oktober 2015 sind es 556 Artikel. Erstaunlicherweise wird fast nie erläutert, durch was genau sich eine Fachkraft auszeichnet. Nur selten kommen in Artikeln über den Fachkräftemangel auch kritische Stimmen zu Wort, die darauf hinweisen, dass die Mangelzahlen, die in Studien auftauchen, auf wackliger empirischer Grundlage stehen und außerdem die Löhne viel stärker steigen müssten, »wäre die Not der Betriebe wirklich groß«.[80]

Der Ruf nach möglichst starker Einwanderung wird meist an erster Stelle mit der Stabilisierung der aufgrund deutscher Geburtendefizite gefährdeten Sozialversicherung begründet. Aber in dem anschwellenden Ruf nach Zuwanderung wird auch ganz besonders deutlich, dass die Stabilität des Sozialstaates im ökonomischen Mainstreamdiskurs nur unter der Voraussetzung anhaltender Wachstumsdynamik für möglich gehalten wird: »Weniger Arbeitskräfte bedeuten weniger Menschen, die in die Rentenkasse und die Krankenversicherung einzahlen. Weniger Menschen, die konsumieren und produzieren. Weniger Menschen, die Steuern zahlen, mit denen etwa Schulden oder Straßenbau finanziert werden. Weniger Menschen bedeuten ein geringeres Wachstumspotenzial und damit geringeren Wohlstand.«[81]

Der frühere *Zeit*-Herausgeber Theo Sommer schreibt in einer seiner »Fünf vor acht«-Kolumnen, was er schon 42 Jahre zuvor schrieb: »Ohne Migranten geht's nicht.«[82] Denn die Forschungsabteilung der Deutschen Bank habe in einer Studie festgestellt, »dass wir angesichts der unaufhaltsamen demografischen Schrumpfung unseres Volkes Einwanderer brauchen, wenn wir unseren Wohlstand, unseren Lebensstandard und unser politisches Gewicht in die Zukunft retten wollen.« Migranten seien, so doziert Sommer über die Deutsche-Bank-Studie, »ein entscheidender Wachstumsfaktor. [...] Ohne Zuwanderung wäre das Bruttoinlandsprodukt 2013 geschrumpft, anstatt um 0,4 Prozent zu wachsen.« Dass das Schrumpfen des BIP eine Katastrophe für Deutschland wäre, setzt Sommer, wie die meisten Journalisten, implizit voraus.

Skeptische oder gar ablehnende Stimmen gegenüber den immer häufigeren Zuwanderung-für-Wachstum-Forderungen sind in der Presse selten geworden. Und wenn sie doch zu finden sind, handelt es sich meist nicht um Beiträge von Redakteuren, sondern von Nicht-Mainstream-Ökonomen. So macht sich Gunnar Heinsohn *(Söhne und Weltmacht)* in der *FAZ* über die medial verbreitete Erwartung lustig, dass »Flüchtlinge die deutsche Wirtschaft retten« würden:

> Groß sind die Erwartungen an Syrer, die in der Hauptstadt endlich einen Flughafen bauen, weil die Berliner das nicht schaffen. Auch die Aussicht auf pakistanische Dieselmotoren, die das Land der Autofürsten nicht mehr blamieren, hebt die Stimmung in Medien und Politik. Nigerianer, die den Ostasiaten die einstmals deutschen Domänen der Kamera-, Computer- und Telefonproduktion wieder abjagen, verbreiten Optimismus von Flensburg bis Rosenheim.
>
> Hinweise, dass die Herkunftsländer all dieser Retter des *Made in Germany* niemals auch nur ein einziges Unternehmen von Rang hervorgebracht haben, werden als Querschüsse von Lästermäulern ab-

getan. Vor allem in der Wirtschaft schwärmt man davon, wie schon vor einem halben Jahrhundert keineswegs nur irrsinnige Subventionen (80 bis 100 Milliarden Euro von 1975 und 2002), sondern auch zupackende Fremde dem Bergbau noch ein paar Jahrzehnte Leben eingehaucht hätten. Der berühmte Einwurf, dass man damals Gastarbeiter gerufen, aber zahllose Menschen mit Hartz-IV-Anspruch bekommen habe, wird als inhumane Miesmacherei abgeschmettert.«[83]

Hans-Werner Sinn, die Kassandra der deutschen Ökonomen, hatte schon im Dezember 2014 in der *FAZ* die Journalisten pauschal dafür kritisiert, dass sie eine Studie der Bertelsmann Stiftung falsch gelesen und von »Milliarden-Gewinnen durch Zuwanderung« geschrieben hätten. Dagegen legte Sinn eine von seinem ifo Institut angefertigte Interpretation der Daten vor, die auf eine »fiskalische Nettobilanz je Migrant von minus 1800 Euro im Jahr« hinauslief. Sinn nahm dieses deprimierende Ergebnis zum Anlass, »nun endlich eine ideologiefreie und nicht vom Streben nach politischer Korrektheit getriebene Debatte über die Migrationspolitik« einzufordern.[84] Die Mehrheit der Wirtschaftsredakteure konnte Sinn aber offensichtlich nicht überzeugen.

Die faktische Öffnung der Grenzen und die ab August 2015 einsetzende Vervielfachung des Einwandererzustroms nach Deutschland, Schweden und Österreich wird in den Wirtschaftsressorts weitestgehend begrüßt. Viele Wirtschaftskommentatoren sehen darin kein sozialstaatliches Problem, sondern die Grundlage künftiger Wachstumserfolge. In der Österreich-Ausgabe der *Zeit* schreibt Walter Osztovich, die positiven Folgen der Massenzuwanderung beträfen »nicht nur die oft zitierten zusätzlichen Beiträge zur Pensionsversicherung: Zuwanderer bringen insgesamt einen Wachstumsschub: denn sie sind ja genau deshalb nach Österreich gekommen, weil sie sich eine bessere Zukunft erarbeiten wollen.«[85] Wieder ist es also die Erzählung vom Sombart'schen »Fremden«, die die Erwartung neuer wirtschaftlicher Dynamik begründet. »Berechnungen der Wirtschaftsforscherin Julia Bock-Schappelwein aus dem Jahr 2009 haben gezeigt, dass Österreichs Wachstum im Jahrzehnt nach 2000 um rund drei Prozentpunkte höher war, als es ohne die damals starke Zuwanderung aus

Mittel- und Osteuropa der Fall gewesen wäre.« Probleme sind für Osztovich einzig die Folge schlechten Managements des Staates: »Die Politik hindert Asylbewerber daran, die Leistungsträger von morgen zu werden.«

Henrik Müller betrachtet in seiner *Spiegel-Online*-Kolumne die abweisende Politik der osteuropäischen Länder als »vertane Chance«. Die ganze EU »sollte aufhören, über eine gerechte Verteilung von Lasten zu reden – schließlich geht es um die Aufnahme von Menschen aus Kriegs- und Armutsregionen –, sondern gemeinsam die sich daraus ergebenden Möglichkeiten nutzen. Ganz Europa könnte seine demografischen Strukturen verbessern, sein Wachstumspotenzial erhöhen, seinen Platz in der Welt sichern.« Es sei »möglich, eine humanitäre Katastrophe zu lindern und sich gleichzeitig langfristige Entwicklungsmöglichkeiten zu eröffnen.«[86]

Im gleichen Tenor des Ideals der ökonomischen Theorie von einer Welt ohne Grenzen und sonstige Beschränkungen schreibt der Chefökonom der Deutschen Bank, David Folkerts-Landau, in einem Gastbeitrag in der *Zeit*: »Die Öffnung der Grenzen ist eine Chance für Deutschland und festigt seine wirtschaftliche Vorreiterrolle in Europa.«[87] Der Sombart'sche »Fremde« taucht bei Folkerts-Landau nicht exemplarisch, sondern verallgemeinert auf: »Immigranten stellen eine Bereicherung dar: Sie suchen etwas Besseres, sehnen sich nach Freiheit und wissen, dass sie sich all das erst erarbeiten müssen.«

Die Milliardenlasten für den deutschen Sozialstaat und die Arbeitsmarktnachteile für einheimische Geringqualifizierte durch die ungebremste Massenzuwanderung, die für Hans-Werner Sinn der Anlass sind, in einem *Zeit*-Interview[88] eine deutliche Begrenzung des Zustroms zu fordern, spielen für Folkerts-Landau keine Rolle. Schlimmer wertet er die Konsequenzen ausbleibender Masseneinwanderung, denn: »Wenn sich nichts ändert, erwartet uns eine Zukunft mit weniger Arbeitskräften und mickrigen Wachstumsraten.« Deutschland werde dann »zu einem statischen, risikoscheuen und in sich gekehrten Land. Besitzstände zu wahren wird wichtiger sein als Neues zu schaffen. [...] Als alternde Gesellschaft läuft Deutschland Gefahr, den Anschluss zu verpassen. Wer wird dafür sorgen, dass neue Branchen entstehen? Die globale Technologiebranche ist eine junge Industrie, die von jungen Menschen geschaffen wurde und deren Produkte von jungen Menschen nachgefragt werden.« Unter den Einwanderern erhofft der Bankökonom also die Unternehmer der Zukunft zu finden, die Deutschland und der Deutschen Bank ökonomische Dynamik verschaffen.

Unter Wirtschaftsredakteuren sind solche Erwartungen im Herbst 2015 vermutlich mehrheitsfähig. Auch im Wirtschaftsressort der *Frankfurter Allgemeinen Sonntagszeitung* begrüßen Ralph Böllmann und Lena Schipper die Öffnung der deutschen Grenzen Anfang September: »Deutschland sollte seine Einwanderer mit offenen Armen willkommen heißen. Das ist nicht nur moralisch geboten. Es nützt auch uns allen.«[89] Im Artikel taucht gleich zu Anfang der Sombart'sche »Fremde« auf, in Person einer iranischen Ingenieurin Sahar Asad Amraji, die sich in »kurzer Zeit [...] eine neue Existenz in Deutschland aufgebaut« habe. Beglaubigt wird ihre Karriere durch einen Ökonomen, der Sombarts These des Fremden als Dynamiker neu auflegt:

» Die junge Frau hat eine Erfahrung gemacht, die so alt ist wie die Menschheit. Schon immer haben Menschen auf der Suche nach besseren Lebensbedingungen ihre Heimat verlassen. Sie sind ›außergewöhnliche Menschen‹: So hat der Oxforder Ökonom Ian Goldin, früher Vizepräsident der Weltbank, seinen Bestseller zum Thema betitelt. Denn wer sich aufmacht, der zeigt, dass er bereit ist, ein Risiko auf sich zu nehmen. Und in aller Regel gelingt es nach Anfangsschwierigkeiten dann auch, sich eine neue Existenz aufzubauen. Historisch gesehen, haben Einwanderer ihre Gesellschaften stets bereichert: Sie brachten Innovation, Dynamik, wirtschaftlichen Erfolg. Sie sind oft ambitioniert, ihre Beweglichkeit haben sie durch den Abschied vom angestammten Ort unter Beweis gestellt. Wenn man ihnen Raum gibt, ihre Pläne zu verwirklichen, und ihnen nicht mit fehlgeleiteter Politik im Weg steht – dann sind sie für das Gastland ein großer Gewinn.«

Migration sei also, so der Schluss von Bollmann und Schipper, »eine Win-win-win-Situation«, ein Gewinn sowohl für den Einwanderer als auch für sein Herkunftsland und das Einwanderungsland. Die beiden Autoren empfehlen »offene Grenzen« daher als »sinnvolleres Mittel zur Armutsbekämpfung als die Entwicklungshilfe, mit der Europas Politiker die aktuellen Wanderungsbewegungen eindämmen wollen. Die Öffnung der Grenzen könnte die Einkommen in den ärmsten Ländern der Welt verdoppeln, schätzen Ökonomen, manche rechnen gar mit einer Verdopplung der globalen Wirtschaftsleistung, verkünden die Autoren voller Zukunftsfreude. Nur kurzfristig mache die Immigration Angst und verursache Kosten. Aber langfristig sei »alles prima«.[90]

Die Verbindung von Moral und Ökonomie – zugleich »humanitär« handeln und »Wachstumsmöglichkeiten« sichern – ist ein verhältnismäßig neues Merkmal der Bewertung von Einwanderung in der Presse. War die erste Welle der deutschen Einwanderungsgeschichte, diejenige der Gastarbeiter, entweder vernachlässigt oder vor allem ökonomisch bewertet und meist für unumgänglich befunden worden, so standen in der zweiten Phase, die durch die starke Zunahme der Asylbewerberzahlen gekennzeichnet war, vor allem moralische Gründe für die Aufnahme im Vordergrund. Seit einigen Jahren treten nun beide Argumente, Mitleid und Nutzenkalkül, gemeinsam auf.

Aber das Grundmuster der Win-win-(win-)Situation ist nicht neu. Die Wachstumswirtschaft als gemeinsames Mittel, um alle Beteiligten zu Gewinnern zu machen, indem alle mehr bekommen und Verteilungskonflikte darum entschärft werden: Das war von Anfang an die zentrale Motivation derer, die das Wachstumsparadigma in die Welt setzten.

Nun soll das Win-win-Wunder des Wirtschaftswachstums auch die drohenden Verteilungskonflikte zwischen reichen Ureinwohnern und armen Zuwanderern entschärfen, während es zugleich durch die Ungleichheit, also den Wohlstandshunger der letzteren, neue Nahrung erhält. Das zumindest ist die positive Verheißung, die der Wirtschaftsjournalismus im Einwanderungsdiskurs verbreitet. Besonders auffällig ist dabei in jüngerer Zeit die große Ähnlichkeit, um nicht zu sagen Gleichförmigkeit, der Ansichten und Argumente in Beiträgen zum Thema Einwanderung in den Wirtschaftsressorts von *Spiegel*, *Zeit* und *FAZ*. Sie erzählen im Einklang mit der Mehrheit der Ökonomen immer wieder dieselbe Geschichte von den Einwanderern, die neuen Schwung in die Wirtschaft bringen.

# Schlussfolgerungen

Im Rückblick auf das 20. Jahrhundert sind die Bedingungen und Umstände für die Übernahme des Wachstumsparadigmas in der Presse und seine Festigung bis in die Gegenwart deutlich geworden. Die Berichterstattung in den hier untersuchten drei Blättern zeigt, dass in den Nachkriegsjahrzehnten die vier wesentlichen Bestandteile des Paradigmas, die Matthias Schmelzer feststellt,[1] zumindest in den Politik- und Wirtschaftsressorts zum Allgemeingut wurden – und es bis heute weitgehend geblieben sind. Die Übereinkünfte, die dieses Paradigma ausmachen, sind:

- dass Wirtschaftswachstum ein Allheilmittel für gesellschaftliche, politische und letztlich sogar ökologische Probleme jeder Art ist;

- dass dieses Wachstum bei ökonomisch rationaler Politik unbegrenzt möglich ist;

- dass es ein Indiz für gesellschaftlichen Fortschritt und nationale Bedeutung ist;

- dass das Bruttosozial- beziehungsweise Bruttoinlandsprodukt dafür ein angemessener Maßstab ist.

Das Wachstumsparadigma erhebt zwar den Anspruch, überhistorisch und zeitlos zu sein wie andere Theorien der Mainstreamökonomie. Doch die Motive für diese Überzeugungen und Normen sind ebenso in der jüngeren Geschichte zu suchen wie die Bedingungen ihrer anhaltenden Wirksamkeit. Gerade weil die meisten Ökonomen und Wirtschaftsjournalisten geschichtsvergessen und quasinaturwissenschaftlich mit scheinbar zeitlosen Wahrheiten argumentieren, ist es umso wichtiger, die historische Dimension dieser Argumentation bewusst zu machen.

## Das Wachstumsparadigma war eine Antwort auf die Krisen des 20. Jahrhunderts

Das Wirtschaftswachstum als politisches Ziel ist nicht grundsätzlich richtig oder falsch, sondern von der historischen Situation abhängig. Das Wachstumsparadigma war eine Antwort der früh industrialisierten Länder auf die Krisen und Kriege in der ersten Hälfte des 20. Jahrhunderts. In der Mitte des vergangenen Jahrhunderts diente die Fokussierung auf Wirtschaftswachstum dazu, den Blick der wirtschaftspolitischen Akteure, Journalisten eingeschlossen, auf die damaligen Notwendigkeiten zu schärfen. Solange es darum gehen musste, die noch offenen Wunden der Krisen und Kriege ökonomisch zu überwinden und im Systemwettkampf gegen den Kommunismus zu bestehen, war die Priorität des Wachstumszieles angemessen und opportun. Die Steigerung des Bruttosozialprodukts war also damals auch für Journalisten eine sinnvolle Kategorie zur Bewertung von Regierungspolitik.

Der Welt wäre viel Elend und Leid erspart geblieben, wenn schon in den 1920er-Jahren stattgefunden hätte, was dann nach 1945 gelang: »Wohlstand für alle«. Die von britischen und amerikanischen Ökonomen entwickelten neuen statistischen Methoden der volkswirtschaftlichen Gesamtrechnung mit dem Bruttosozialprodukt als universeller Vergleichszahl hatten am wirtschaftlichen Erfolg der Amerikaner während des Krieges und der gesamten westlichen Welt in der Nachkriegsepoche großen Anteil.

Die politischen und gesellschaftlichen Handlungsmuster, die das Wachstumsparadigma hervorbrachte, haben sich in den ersten Nachkriegsjahrzehnten bewährt, indem sie im Westen ein historisch einmaliges Niveau an Wohlstand und gesellschaftlichem Frieden ermöglichten. Das Wachstumsparadigma erlaubte auch die Entschärfung von politischen Konflikten, indem es sie in Fragen des politischen Managements umwandelte. In den goldenen Nachkriegsjahrzehnten wurde dieses Befriedungsziel in der gesamten westlichen Welt erreicht, die in den anderthalb vorangegangenen Jahrhunderten die Sprengkraft sozialer Verteilungskämpfe und politischer Gegensätze in traumatisierender Weise erlebt hatte.

## Der Wirtschaftsjournalismus profitierte vom Bruttosozialprodukt

Die deutsche Presse nahm das Bruttosozialprodukt nach 1945 sofort kritiklos an. Dass die Bedeutung dieser mächtigen Zahl von Journalisten so gut wie nicht reflektiert wurde, ist eines der überraschenden Ergebnisse dieser Untersuchung. Nachvollziehbar wird dies nur anhand der Vorgeschichte des Wirtschaftsjournalismus in der Krisenperiode der Zwischenkriegszeit. Der Journalismus profitierte enorm von den neuen Möglichkeiten der Berichterstattung und Bewertung, die die Statistiker und Konjunkturforscher mit ihren Daten boten. Es gab nun ein scheinbar überparteiliches Kriterium, nach dem Journalisten Wirtschaftspolitik beurteilen konnten: Gute Politik ist eine Politik, die für Wachstum sorgt.

Im Gegenzug gewannen die zählenden und rechnenden Ökonomen an medialer Bedeutung und öffentlichem Gewicht. In diesem symbiotischen Verhältnis, das sich schon in der Zwischenkriegszeit anbahnt, ist vermutlich eine der wichtigsten Ursache für die große Anhänglichkeit, um nicht zu sagen Gläubigkeit, gegenüber dem Expertenanspruch der Ökonomie zu finden. Davon abgesehen, dass ein großer Teil der Wirtschaftsjournalisten auch ein wirtschaftswissenschaftliches Studium absolviert haben dürfte.

Das enge Verhältnis zwischen Ökonomen und Wirtschaftsjournalisten ist wohl der Dreh- und Angelpunkt für die bis heute anhaltende Beharrlichkeit des Wachstumsparadigmas. Ohne die dadurch ermöglichte Breitenwirkung der Ökonomie in der Öffentlichkeit ist auch die Sonderstellung dieser Wissenschaftsdisziplin für die Politikberatung nicht zu verstehen.

Die Genese der Wirtschaftsstatistik geht Hand in Hand mit der Entwicklung des Wirtschaftsjournalismus. Die in der ersten Hälfte des 20. Jahrhunderts entwickelten ökonometrischen Methoden, vor allem schließlich die weltweite Ausbreitung des in England und den USA während des Zweiten Weltkrieges als »Kriegsplanungswerkzeug«[2] eingeführten Bruttosozialprodukts, machten den wirtschaftspolitischen Journalismus, den wir heute kennen, überhaupt erst möglich.

In der Zwischenkriegszeit war angesichts der Reparationsverhandlungen und der Weltwirtschaftskrise offenbar geworden, dass es an verlässlichen volkswirtschaftlichen Daten mangelte. Die Wirtschaftspolitik stocherte im Nebel. Niemand wusste genau, was »die Wirtschaft« leistete. Aber nicht nur den Regierenden fehlten Zahlen. Die Nachfrage kam auch aus der Presse, wie der große Widerhall des Instituts für Konjunkturforschung in der *Vossischen Zeitung* belegt. Ein Wirtschaftsjournalismus, der mehr sein wollte als der bisherige Handelsjournalismus, brauchte Kriterien zur Aufklärung der Leser und zur Kritik an den Regierenden. Die Wirtschaftsberichterstattung in der *Vossischen Zeitung* in der Zwischenkriegszeit zeigt den großen, damals noch weitgehend ungestillten Durst der Journalisten nach aussagekräftigen volkswirtschaftlichen Daten.

Erst seit der Erfindung und staatlich verordneten Einführung des Bruttosozialprodukts nach dem Zweiten Weltkrieg wurde klar, was unter der Volkswirtschaft und ihrem Wachstum konkret zu verstehen war. Erst jetzt wurde Wachstum von einer theoretischen, also für Politik und Journalisten irrelevanten Größe zu einer konkreten »mächtigen Zahl«. Das Bruttosozialprodukt, eine der wichtigsten Erfindungen des 20. Jahrhunderts, hat nicht nur die Voraussetzung dafür geschaffen, überhaupt so etwas wie eine Wirtschaftspolitik zu betreiben, die seither in der Regel Wachstumspolitik war, sondern sie lieferte auch erstmals ein Kriterium, anhand dessen Journalisten diese Politik – scheinbar neutral und objektiv – beurteilen können.

Die Objektivität dieser Zahl und die Methode ihrer Erhebung wurden in den entscheidenden Jahren ihrer Einführung von deutschen Journalisten nicht infrage gestellt. Die später einsetzende öffentliche Kritik an der Fixierung auf das Bruttosozialprodukt war und ist meist ökologisch motiviert. Was bis heute in der Presse weitgehend unkritisiert blieb, ist die Manipulierbarkeit dieser Zahl und ihr Missbrauch als Propagandawerkzeug.

Die USA als stärkste Macht der Welt und als Erfinder des Bruttosozialprodukts konnten und können immer noch dafür sorgen, dass die verwendeten Messmethoden die eigene Wirtschaft in einem besonders günstigen Licht dastehen lassen. Wenn die Methodik verändert wird, geht das in der Regel von den amerikanischen Behörden aus. »Die USA stimmen ihre statistischen Neuerungen international nicht ab, sie vollziehen sie und informieren bestenfalls hinterher«, sagt Norbert Räth, der beim Statistischen Bundesamt seit über 30 Jahren für die Berechnung des Bruttosozial- beziehungsweise Bruttoinlandsprodukts zuständig ist.[3] In aller Regel vollziehen die anderen Länder diese Änderungen dann im Wesentlichen nach. Das Bruttosozialprodukt ist also nicht die völlig objektive, nüchterne Kennzahl, als die es bisweilen erscheint. Aber es hat sich in der Kriegs- und Nachkriegszeit als Indikator der Entwicklung bewährt.

Davon profitierten beide: Ökonomie und Wirtschaftsjournalismus. Die Journalisten bekamen den Stoff, um ihre Geschichten zu schreiben, und eine scheinbar objektive, unanfechtbare Kategorie zur Bewertung der Politik. Die zählenden und rechnenden Ökonomen, die seit den Nachkriegsjahrzehnten die neuen Wirtschaftsforschungsinstitute und nicht zuletzt die OECD – den »Tempel des Wachstums der Industrieländer«[4] – beherrschten, erhielten über die expandierenden Wirtschaftsressorts der Zeitungen Zugang zur breiteren Öffentlichkeit. Zu einem das politische Denken und Handeln prägenden Paradigma konnte Wachstum erst werden, als es in einer breiten Öffentlichkeit als Kategorie verankert war; als eine bestimmte, vom Bruttosozialprodukt und dessen Wachstum repräsentierte Vorstellung einer erfolgreichen Gesellschaft die Diskurshoheit gewonnen hatte.[5] Die Wirtschaftspresse bot dafür das Forum.

Der Wirtschaftsjournalismus gehörte also selbst zu den großen Profiteuren der Einführung des Bruttosozialproduktes und des darauf aufbauenden Wachstumsparadigmas. Davon abgesehen, war eine Grundsatzkritik am Wachstumskurs als solchem in der Wiederaufbauepoche der späten 1940er- und 1950er-Jahre nicht sinnvoll. Damals war es selbstverständlich angebracht, die Wirtschaftspolitik an dem Ziel der Steigerung der Produktion zu orientieren. Denn nur »Wohlstand für alle« konnte die drängenden gesellschaftlichen Probleme entschärfen und den inneren Frieden sichern. Daran gab es zunächst nicht viel auszusetzen.

## Das Wachstumsparadigma als Scheuklappen für Politik und Medien

Das änderte sich in den 1960er-Jahren, als dieses Ziel in Deutschland weitgehend Wirklichkeit geworden war. Nun wurden die negativen, langfristig sogar gefährlichen Folgen weiteren Wachstums immer deutlicher. Doch statt einer Verschiebung der Prioritäten, weg vom Wachstum hin zur Stabilisierung des Erreichten und zum Schutz der Natur, wurde aus dem Wachstumsziel ein politischer Fetisch. Es blieb das übergeordnete, alles beherrschende Ziel politischer Entscheidungen.

In Deutschland ist dieser Prozess durch die öffentliche Demontage Ludwig Erhards und den Aufstieg Karl Schillers versinnbildlicht. Schiller zementierte 1967 das Streben nach Wachstum per Gesetz. Das Wachstumsparadigma war nun nicht mehr eine Brille, die den Blick auf ein als notwendig erkanntes Ziel schärfte, sondern nahm den Charakter von Scheuklappen an, die sich der politische Betrieb und die Öffentlichkeit verordneten.

Die Wachstumserfahrungen während des Wiederaufbaus wurden zu einer Art Besitzstand, an dem man festhalten zu müssen glaubte. Das Wirtschaftswunder sollte zum Dauerzustand werden. Die Motivation war durchaus auch eigennützig, denn die Regierenden hatten schnell festgestellt, dass ein stetiges Wachstum das Regieren erleichtert. Es ermöglicht, machterhaltende politische Geschenke zu finanzieren, ohne jemand anderem etwas wegzunehmen. Anders glaubte man Politik nicht mehr machen zu können. So wurde Wachstum zur Voraussetzung der Fortexistenz der freiheitlichen Gesellschaftsordnung erklärt. »Ein Nullwachstum bis 1985 löscht die Demokratie bei uns aus«, behauptete Wirtschaftsminister Hans Friedrichs 1977.[6] Das Wachstum, das die Regierungen ihren Bürgern und vor allem ihren eigenen Sozialpolitikern in Aussicht stellen, müssen sie seither liefern – durch immer stärkere Eingriffe in das freie Spiel von Produktion und Konsumtion, finanziert durch Staatsschulden, die nur in der Theorie während der fetten Jahre reduziert werden. Die Jahre um 1970 waren nicht zufällig auch die Entstehungsepoche des staatlichen Schuldenregimes, dessen katastrophale Folgen wir in der seit 2007 nicht enden wollenden Systemkrise erleben.

## Verpasste Chancen für kritischen Journalismus

Die Pervertierung des Wachstums vom Mittel zum Selbstzweck durch das »Stabilitäts- und Wachstumsgesetz« hätte wahrlich genug Anlass geboten für eine große Zeit des kritischen Wirtschaftsjournalismus. Allein die Widersprüche des selbstauferlegten Wachstumszwangs gegen Logik und Natur hätten schließlich genug Argumente gegen diese Selbstentmündigung der Politik per Gesetz geliefert: Etwas immerzu Wachsendes kann nicht dauerhaft stabil sein, sondern muss im Gegenteil zur Instabilität eines Systems führen, dessen Ressourcen begrenzt sind. Langfristig bleibt jedes natürliche Wachstum im Gleichgewicht mit den Gegenkräften Verfall und Tod. Zudem bedeutet die Fixierung auf stetige Steigerung der Wirtschaftsleistung durch konjunkturpolitische Maßnahmen einen Eingriff in die Freiheit der Menschen als Wirtschaftssubjekte. Ludwig Erhard beklagte 1972 die »Entthronung des realen Konsumenten durch fiktive Wachstumsziffern«.[7]

Doch nur eine kleine Minderheit der Journalisten übte Grundsatzkritik an Schillers Gesetz. Es waren vom Ordoliberalismus geprägte erhardtreue Wirtschaftsjournalisten der *FAZ*, Männer wie Erich Welter und Jürgen Eick. Wie Erhard selbst widersprachen sie dem Paradigma vom Wachstum als Allheilmittel aller Probleme und daher unbedingtem Ziel der Politik. Wachstum war für sie eine Nebenfolge vernünftiger Politik, auf die man unter gewandelten Umständen auch verzichten könne. Doch diese ordoliberalen Wirtschaftsjournalisten standen ebenso auf verlorenem Posten wie Ludwig Erhard in den letzten Monaten seiner Kanzlerschaft. Im *Spiegel* und in der *Zeit* waren sie ohnehin nie präsent.

Gerade in jenen Jahren, als der Journalismus sich auf seine Kritik an Autoritäten – man denke an die *Spiegel*-Affäre – nicht ganz zu Unrecht viel einbildete, versagte er in seiner Mehrheit vor der Aufgabe, die Autorität des ökonomischen Expertentums und seiner politischen Ideologie des »Wachstums um des Wachstums Willen«[8] infrage zu stellen. Das Selbstverständnis der Journalisten als kritische Instanz der Gesellschaft entsprach zumindest in Wirtschaftsfragen nicht den Tatsachen.

Fatal wurde dieses Versagen des Wirtschaftsjournalismus in den 1970er-Jahren. Die ökologische Revolution um 1970, vor allem aber die Debatte um *Die Grenzen des Wachstums* bot schließlich eine ideale Gelegenheit für einen offenen Diskurs über grundsätzliche Fragen der Wirtschaftsordnung. Doch der Wirtschaftsjournalismus verlegte sich mit großer Geschlossenheit auf die Verteidigung des Wachstumsparadigmas. Fragen nach dem Sinn des Wirtschaftens jenseits der Steigerungslogik der Mainstreamökonomie finden in den Wirtschaftsressorts der untersuchten Blätter ebenso selten Raum wie bei den Ökonomen selbst.

## Eine indexierte Wirtschaftspresse

Die Indexing-Hypothese der Medienforschung, die bislang meist anhand außenpolitischer Themen untersucht wurde, kann im Großen und Ganzen wohl auch in Wirtschaftsfragen bestätigt werden. Wirtschaftsjournalisten passten und passen sich in der großen Mehrheit den Hauptströmungen der gängigen wirtschaftspolitischen Ansichten an. Dazu gehört das Wachstumsparadigma, das alle im Bundestag vertretenen Parteien so gut wie geschlossen mittragen. Auch unter Politik- und Wirtschaftsjournalisten herrscht meist nur Uneinigkeit über die Frage, wie man zu mehr Wachstum komme, aber kaum, ob das Ziel angebracht sei. Die Abweichler und Skeptiker gehörten entweder zur mittlerweile ausgestorbenen Gruppe der letzten echten Ordoliberalen oder es sind Feuilletonisten und Wissenschaftsjournalisten mit einer größeren Distanz zur Ökonomie und zum politischen Geschäft.

Die Symbiose zwischen Politikern und Journalisten, in der Informationen und Aufmerksamkeit getauscht werden, ist, sofern es um wirtschaftspolitische Fragen geht, ein Dreiecksverhältnis unter Einschluss der Volkswirtschaftslehre. Wer in diesem Dreieck wen am stärksten beeinflusst, ist wohl kaum nachweisbar. Es liegt aber in der Natur der Sache, dass Ökonomen wohl diejenigen sind, die das theoretische Fundament für wirtschaftspolitische Positionen bereitstellen. Von Journalisten ist das kaum zu verlangen. Sie sind nicht nur auf die reinen Fakteninformationen angewiesen, die sie meist aus dem politischen Betrieb gewinnen, sondern auf analytische Einordnung und Deutung, die sie selbst im schnelllebigen Tagesgeschäft nicht ausreichend liefern können.

Wissenschaftlich ausgewiesene Expertenmeinungen geben einem Artikel die Legitimation, die die Leser in der Wissens- und Mediengesellschaft erwarten. Und dafür standen spätestens in der Volkswirtschaftslehre seit den 1960er-Jahren so gut wie ausschließlich überzeugte Anhänger des Wachstumsparadigmas zur Verfügung.

Das Indexing, also die Prägung der journalistischen Positionen durch das jeweils tonangebende Establishment, geschieht auch durch die vorherrschende Lehrmeinung der Ökonomie. Besonders deutlich wurde das in der Spätphase der Kanzlerschaft Ludwig Erhards. Der Held des Wirtschaftswunders konnte die fortschrittlich gesonnene Presse nicht mehr indexieren, weil seine ordoliberalen Ansichten nicht mehr der »modernen«, also keynesianischen, Wirtschaftswissenschaft entsprachen, für die Karl Schiller stand. Vor allem *Spiegel* und *Zeit* propagierten Schillers Wachstumsrezepte als wissenschaftliche Wahrheiten, während Erhards Maßhalteappelle als aus der Zeit gefallen präsentiert wurden. Die eigentliche Macht, nämlich die über die öffentliche Meinung, war schon vor Erhards Sturz auf der Seite der – damals keynesianischen – Wachstumspolitiker.

Wie die OECD in einem internen Bericht 1969 zufrieden feststellte, sei das Streben nach Wirtschaftswachstum für »praktisch alle Regierungen« selbstverständlich und müsse »nicht länger als eine Politikentscheidung betrachtet werden«. Es sei schwierig, sich vorzustellen, dass dieses Ziel aufgegeben werde.[9] Sich das dennoch vorzustellen, bedeutete also, sich zum Außenseiter zu machen.

Der Rückblick auf die vergangenen Jahrzehnte bestätigt die Vermutung, dass der Journalismus nur eingeschränkt der Idealvorstellung der demokratischen Theorie entspricht, ein völlig unabhängiges kritisches Korrektiv der Macht zu sein. Stattdessen scheint er eher ein Resonanzraum der vorherrschenden Ansichten zu sein. Das mag eine enttäuschende Feststellung sein. Andererseits: Ein solcher »indexierter« Journalismus, dessen Meinungsspektrum dem des politischen Establishments entspricht, ist in einer funktionierenden Demokratie wohl auch kein allzu großes Problem. Dann nämlich, wenn das parlamentarische Spektrum vielfältig ist und in den wesentlichen Fragen dem Spektrum der Interessen und Ansichten in der Gesellschaft entspricht.

Aber ein der Indexing-Hypothese entsprechender Journalismus versagt in seiner gesellschaftlichen Funktion als kontrollierende Instanz der Macht, wenn es innerhalb der Machteliten einen Konsens gibt, der wichtige Interessen, Ansichten oder Erkenntnisse ausblendet. Folgt der Journalismus dann diesem Konsens, ohne Alternativen und Kritik von außerhalb des Establishments in den öffentlichen Diskurs einzubinden, entsteht eine Schieflage: Die veröffentlichte Meinung, die dem Konsens der Eliten entspricht, entspricht dann nicht mehr unbedingt den Ansichten und Interessen in der Bevölkerung. Es droht dann eine gefährliche Entfremdung zwischen dem Staatsvolk und der politischen Führung.

Möglicherweise ignoriert der Journalismus auf Grund seiner Folgsamkeit gegenüber der Macht darüber hinaus auch zentrale Probleme, Konflikte, Gefahren, an deren Erörterung die Mächtigen kein Interesse haben. Das ist, so meine ich, im Bezug auf die Folgen einer andauernden Wachstumspolitik der Fall. Journalismus, Politik und Wirtschaftswissenschaft bestärken sich gegenseitig in der Ignoranz der Gefahren des einmal eingeschlagenen Pfades. Die Warner sind sowohl unter Ökonomen und Politikern als auch im wirtschaftspolitischen Journalismus immer noch Außenseiter.

Der Vertrauensverlust, den der Journalismus gerade in jüngster Zeit erleidet, ist Indiz dafür, dass die Leser offenbar sensibler für die problematischen Folgen des Indexing sind als manche Journalisten. Die Vorwürfe, die in dem wenig scharfsinnigen Begriff der »Lügenpresse« gipfeln, sollten Journalisten als Aufruf zur Wahrung der Distanz gegenüber den Mächtigen verstehen. Auch wenn sie sich mit Themen befassen, die weniger emotionsgeladen sind als etwa die aktuelle Einwanderungspolitik. Allein die Kenntnis der Indexing-Hypothese und die Schärfung des Bewusstseins für die eigenen Abhängigkeiten hätten schon eine größere innere Unabhängigkeit zur Folge. Wer weiß und anerkennt, dass er Teil eines symbiotischen Verhältnisses ist, ist geistig freier als der, der sich keine Gedanken darüber macht, wie sehr ihn die Einladung zu einem Hintergrundgespräch des Finanzministers zum Teil des Machtapparats werden lässt.

Die Aufgabe des Journalismus als Institution, die Öffentlichkeit herstellt, erschöpft sich eben nicht darin, ein Resonanzraum der im Bundestag vertretenen Parteien und anderer etablierter Institutionen zu sein. Eine freie Gesellschaft stellt den Anspruch an Journalisten, auch grundlegende Kritik an den herrschenden Verhältnissen zu äußern. Zu diesen herrschenden Verhältnissen gehört zweifellos das Wachstumsparadigma. Noch. Denn die Unerfüllbarkeit weiterer Wachstumsversprechen zeigt sich mit unübersehbarer Deutlichkeit spätestens seit 2007. Die verzweifelte Nullzins-Politik der Zentralbanken und die Schuldenkrise im Euro-Raum sind nur die akutesten Anzeichen für das Ende des Zeitalters kontinuierlichen Wachstums. Vor allem aber kommt den Menschen der Glaube abhanden, dass das Ziel weiteren Wachstums selbstverständlich ist. Zwei von drei Deutschen glauben nicht mehr, dass sie vom Wachstum überhaupt profitieren.[10] Sogar amerikanische Topökonomen diskutieren mittlerweile über eine bevorstehende »säkulare Stagnation«.[11]

## Die Gefolgschaft gegenüber der Ökonomie aufkündigen!

Das Paradigma zerfällt allmählich. Es ist nur die Frage, ob Journalisten das Ende aktiv mit anstoßen oder passiv erleiden wollen. Letzteres würde einen weiteren Vertrauensverlust der Leser nach sich ziehen. Den kann sich der Journalismus in Zeiten, da er selbst in einer tiefen Finanzierungskrise durch die Digitalisierung steckt, kaum leisten.

Der Schlüssel zu einem längst überfälligen Paradigmenwechsel im Wirtschaftsjournalismus liegt vermutlich in dessen Gefolgschaftsverhältnis gegenüber der Standardökonomie. Deren offenkundiges Versagen in der Prognose und Medikation der aktuellen Finanzkrise und der daraus folgende Verlust an Glaubwürdigkeit wären Anlass genug, die geistige Gefolgschaft aufzukündigen. Dass dies bisher nur sehr langsam geschieht, dürfte auch an der in diesem Buch ausführlich erläuterten Abhängigkeit von den Daten und Analysen liegen, die die Ökonomen für Journalisten bereitstellen.

Das Ende des Zeitalters des Wachstums erfordert einen Wirtschaftsjournalismus, der sich vom ökonomischen Expertentum der Vergangenheit emanzipiert. Natürlich bedeutet Emanzipation nicht Ignoranz. Zumal es durchaus Zeichen der Hoffnung gibt, dass sich die Volkswirtschaftslehre selbst auch erneuert und öffnet. Auf die Daten der Wirtschaftsinstitute kann ein ernsthafter Wirtschaftsjournalist natürlich nicht verzichten. Aber das allzu offensichtliche Scheitern der Ökonomie an ihrem selbstgestellten Anspruch, wirtschaftliche Entwicklungen vorhersagen und überzeitliche ökonomische Naturgesetze finden zu können, sollte Grund genug sein, die übertriebene Hochachtung vor der Zunft aufzugeben.

Wirtschaft ist keine sozialmechanische Funktion, die in der Sprache der Mathematik erschöpfend darstellbar und wie das Wetter vorhersagbar ist. Wirtschaft ist kein Natur-, sondern ein Kulturphänomen. Wirtschaft ist ein viel zu wichtiges Feld, um es allein den zählenden und rechnenden Ökonomen zu überlassen, die glauben, man könne die Arbeitsweise von Gesellschaften ebenso studieren und formalisieren wie die Naturgesetze. Die glauben, man könne eine exakte Sozialwissenschaft aufbauen auf ganz wenigen, höchst fragwürdigen Annahmen (beispielsweise, dass der Mensch ein rationaler Nutzenmaximierer sei) und dem Verbot, die zugrunde liegenden Normen auch nur ansatzweise zu diskutieren.[12]

Ein Wirtschaftsjournalismus, der sich allein auf eine solchermaßen fragwürdige, in der restlichen akademischen Welt ziemlich isolierte, aber politisch ausgesprochen einflussreiche Wissenschaftsdisziplin stützt, macht sich selbst letztlich fragwürdig.

## Neue alte Erkenntnisquellen für den Wirtschaftsjournalismus

Ein erneuerter, zeitgemäßer Wirtschaftsjournalismus könnte kritische Kraft zur Analyse und Meinungsbildung schöpfen aus Quellen der Erkenntnis, die die tonangebenden Ökonomen in selbst gewählter Unmündigkeit seit einigen Jahrzehnten verschmähen: Geschichte, Soziologie, Philosophie, Religionswissenschaft – warum nicht auch Dichtung und bildende Kunst?

Die Rückbesinnung auf die eigenen akademischen Wurzeln – Adam Smith war bekanntlich Professor für Philosophie – ist, so denke ich, eine der großen Herausforderungen, der sich eine erneuerungsbedürftige Wirtschaftswissenschaft stellen muss. Diese Forderung hat zuletzt sehr deutlich auch Thomas Piketty erhoben.[13] »Die letzte Festung der Moderne«[14] zu verlassen, also den Anspruch auf absolutes quasinaturwissenschaftliches Wissen fallen zu lassen, wäre der größte Fortschritt dieser fortschrittsbesessenen Wissenschaftsdisziplin. Der Geschichtsvergessenheit, die die Entwicklung der Ökonomenzunft seit der ersten Hälfte des 20. Jahrhunderts bestimmte und auf einen Holzweg führte, wird im 21. Jahrhundert hoffentlich der Weg zurück zu den eigenen Wurzeln in der Philosophie und den Geisteswissenschaften folgen.

Hans Christoph Binswanger zum Beispiel ist mit seiner großartigen Analyse von Goethes Faust-Dichtung[15] einer der wenigen Ökonomen, die diesen Weg bereits beschreiten. Er hat Goethe als Wirtschaftsphilosophen wiederentdeckt. Der Journalismus täte gut daran, unorthodoxen Ökonomen wie Binswanger mehr Aufmerksamkeit und publizistischen Raum zu gönnen. Ihre Texte sind oft nicht nur lehrreicher, sondern für den Zeitungsleser auch sehr viel unterhaltsamer als mathematische Modellrechnungen. Das dürfte für Journalisten auch kein schwaches Argument sein. Sie können die Ökonomie nicht verändern, aber sie können den Kräften innerhalb der Zunft, die das tun, ein Forum geben.

Journalisten tun sich und vor allem ihren Lesern keinen großen Gefallen, wenn das aktuelle akademische Renommee eines Ökonomen unter seinesgleichen das ausschlaggebende Argument dafür ist, ihn zu zitieren. Warum fragt man DIW-Chef Marcel Fratzscher nach seiner Ansicht über die Forderung Sigmar Gabriels nach einem neuen »Solidarprojekt« zur Ankurbelung der Konjunktur? Die Antwort des »Quasi-Chefökonomen« *(FAZ)* des Ministers ist ebenso vorhersehbar wie eindeutig, nämlich positiv, und langweilig. Möglicherweise liegt es daran, dass Ökonomen – Fratzscher insbesondere – selten um eine eindeutige, scheinbar unwiderlegbar begründete Meinung verlegen sind und meist genau sagen zu können meinen, was jetzt zu tun sei. Sie vermitteln Wissen, auch wenn sich das oft schon bald als Unwissen entlarvt. Ein Soziologe würde vielleicht nicht so eindeutig zu Pro und Kontra von Gabriels Projekt Stellung beziehen, aber er könnte die Motive des Ministers überzeugender kommentieren und erklären, wer dadurch gewönne und wer die Verlierer wären. Die Öffnung für das wirtschaftliche Wissen und Denken jenseits der staats- oder gar regierungsnahen »Sachverständigen« und Hinwendung zu weniger machtnahen Intellektuellen hätte unweigerlich auch eine Entschärfung der erwähnten Probleme des Indexing zur Folge.

## Ein feuilletonistischer Wirtschaftsjournalismus ist gefragt

Der Wirtschaftsjournalismus sollte also feuilletonistischer werden. Eine solche Tendenz ist in Ansätzen bereits zu erkennen. Bisher gilt das allerdings mehr unter stilistischen Gesichtspunkten. Je schneller verfügbar und damit wertloser die reinen Nachrichten durch die Digitalisierung werden, desto größer wird für Redaktionen die Bedeutung von erzählenden, analytischen und kommentierenden Formaten. Diese Entwicklung ist begrüßenswert. Doch sollte sie sich eben nicht allein in einem kreativeren Stil erschöpfen. Raffinierte Erzählungen allein sind, wie wir oben gesehen haben, keine Garantie für kluge Inhalte.

Die Öffnung sollte auch noch stärker als bisher in umgekehrter Richtung weitergehen. Die Wirtschaft als kulturelles und gesellschaftliches Feld gehört ihrerseits ins Feuilleton. Für Feuilletonisten gibt es da wertvolles zu gewinnen: einen Zuwachs an öffentlicher Relevanz und Aufmerksamkeit nämlich. Sowohl bei Lesern als auch innerhalb der Redaktionen, in denen Kulturthemen oft unter besonderem Rechtfertigungsdruck stehen.

Vor allem aber eröffnet eine größere Durchlässigkeit der Ressortgrenzen zwischen Wirtschaft und Feuilleton beiden Seiten bisher kaum beackerte neue Felder. Viele Wirtschaftsthemen werden nur oberflächlich behandelt, weil Wirtschaftsredakteuren fruchtbare historische oder literarische Zusammenhänge unbekannt sind. Lothar Müller und Thomas Steinfeld, Feuilletonchef der *Süddeutschen Zeitung*, haben das in einem Beitrag über die Zukunft der Tageszeitung erkannt: »Vor allem im Übergang zwischen Feuilleton und Wirtschaftsressort liegen indessen noch Themen brach.«[16] Gerade die *FAZ* und die *Zeit* haben hierzu in beiden Ressorts schon einiges geleistet. Das Wirtschaftsressort der *Frankfurter Allgemeinen Sonntagszeitung* unter Rainer Hank gilt manchen Lesern schon als das klügere und bedeutsamere Feuilleton des Blattes. Es ist sicherlich kein Zufall, dass Hank nicht VWL, sondern Literaturwissenschaft, Philosophie und Theologie studiert hat.

Der Veränderungsdruck, dem alle Redaktionen durch die Digitalisierung und mehr noch durch den immer bedrohlicheren Vertrauensverlust vieler Leser ausgesetzt sind, könnte und sollte also dazu führen, dass die Verbindung und Überschneidungen von Wirtschaftsjournalismus und Feuilleton wichtiger werden. Der Graben, der sich noch zwischen Feuilleton und Wirtschaftsressort auftut, könnte, wenn er von beiden Seiten aus zugeschüttet würde, ein besonders fruchtbares Feld für einen nachdenklicheren, weniger dogmatischen Journalismus bieten. Für einen kritischen Umgang mit dem Wachstumsparadigma wäre dann der Weg frei.

## *Danksagung*

Dieses Buch entstand während eines zehnmonatigen Forschungsaufenthalts zwischen April 2015 und Januar 2016 als *fellow* am Institute for Advanced Sustainability Studies (IASS) in Potsdam. Für diese wunderbare Möglichkeit danke ich dem damaligen Direktor Klaus Töpfer und Philipp Lepenies, der mich ans IASS vermittelte. Herzlichen Dank auch an meine Chefredakteurin Miriam Meckel, die mich großzügigerweise von den Redakteurspflichten bei der *WirtschaftsWoche* entband.

Manuel Rivera hat als Co-Leiter des IASS-Programms »Ökonomie und Kultur« die Entstehung des Buches von Anfang bis Ende mit klugen Hinweisen und organisatorischer Hilfe begleitet. Für hilfreiche Anmerkungen zum Manuskript danke ich außerdem meiner Mutter Sibylle Knauss und Moritz Remig, für die Versorgung mit jeglicher benötigter Literatur Anja Beddies. Mein Dank geht auch an die Interviewpartner Max A. Höfer, Michael Jungblut und Roland Tichy.

Wertvolle Inspirationsquellen waren mit ihren Büchern und in persönlichen Gesprächen Meinhard Miegel und Kurt Biedenkopf.

Am meisten zu Dank verpflichtet bin ich meiner Frau Liane und meinen Töchtern Emma und Mathilda, die mich wegen dieses Buches allzu oft entbehren mussten.

# Anmerkungen

## Einleitung

1. Stand 20.04.2015.
2. Rede auf dem 17. Parteitag der CDU am 1. Dezember 2003 in Leipzig: www.kas.de/upload/ACDP/CDU/Protokolle_Parteitage/2003-12-01+02_Protokoll_17.Parteitag_Leipzig.pdf (abgerufen am 15.04.2015).
3. Zum Beispiel: www.bpb.de/nachschlagen/lexika/lexikon-der-wirtschaft/21136/wirtschaftswachstum und www.wirtschaftslexikon.gabler.de/Definition/wachstum.html (abgerufen am 16.04.2015).
4. Historisches Wörterbuch der Philosophie, hg. von Gottfried Gabriel, Bd. 12 (W–Z), Basel 2004, S. 11.
5. Vgl. Geoffrey M. Hodgson, How Economics Forgot History, London/New York 2001.
6. Karl-Heinz Brodbeck, Die fragwürdigen Grundlagen der Ökonomie, 5. Aufl., Darmstadt 2011.
7. Thomas S. Kuhn, Die Struktur wissenschaftlicher Revolutionen. Mit einem Postscriptum von 1969, 5. Aufl., Frankfurt/M., 1981, S. 186.
8. Matthias Schmelzer, The Growth Paradigm. History, Hegemony and the Contested Making of Economic Growthmanship, in: Ecological Economics 118 (2015), Issue C, S. 262–271.
9. Christina von Hodenberg, Konsens und Krise. Eine Geschichte der westdeutschen Medienöffentlichkeit 1945–73, Göttingen 2006.
10. Zur Forschungssituation siehe: www.docupedia.de/zg/Mediengeschichte_Version_2.0_Frank_B%C3%B6sch_Annette_Vowinckel (abgerufen am 11.11.2015).
11. Zeit: 21.02.1946; Spiegel: 04.01.1947; FAZ: 01.11.1949.
12. Vgl. Philipp Lepenies, Die Macht der einen Zahl. Eine politische Geschichte des Bruttoinlandsprodukts, Berlin 2013.
13. Für Unterstützung bei der Recherche danke ich Herrn Christoph Albers von der Zeitungssammlung.
14. Vgl. Lepenies.
15. Dennis Meadows et al., Die Grenzen des Wachstums, Reinbek 1973.
16. BverfG 33, 52 »Zensur«: Das Urteil vom 25.04.1972 hält fest, dass »die freie geistige Auseinandersetzung ein Lebenselement der freiheitlichen demokratischen Ordnung in der Bundesrepublik und für diese Ordnung schlechthin konstituierend« sei.
17. Vgl. Lance W. Bennett, Toward a Theory of Press-State Relations in the United States, in: Journal of Communication 40 (1990), Issue 2, S. 103–106.

## 1. Kapitel –
## Als man noch nicht wusste, was wachsen soll (Vossische Zeitung 1918–34)

1. Erich Welter, Wachstum. Die deutsche Wirtschaft im Jahre 1927, Frankfurt/M. 1928.
2. Rudolf Stöber, Deutsche Pressegeschichte, 3., überarb. Aufl., Konstanz/München 2014, S. 237. Die deutschen Tageszeitungen waren damals zahlreicher und im Vergleich zu heute auflagenschwächer. Die Frankfurter Zeitung als ebenfalls bürgerlich-liberale Qualitätszeitung hatte 1934 eine Auflage von rund 100.000 Exemplaren.
3. Die Definition und Abgrenzung der Begriffe »Volkseinkommen« (oder »Nationaleinkommen«) und »Sozialprodukt« (seltener »Nationalprodukt«) war seinerzeit noch unklar. Der Unterschied liegt in der Perspektive der volkswirtschaftlichen Betrachtung: Produktion auf der einen, Einkommen (für Arbeit und Kapital) auf der anderen Seite. Einige zeitgenössische Ökonomen, zum Beispiel Alfred Amonn, verwendeten beide Begriffe ausdrücklich synonym. Das tat ab 1932 auch das Statistische Reichsamt. Vgl. Lepenies, S. 15 ff. Eine ausführliche Geschichte der volkswirtschaftlichen Gesamtrechnungen: André Vanoli, A History of National Accounting, Amsterdam 2005.
4. Der Export, Die Voss (Wochenendmagazin der Vossischen Zeitung), 19.05.1923.
5. Adam Tooze, Statistics and the German State, 1900–1945, Cambridge 2001, S. 84.

6 Die Besteuerung des Volkseinkommens, Vossische Zeitung, 12.02.1921 (Abend-Ausgabe).
7 Steuerbelastung in Deutschland, Frankreich und England, Vossische Zeitung, 01.02.1922 (Morgen-Ausgabe).
8 Kritik des Wohlstand-Index, Vossische Zeitung, 03.04.1926 (Abend-Ausgabe).
9 Adam Tooze, Thesen zur Geschichte des IfK/DIW 1925-1945, Diskussionspapier Nr. 82 des DIW, Berlin 1993.
10 Vgl. Lepenies, S. 129ff.
11 Konjunkturkunde, Vossische Zeitung, 18.07.1925 (Morgen-Ausgabe).
12 Das Institut für Konjunkturforschung, Berliner Tageblatt, 17.07.1925 (Abendausgabe).
13 Vgl. Hodgson, S. 63f.
14 Zurückhaltende Produktion, lebhafter Verbrauch, Vossische Zeitung, 14.12.1928 (Abend-Ausgabe).
15 Der Zwang zum Wachstum, Vossische Zeitung, 04.07.1928 (Morgen-Ausgabe).
16 Eine Zusammenfassung der Unternehmensgeschichte findet sich beim Bundesarchiv: www.archivesportaleurope.net/ead-display/-/ead/pl/aicode/DE-1958/type/fa/id/R8136-68030 (abgerufen am 15.05.2016).
17 Der Zwang zum Wachstum, Vossische Zeitung, 04.07.1928 (Morgen-Ausgabe).
18 Wachstumsbedarf und Kapitalkosten, Berliner Tageblatt, 04.07.1928 (Morgen-Ausgabe).
19 Der Export, Die Voss (Wochenendmagazin der Vossischen Zeitung), 19.05.1923.
20 Konjunkturkunde, Vossische Zeitung, 18.07.1925 (Morgen-Ausgabe).
21 Vgl. Susanne Hilger, »Amerikanisierung« deutscher Unternehmen, Stuttgart 2004, S. 30ff.
22 Amerikas gigantisches Wachstum, Vossische Zeitung, 29.11.1926 (Abend-Ausgabe).
23 Wege zur Ankurbelung, Vossische Zeitung, 09.02.1933 (Abend-Ausgabe).
24 Zwang zur Deflation, Vossische Zeitung, 18.06.1932 (Morgen-Ausgabe).
25 Entnervung, Vossische Zeitung, 17.03.1929 (Sonntags-Ausgabe).
26 80 Milliarden Investitionen, Vossische Zeitung, 08.09.1932 (Abend-Ausgabe).
27 Die zehn Prozent, Vossische Zeitung, 13.11.1932 (Sonntags-Ausgabe).
28 Maschinenbau im Schnittpunkt, Vossische Zeitung, 16.01.1934 (Morgen-Ausgabe).
29 Zitiert nach: Klaus Voy, Schumpeter und das Sozialprodukt. Ein Beitrag zur Archäologie der volkswirtschaftlichen Gesamtrechnungen in der ersten Hälfte des zwanzigsten Jahrhunderts, Rostock 2004, S. 21.
30 Ertrag der Wirtschaft, Vossische Zeitung, 23.05.1933 (Morgen-Ausgabe).
31 Vgl. Lepenies.
32 Einkommenswandlungen in Amerika, Vossische Zeitung, 21.03.1934 (Morgen-Ausgabe).
33 Vgl. Lepenies, S. 78-122.
34 Vgl. ebd., S. 97.
35 Vgl. Stöber, S. 198f.

## 2. Kapitel –
### Die 1950er-Jahre – Ein neuer Fortschrittsglauben und seine Propheten

1 Hauenstein war vor dem Krieg Wirtschaftschef der Kölnischen Zeitung, 1946-58 Mitherausgeber der Zeitschrift Die Gegenwart und danach Ratgeber und ständiger Mitarbeiter der FAZ.
2 Ein neuer Fortschrittsglaube, FAZ, 17.10.1959.
3 Keimzelle der FAZ war die in Mainz erscheinende Allgemeine Zeitung, bei der sich einige frühere Redakteure der Frankfurter Zeitung versammelt hatten, darunter die späteren Herausgeber Paul Sethe und Erich Welter. Vgl. Peter Hoeres' Antrittsvorlesung zur Geschichte und publizistischen Bedeutung der FAZ: Frankfurter Allgemeine Langeweile?, FAZ, 21.10.2014. Eine detailliertere Gründungsgeschichte der FAZ bietet: Anton Riedl, Liberale Publizistik für soziale Marktwirtschaft, Regensburg 1992, S. 60-100. Zu den publizistischen Biografien Welters und der anderen Gründungsherausgeber: Friedemann Siering, Zeitung für Deutschland, in: Lutz Hachmeister/Friedemann Siering (Hg.), Die Herren Journalisten, München 2002, S. 35-86.
4 www.wipog.de/über-uns/geschichte-der-wipog/ (abgerufen am 15.05.2016).
5 Zu Welters Rolle als »Scharnier« zwischen Journalismus, ordoliberalen Ökonomen und Wirtschaftspolitik: Bernhard Löffler, Soziale Marktwirtschaft und administrative Praxis. Das Bundeswirtschaftsministerium unter Ludwig Erhard, Stuttgart 2003, vor allem S. 271ff.
6 Riedl, S. 28.
7 Ebd., S. 67.
8 Topf (1898-1981) war studierter Agrarökonom, in den 1920er-Jahren SPD-Mitglied, Redakteur des linksliberalen Berliner Tageblatts und der linken Weltbühne. 1936 verließ er das mehr oder weniger gleichge-

# Anmerkungen

schaltete Tageblatt und wurde Berufsoffizier. Zeit-Herausgeber Bucerius schrieb in seinem Nachruf: »Topf war der Beweis, dass man den deutschen Soldaten das ›Dritte Reich‹ nicht pauschal anlasten darf« (Erwin Topf †, Zeit, 26.06.1981).

9 Zur Geschichte der Wirtschaftsberichterstattung in der Zeit vgl. Werner Bührer, DIE ZEIT und die soziale Marktwirtschaft, in: Christian Haase; Axel Schildt, DIE ZEIT und die Bonner Republik, Göttingen 2008, S. 113–129; und: Alexander Nützenadel, Konjunktur und Krise, in: ebd., S. 130–143.
10 Kein Thema für die Presse?, Zeit, 09.10.1947.
11 Boom oder Wachstum, Zeit, 30.12.1954.
12 Für ein gesundes Deutschland, Spiegel, 02.09.1953.
13 Bis dato gut geritten, Spiegel, 06.12.1950.
14 Vor dem schrecklichen Ende, Spiegel, 27.06.1951.
15 Ich bin nicht der Seelsorger, Spiegel, 05.02.1949. Eine weitere große Titelgeschichte als Rückblick auf Erhards Erfolge erschien zu den Bundestagswahlen 1953: Die Flucht nach vorn, Spiegel, 09.09.1953.
16 1950 hatten die FAZ und die Zeit meist nur acht Seiten pro Ausgabe, der Spiegel meist nur 44 Seiten.
17 Russell Frank Weigley, The American Way of War, New York 1973, S. 146.
18 So die Politikanalysten Clifford Cobb, Ted Halstead und Jonathan Rowe, zitiert in: Lorenzo Fioramonti, Gross Domestic Problem. The Politics Behind the World's Most Powerful Number, London/New York 2013, S. 31.
19 Jim Lacey, Keep from All Thoughtful Men. How U.S. Economics Won World War II, Annapolis 2011.
20 Erich Welter, Falsch und richtig planen, Heidelberg 1954.
21 Falsch und richtig planen, FAZ, 03.07.1954.
22 Vgl. Robert M. Collins, The Politics of Economic Growth in Postwar America, Oxford 2000, S. 17 ff.
23 Lepenies, S. 154.
24 Zum Beispiel George Terborgh (The Bogey of Economic Maturity, Chicago 1945) und Chester Bowles (Tomorrow without fear, New York 1946), vgl. Lepenies, S. 155.
25 Clark übernahm den Begriff aus einer Wahlkampfrede des späteren US-Präsidenten Richard Nixon, der ihn wiederum aus einem Buchtitel des britischen Humoristen Stephen Potter abgeleitet hatte: »Gamesmanship – How to win Games without actually cheating«. Vgl. Colin Clark, On Growthmanship, in: Business Horizons, Vol. 5, Issue 1, 1962, S. 35–42.
26 Galbraith und seine Mitstreiter entführten den Statistiker Rolf Wagenführ aus der sowjetischen Zone. Die Unterlagen des deutschen Industriezensus von 1936, auf dem auch noch die ersten Berechnungen des späteren Statistischen Bundesamtes beruhten, »entwendete« ein verwegener US-Offizier in Ost-Berlin. Vgl. Lepenies, S. 140 ff.
27 Vor allem in Essays und Kommentaren ohne konkrete Zahlen ist meist vom Sozialprodukt statt vom Bruttosozialprodukt die Rede. Vermutlich ist der anhaltende Gebrauch auch darauf zurückzuführen, dass der Begriff »Sozialprodukt« schon vor dem Krieg gebräuchlich war, meist als Synonym für das Volkseinkommen.
28 Clifford Colb, Ted Halstead und Jonathan Rowe vergleichen seine Bedeutung für die USA mit der Erfindung der Atombombe: www.theatlantic.com/past/politics/ecbig/gdp.htm (abgerufen am 16.05.2016).
29 Vgl. Lepenies, S. 149 f.
30 Alliierte gegen Steuersenkung?, FAZ, 29.03.1950.
31 Vgl. Matthias Schmelzer, »Expandiere oder stirb«, in: Geschichte und Gesellschaft 41 (2015), H. 3, S. 355–393.
32 Recommendation of the Council concerning Measures to be taken with Regard to the Increase in Overall Production, 31.03.1952. Zitiert in: ebd., S. 368. [Übersetzung F. K.]
33 Vgl. ebd., S. 369.
34 Uncle Sam als Erzieher, Zeit, 10.11.1949.
35 Auf dem Weg zur Normalisierung, FAZ, 14.10.1953.
36 Was muß noch geschehen?, FAZ 31.12.1954.
37 Die Wirtschaft im Übergang, FAZ, 07.03.1958.
38 Keiner war begeistert, Spiegel, 13.02.1952.
39 Alliierte gegen Steuersenkung?, FAZ, 29.03.1950.
40 Nicht Austerity, sondern Expansion, FAZ, 12.11.1951.
41 Dreizehn Milliarden kostet die Wiederaufrüstung, FAZ, 29.11.1951.
42 Erhard warnt, FAZ, 02.06.1951.

43 Erhard hat Sorgen, FAZ 09.10.1951.
44 Die Marktwirtschaft in vier Sackgassen, FAZ 03.04.1951.
45 Der Staat als Erzieher, Zeit, 28.10.1948.
46 Bucerius gehörte wie Welter der Wipog an. Außerdem sorgte er dafür, dass Erhard mehrfach in der Zeit ausführliche Gastbeiträge veröffentlichen konnte. Vgl. Bührer 2008, S. 118.
47 Wer bezahlt den Krieg?, Zeit, 19.10.1950.
48 Das Sozialprodukt muss wachsen, FAZ, 02.06.1951.
49 Vgl. Sabine Donauer, Faktor Freude, Hamburg 2015.
50 Das Sozialprodukt muss wachsen, FAZ, 02.06.1951.
51 Die überfällige Wirtschaftsreform, FAZ, 10.12.1951.
52 Ebd.
53 Wirtschaftsdemagogie, FAZ, 21.02.1953.
54 Winston Churchill und das Gängelband, FAZ, 03.11.1951.
55 Was Industriearbeiter denken, FAZ, 24.12.1951.
56 Ilau war vor dem Krieg Redakteurskollege Welters bei der Frankfurter Zeitung. Nach Kriegsende wurde er FDP-Politiker und 1953 Beiratsvorsitzender der Aktionsgemeinschaft Soziale Marktwirtschaft, einer PR-Organisation ordoliberaler Ökonomen.
57 Der Weg zum sozialen Frieden, FAZ, 04.04.1953.
58 Alexander Nützenadel, Stunde der Ökonomen. Wissenschaft, Politik und Expertenkultur in der Bundesrepublik 1949-1974, Göttingen 2005, S. 63.
59 Ein neuer Fortschrittsglaube, FAZ, 17.10.1959.
60 Wir müssen hindurch, FAZ, 28.05.1955.
61 Vgl. von Hodenberg.
62 Politik ist das Schicksal, FAZ 23.04.1951.
63 Wenn Milch und Honig fließen, FAZ, 15.11.1958.
64 Wenn das Volk, so Erhard, »in steigendem Maße eine geistige oder seelische Bereicherung als nützlich und wertvoll erachtet, dann werden wir in ferneren Tagen auch zu einer Korrektur der Wirtschaftspolitik kommen müssen. Niemand dürfte dann so dogmatisch sein, allein in der fortdauernden Expansion, d. h. im Materiellen, noch länger das Heil erblicken zu wollen.« (Ludwig Erhard, Wohlstand für Alle, 8. Auflage, Düsseldorf 1964, S. 233.)
65 Wenn Milch und Honig fließen, FAZ, 15.11.1958.
66 Ebd.
67 Wo stehen wir und wohin steuern wir?, Zeit, 24.06.1960.
68 Der Fluch des Bienenstaates, Zeit, 19.05.1961.
69 Die FAZ veröffentlichte die komplette Rede: Wahrheit, Freiheit und Friede, FAZ, 30.09.1958. Siehe auch: www.friedenspreis-des-deutschen-buchhandels.de/sixcms/media.php/1290/1958_jaspers.pdf (abgerufen am 16.05.2016).
70 Die versäumte Wahrheit, FAZ, 29.09.1958.
71 Wie hoch im Kurs ist die Wahrhaftigkeit?, Zeit, 02.10.1958.
72 Ein neuer Fortschrittsglaube, FAZ, 17.10.1959.

## 3. Kapitel –
### Die 1960er-Jahre – Medienliebling Karl Schiller macht Wachstum zum Gesetz

1 Die Regierungserklärung der Großen Koalition, FAZ, 14.12.1966.
2 Eine Politik der Mitte und der Verständigung, FAZ, 19.10.1963.
3 Augsteins Nachruf endet mit einem ungewöhnlich persönlichen Postskriptum: »Der Journalist kann mit Spitzenpolitikern auf Dauer nicht Freund sein. Und doch hatte ich deren zwei. Jetzt habe ich nur noch einen. Karl Schiller starb aufrecht und klarsichtig.« (Karl Schiller 1911-94, Der Spiegel, 02.01.1995.) Schiller und Augstein waren Nachbarn in Hamburg-Blankenese. Ihrer Freundschaft scheint das eher geringe Interesse Augsteins an Wirtschaftsthemen nicht geschadet zu haben. In engem Kontakt stand Schiller auch mit Axel Springer. Beide, Augstein und Springer, fragte Schiller um ihren Rat, bevor er 1961 das Angebot Willy Brandts annahm, Wirtschaftssenator in Berlin zu werden. Vgl. Torben Lütjen, Karl Schiller (1911-1994). »Superminister« Willy Brandts, Bonn 2007, S. 169.

# Anmerkungen

4  Wirtschafts-Programm – Auf Vorschuß, Spiegel, 19.12.1966.
5  Minister Schiller – Der Regenmacher (Titelgeschichte), Spiegel, 19.01.1967.
6  Vgl. Hodgson.
7  Die postkeynesianischen Wachstumstheorien entstanden überwiegend in den USA und Großbritannien. Ein Pionier war der Brite Roy Harrod. Er unterschied zwischen der »tatsächlichen« und der »befriedigenden« Wachstumsrate, die durch die Auslastung des Kapitalstocks gekennzeichnet ist. Die »natürliche« Wachstumsrate wird ihm zufolge durch technischen Fortschritt und Bevölkerungszunahme bestimmt. Diese Erklärung kommt allerdings in der Presse fast nie vor. Zu den Wachstumstheorien und ihrer Übernahme durch deutsche Ökonomen: Nützenadel 2005, S. 74 ff.
8  Quer durch die neue wirtschaftliche Literatur, FAZ, 03.10.1960.
9  Zitiert nach: Schmelzer, Expandiere oder stirb, S. 372.
10  Nützenadel 2005, S. 62.
11  Vgl. Torben Lütjen, Die letzte Festung der Moderne. Zur gesellschaftlichen Rolle des Ökonomen, in: INDES, 1 (2011), H. 1, S. 75–80.
12  Nützenadel 2008, S. 132.
13  Wirtschaftstheorie – Entwicklungen und Wandlungen, FAZ, 11.07.1959.
14  Ökonomie ist immer politische Ökonomie, FAZ, 01.10.1966.
15  Giersch hatte wie Bombach für die OEEC gearbeitet. Die Forderung nach direkter politischer Beratungstätigkeit der Ökonomen erhob er schon 1951 in seinem Habilitationsvortrag an der Universität Münster. Vgl. Hauensteins Artikel: Wegweiser zum Wohlstand, FAZ, 19.04.1969.
16  Ökonomie ist immer politische Ökonomie, FAZ, 01.10.1966.
17  Vgl. Nützenadel 2005, S. 103 ff.
18  Zu dessen Entstehungsgeschichte vgl. ebd., S. 152–164.
19  So zum Beispiel Fritz Ullrich Fack in einem ausführlichen Artikel: Wächter über Währungsstabilität und Wirtschaftswachstum, FAZ, 28.02.1964.
20  §2 Gesetz über die Bildung eines Sachverständigenrates zur Begutachtung der gesamtwirtschaftlichen Entwicklung: www.gesetze-im-internet.de/sachvratg/BJNR006850963.html (abgerufen am 16.05.2016).
21  Vgl. Nützenadel 2008, S. 132.
22  Frankfurter Allgemeine Langeweile?, FAZ, 21.10.2014.
23  Vgl. Nützenadel 2008, S. 135 ff.
24  Vgl. ders. 2005, S. 283 ff.
25  Wirtschaftswachstum ohne Inflation, FAZ, 11.10.1958.
26  Wirtschaftstheorie – Entwicklungen und Wandlungen, FAZ, 11.07.1959.
27  Wirtschaftspolitische Perspektiven, Zeit, 11.10.1963.
28  Gunnar Myrdal, Asiatisches Drama, Frankfurt/M. 1973, S. 132.
29  Vgl. Interview mit Michael Jungblut in diesem Buch.
30  Vgl. Bührer, S. 120 ff.
31  Planung – aber wieviel?, Zeit, 25.06.1965.
32  Kommt die große Krise?, Zeit, 19.11.1965.
33  Computer statt Kohle, Zeit, 09.09.1966.
34  Abschied von der Marktwirtschaft?, Zeit, 16.09.1966.
35  Opfer fürs Volk (Titelgeschichte), Spiegel, 17.10.1966.
36  Kanzler-Sturz auf Stottern, Zeit, 04.11.1966.
37  Tag X (Titelgeschichte), Spiegel, 22.08.1966.
38  Wirtschafts-Programm – Auf Vorschuß, Spiegel, 19.12.1966.
39  Der erste Treibsatz wirkt im Sommer, Spiegel, 08.05.1967.
40  Das kommandierte Wirtschaftswunder, Zeit, 08.09.1967.
41  Die Instrumente der Wirtschaftspolitik werden modernisiert, Zeit, 24.02.1967.
42  Zurück zu Erhard?, Zeit, 19.01.1968.
43  Die Wachstumsraten – Ein neuer Fetisch, FAZ, 08.05.1959.
44  Fetisch Wachstumsrate, FAZ, 29.07.1959.
45  Fetisch Wachstumsrate, FAZ, 23.07.1960. Die FAZ ließ allerdings auch andere Meinungen zu Wort kommen. Rolf Wagenführ, Generaldirektor des Statistischen Amts der Europäischen Gemeinschaften, beschreibt in

derselben Ausgabe nur zwei Seiten entfernt den »Vormarsch der sowjetrussischen Industrie im Vergleich zu den USA«, woraus sich zeige, »wie dringlich eine Politik stetigen Wachstums für die westlichen Volkswirtschaften wäre.« (Der Wettlauf der Großmächte, FAZ, 23.07.1960.)
46 Anmerkungen zum amerikanischen Wachstumsplan, FAZ, 25.01.1961.
47 Ebd..
48 Wandel eines Ministeriums, FAZ, 07.10.1967.
49 Ebd.
50 Kantzenbachs These, dass nur Großunternehmen zu großen Innovationen fähig sind, war damals schon höchst zweifelhaft und ist mittlerweile durch die unbestreitbare Innovationskraft der Garagen-Unternehmen des Silicon Valley und anderer Gründer als Irrtum entlarvt.
51 Wandel eines Ministeriums, FAZ, 07.10.1967.
52 Grundlegende Kritik an der auf Kantzenbachs Theorie beruhenden Wettbewerbspolitik äußerte Kurt Biedenkopf, der damals Vorsitzender der Mitbestimmungskommission war: Gefährliche Sucht nach Größe, FAZ, 06.07.1968.
53 Wandel eines Ministeriums, FAZ, 07.10.1967.
54 Die unbewältigte Zukunft, FAZ, 02.09.1967.
55 Ebd.
56 Zitiert nach: Nützenadel 2005, S.70.
57 Der Regenmacher, Spiegel, 09.01.1967.
58 Lütjen 2007, S.11.
59 Die unbewältigte Zukunft, FAZ, 02.09.1967.
60 Vgl. von Hodenberg.

## 4. Kapitel –
### Die 1970er-Jahre – »Die Grenzen des Wachstums« und der Gegenschlag der Ökonomen

1 Ritt auf dem Tiger (Titelgeschichte), Spiegel, 05.01.1970.
2 Vgl. Heiko Stoff, »Ungeheuer schlaff«. Der Film »Zur Sache, Schätzchen« (1968). Über Leistungsdenken und Gedankenspiele, in: Zeithistorische Forschungen, 11 (2014), H. 3, S. 500–507.
3 Ritt auf dem Tiger (Titelgeschichte), Spiegel, 05.01.1970.
4 Joachim Radkau, Die Ära der Ökologie, München 2011, S.124–164. Auch das Umweltbundesamt beginnt einen Rückblick auf seine eigene Geschichte 2014 mit dem Satz: »Zu Beginn der 1970er-Jahre beginnt in Deutschland eine Revolution – die ökologische Revolution.« (http://docplayer.org/14864918-1974-2014-40-jahre-umweltbundesamt.html (abgerufen am 16.05.2016).
5 Ritt auf dem Tiger (Titelgeschichte), Spiegel, 05.01.1970.
6 Hausmitteilung, Spiegel, 26.07.1971.
7 Schweigen im Walde, Spiegel, 14.11.1962.
8 Warnung vor dem »stummen Frühling«, FAZ, 06.06.1963.
9 Zur Begriffsgeschichte des »Chamäleons Umweltschutz« vgl. Radkau, S.14ff.
10 Ebd., S.128 u. 140f.
11 Morgen kam gestern (Titelgeschichte), Spiegel, 05.10.1970.
12 Die eigentlichen Erfinder der deutschen Umweltschutzpolitik, nämlich die Ministerialbeamten um Menke-Glückert und Hartkopf, erwähnt Genscher in seinem Geleitwort nicht: http://docplayer.org/14864918-1974-2014-40-jahre-umweltbundesamt.html (abgerufen am 16.05.2016).
13 Im Spiegel-Archiv findet sich kaum ein Artikel Augsteins, in dem er den Begriff »Umwelt« im ökologischen Sinne verwendet.
14 Zum Beispiel: Tod im Delta, Spiegel, 06.05.1964; Verseuchte Brut, Spiegel, 09.06.1969; »Das Risiko ist sicher unbestritten«, Spiegel, 08.12.1969.
15 Dieter Bartezko, Architektur-Redakteur des Feuilletons der FAZ, in seiner Rezension der Neuauflage von 2008: Die Stadt, der Prägestock unseres Lebens, FAZ, 17.09.2008.
16 Baugreuel und Vorortgattin, Spiegel, 15.09.1965.
17 Smog-Gefahr im Winter, FAZ, 27.12.1969.
18 Wächst und stinkt, Spiegel, 01.01.1968.
19 Länge mal Breite mal Geld (Titelgeschichte), Spiegel, 07.06.1971.

## Anmerkungen

20 »Das unterirdische Grollen ist schon zu hören«, Spiegel, 19.06.1972.
21 Ebd.
22 Richard Löwenthal sieht in einem Gastbeitrag als »nächste große Probleme demokratischer Gesellschaftspolitik (...) den Schutz der menschlichen Umwelt, die humane Stadtplanung und die rechtzeitige Anpassung der Produktion an die Grenzen des Wachstums«. (Demokratie und Freiheit heute, Zeit, 09.11.1973.)
23 Zum Beispiel ein Bericht über den Kongress »Städtebau und Umwelt« im September 1972 in Berlin: Wie weit reicht der Arm des Bürgers?, FAZ, 22.09.1972; und ein Bericht über das Vorhaben von Städtebauminister Vogel, »Grenzen des Wachstums« für die Zersiedelung festzulegen: Kosten der Großstädte wachsen mehr als die Bevölkerung, FAZ, 30.08.1973.
24 Die Zukunft des Menschen wird geplant, Spiegel, 26.12.1966.
25 Zum Beispiel: Kann Wissenschaft die Zukunft machen?, FAZ, 19.02.1966; Futurum – Eine neue Zeitschrift, FAZ, 06.09.1968; Kritik an der Zukunftsforschung, FAZ, 26.11.1969.
26 Grün ist die Zukunft, FAZ, 25.11.1969.
27 So geht die Welt zugrunde, Zeit, 17.03.1972.
28 Ebd.
29 Die treibende Kraft zur Gründung des Clubs waren Wissenschaftler und Bürokraten aus dem Wissenschaftsdirektorat der OECD, also ausgerechnet jener Organisation, die das Wachstumsparadigma wie keine andere bis heute propagiert. Diese Fraktion um Generaldirektor Alexander King verlor bezeichnenderweise bald an Einfluss innerhalb der OECD.
30 E-Mail des Rowohlt-Mitarbeiters Martin Setzke vom 24.07.2015.
31 www.clubofrome.de/sup2010/dl-10-moeller-milling.pdf (abgerufen am 16.05.2016), Matthew Simmons spricht sogar von 30 Millionen Exemplaren: www.greatchange.org/ov-simmons,club_of_rome_revisted.pdf (abgerufen am 16.05.2016).
32 Grenzen des Wachstums, Zeit, 24.12.1976.
33 Grenzen des Wachstums, Zeit, 17.11.1978.
34 Wo Lehrer Saurier sein müßten, Zeit, 22.08.1975.
35 Wie ein Düsenjäger, Zeit, 06.06.1975.
36 Ölkrise lähmt Konjunktur (Titelgeschichte), Spiegel, 12.11.1973.
37 Bremsen, ehe es zu spät ist, Zeit, 12.10.1973.
38 So geht die Welt zugrunde, Zeit, 17.03.1972.
39 Sehr geehrter Club, Zeit, 08.06.1973.
40 Konkrete Vorschläge, Zeit, 12.10.1973.
41 Drehbücher für die Welt-Katastrophe, Zeit, 18.10.1974.
42 Die Schrift an der Wand, Zeit, 18.10.1974.
43 Ist Wachstum des Teufels?, Zeit, 18.08.1972.
44 Der »Club of Rome«, FAZ, 12.10.1973.
45 Rettung der Welt durch Planung?, FAZ, 15.10.1973.
46 Der Wettlauf in die Selbstvernichtung hält an, FAZ, 09.10.1973.
47 Wachstum und Umweltschutz, FAZ, 14.04.1972.
48 Umweltschutz oder Wachstum?, FAZ, 02.11.1972.
49 Umweltschutz braucht Wirtschaftswachstum, FAZ, 04.01.1973.
50 Weltuntergangsvision aus dem Computer, Spiegel, 15.05.1972.
51 OECD, OECD at Work for the Environment, Paris 1973, S. 8. Zitiert nach: Schmelzer, Expandiere oder stirb, S. 386.
52 Gespräch mit Meinhard Miegel am 10.09.2015.
53 Der Spiegel schrieb dazu: »Porsche-Chefkonstrukteur und Geschäftsführer Dr. Ernst Fuhrmann trat bei der Pressekonferenz vor verblüfften Motor-Journalisten als beredter Zeitkritiker auf und beschwor die ›Grenzen des Wachstums‹«. (Stecker versilbert, Spiegel, 10.09.1973.)
54 BMW-Apparatebau gegründet, FAZ, 17.10.1973.
55 Was Menschen vom Schwein unterscheidet (Titelgeschichte), Spiegel, 08.01.1973.
56 Fortschritt in der Sackgasse, Zeit, 14.11.1975.
57 Am Ende der Welt?, Zeit, 16.03.1973.
58 Zitiert nach: Thorsten Schulz-Walden, Anfänge globaler Umweltpolitik, München 2013, S. 166.
59 Vgl. ebd., S. 165 ff.

60 http://themansholtletter.hetnieuweinstituut.nl/letter (abgerufen am 16.05.2016).
61 Sicco Mansholt, Die Krise. Europa und die Grenzen des Wachstums, Reinbek 1974.
62 Vgl. Kein Kompromiß für das Schlußkommuniqué, FAZ, 24.04.1972.
63 Wir brauchen den Dialog mit der Wirtschaft, FAZ, 22.06.1972.
64 www.europa.eu/about-eu/eu-history/founding-fathers/pdf/sicco_mansholt_de.pdf (abgerufen am 16.05.2016).
65 Wachstum und Umweltschutz, FAZ, 14.04.1972.
66 Ohne Wachstum geht es nicht, FAZ, 17.10.1973.
67 Zwischen Baum und Borke (Titelgeschichte), Spiegel, 04.12.1972.
68 Die SPD geht schweren Zeiten entgegen, Zeit, 26.11.1976.
69 Vor den Getreuen um Vogel meldet er sich zurück – der kämpferische Kanzler, FAZ, 05.12.1980.
70 In letzter Minute zu Ministerwürden, Zeit, 24.12.1976.
71 Was Menschen vom Schwein unterscheidet (Titelgeschichte), Spiegel, 08.01.1973.
72 Arbeit oder blauer Himmel, Zeit, 13.01.1978.
73 Die Bosse bleiben skeptisch, Zeit, 03.12.1976.
74 Forschungsinstitute erwarten einen begrenzten Aufschwung, FAZ, 29.04.1975.
75 Und Keynes hat doch recht, Zeit, 03.06.1977.
76 Genscher fordert mehr Wachstum und Stabilität, FAZ, 14.09.1978.
77 Ein bißchen mehr Inflation, Spiegel, 24.07.1978.
78 Der Streit um das Wirtschaftswachstum führt in die Irre, Zeit, 05.05.1978.
79 Ebd.
80 Ein paar Fakten, FAZ, 04.10.1979.
81 Die Leistung anspornen – zum Wohle aller, FAZ, 19.01.1980.
82 Ebd.
83 Überfluß heißt das Marschziel, Zeit, 29.06.1979.
84 Die Angst flaut ab, FAZ, 18.07.1984.
85 So geht die Welt zugrunde, Zeit, 17.03.1972.
86 Arbeit oder blauer Himmel, Zeit, 13.01.1978.
87 Zu diesem Fazit kam Meadows selbst in einem Vortrag vor der Enquetekommission des Bundestags »Wachstum, Wohlstand, Lebensqualität« im Oktober 2011: www.bundestag.de/dokumente/textarchiv/2011/36131899_kw42_pa_wachstumsenquete/206532 (abgerufen am 16.05.2016).
88 Club of Rome: Kein Rezept für Krisen, Zeit, 12.10.1979.
89 Vgl. Fioramonti, S. 151-153.

*6. Kapitel –*
**Die lange Gegenwart des Wachstumsparadigmas**
1 Jahr der Bewährung (Titelgeschichte), Spiegel, 29.12.2008.
2 Ein Besuch von Königin Elisabeth in der London School of Economics wurde durch ihre Frage »Wie kam es, dass niemand es [die Krise] voraussehen konnte?« zu einer PR-Niederlage der gesamten prognostizierenden Wirtschaftswissenschaft. Daraufhin schrieben drei Ökonomengruppen der Königin offene Briefe. Einer davon, unterzeichnet unter anderem von dem Soziologen und früheren Direktor der LSE, Anthony Giddens, rief dazu auf, die Finanzverwerfungen als »symptoms of a much greater systemic failure« zu interpretieren und »to dethrone growth« (www.resilience.org/stories/2009-08-20/open-letter-queen; abgerufen am 16.05.2016). Die FAZ berichtete darüber: Krisenbriefe an die Queen, FAZ, 31.08.2009.
3 Auf dem Wachstumspfad, FAZ, 08.06.2015.
4 Mehr Gründer, mehr Frauen, Zeit, 19.11.2015.
5 Unter den Möglichkeiten, Spiegel, 19.11.2015.
6 Philipp Krohn, Ausweg Wachstum? Sprache in einer begrenzten Welt, in: Deutscher Studienpreis (Hg.), Ausweg Wachstum? Arbeit, Technik und Nachhaltigkeit in einer begrenzten Welt, Wiesbaden 2007, S. 63–78.
7 FAZ, Süddeutsche Zeitung, Tageszeitung, Handelsblatt, Financial Times Deutschland.
8 Hans-Jürgen Arlt/Wolfgang Storz, Wirtschaftsjournalismus in der Krise. Zum massenmedialen Umgang mit Finanzmarktpolitik, Frankfurt/M. 2010, www.otto-brenner-shop.de/uploads/tx_mplightshop/AH63.pdf, S. 8, (abgerufen am 16.05.2016).

# Anmerkungen

9 Ebd., S. 8.
10 Ebd., S. 91.
11 Ebd., S. 193.
12 Ebd., S. 259.
13 BILD, Frankfurter Allgemeine Zeitung, Süddeutsche Zeitung, Bonner Generalanzeiger.
14 www.denkwerkzukunft.de/downloads/Medienanalyse/Medienanalyse.pdf, S. 1. (abgerufen am 16.05.2016).
15 Ebd., S. 17.
16 Ebd., S. 8.
17 Meinhard Miegel, Exit. Wohlstand ohne Wachstum, Berlin 2010; ders., Hybris. Die überforderte Gesellschaft, Berlin 2014.
18 An die Eliten, Zeit, 18.03.2010; Wir sind doch keine rosa Plüschhasen, FAZ, 10.03.2014.
19 Niko Paech, Befreiung vom Überfluss. Auf dem Weg in die Postwachstumsökonomie, München 2012.
20 Harald Welzer, Selbst denken. Eine Anleitung zum Widerstand, Frankfurt/M. 2013.
21 Reiner Klingholz, Sklaven des Wachstums. Die Geschichte einer Befreiung, Frankfurt/M./New York 2014.
22 Zum Beispiel Miegels Gastbeitrag: Es wird eng, Zeit, 29.04.2010.
23 Immer mehr ist immer weniger, Spiegel, 31.01.2011.
24 Überdruss am Überfluss (Titelgeschichte), Spiegel, 31.03.2014.
25 Wie wollen wir leben?, FAZ, 23.10.2013.
26 So tituliert der frühere Deutsche-Bank-Ökonom Thomas Meyer in einem Gastbeitrag Meinhard Miegel: Weiter wachsen!, FAS, 15.09.2013.
27 Wir könnten auch anders!, Zeit, 20.05.2009.
28 Was folgt nach dem Wachstum?, FAZ, 03.01.2011.
29 Rückkehr des Paternalismus, FAZ, 23.07.2012.
30 Wohlstand neu denken, FAZ, 08.03.2010.
31 Der Staat schafft an, Zeit, 17.12.2008.
32 Arlt/Storz, S. 8.
33 Deirdre McCloskey, If You're So Smart, Chicago 1990.
34 Bericht von Florian Ferger: www.hsozkult.geschichte.hu-berlin.de/tagungsberichte/id=5745&view=pdf (abgerufen am 16.05.2016).
35 Müller war 2009 bis 2013 stellvertretender Chefredakteur beim zum Spiegel-Verlag gehörenden manager magazin und ist seither Professor für »wirtschaftspolitischen Journalismus« an der Technischen Universität Dortmund und Kolumnist bei Spiegel-Online.
36 Wir machen uns was vor, Spiegel-Online, 07.09.2014, www.Spiegel.de/wirtschaft/wirtschaftskrise-deutsche-wirtschaft-mit-starkem-export-ist-anfaellig-a-990067.html (abgerufen am 16.05.2016).

## 7. Kapitel –
### Drei Erzählungen aus dem Reich des ewigen Wachstums

1 Ein Hoch auf das Wachstum, FAS, 17.10.2010.
2 Steinzeit-Ökologen, Spiegel, 11.06.2012.
3 www.telegraph.co.uk/news/uknews/1344832/Sheikh-Yamani-predicts-price-crash-as-age-of-oil-ends.html (abgerufen am 16.05.2016).
4 Weltuntergangsvision aus dem Computer, Spiegel, 15.05.1972.
5 Ein Spiel mit der unterschwelligen Angst der Menschen, FAZ, 16.09.1972.
6 Ein paar Fakten, FAZ, 04.10.1979.
7 Überfluß heißt das Marschziel, Zeit, 29.06.1979.
8 Da liegt noch eine Menge Öl, FAS, 04.03.2012.
9 Im ökonomischen Sinne wurde der Begriff Innovation zuerst von Joseph Schumpeter gebraucht (Business Cycles, 1939).
10 Zitiert aus: Auf der Suche nach dem Neuen, Handelsblatt, 15.03.2010.
11 Die CDU plädiert für »ganzheitliches Denken« in der Umweltpolitik, FAZ, 17.04.1989.
12 Zitiert nach: Wachstum der Grenzen (Rezension), FAZ, 22.06.1982.
13 Nachhaltig quält die SPD ihren Partner, FAS, 11.01.2004.
14 Wie der Hirsch schreit nach frischem Wasser, FAS, 04.01.2004.

15 Zum Beispiel: Überdruss am Überfluss (Titelgeschichte), Spiegel, 31.03.2014.
16 Regierung Thatcher kündigt Umweltgesetz an, FAZ, 12.10.1989.
17 www.gov.uk/government/news/green-growth-group-statement-eu-ets-phase-iv (abgerufen am 16.05.2016).
18 Zitiert nach: Grünes Wachstum möglich?, FAZ, 16.09.2014.
19 Die Illusion des grünen Wachstums, FAZ, 02.03.2012.
20 Das borniertes Streben nach Profit, FAZ, 16.07.2014.
21 Fortschritt als Aufgabe, FAZ, 30.12.2000.
22 Clayton Christensen, The Innovators Dilemma, Boston 1997.
23 www.thinkers50.com (abgerufen am 16.05.2016).
24 Freiheit Gleichheit Datenschutz, Zeit, 26.11.2015.
25 Ist es mit dem Wachstum vorbei?, FAZ, 02.03.2014; Joel Mokyr, Is technological progress a thing of the past?, www.voxeu.org/article/technological-progress-thing-past (abgerufen am 20.01.2016).
26 »Irgendwann läuft das Faß mal über«, Spiegel, 08.02.1988.
27 Industriestandort Deutschland, FAZ, 15.03.1988.
28 »Irgendwann läuft das Faß mal über«, Spiegel, 08.02.1988.
29 Industriestandort Deutschland, FAZ, 15.03.1988.
30 Ebd.
31 »Irgendwann läuft das Faß mal über«, Spiegel, 08.02.1988.
32 Ebd.
33 Industriestandort Deutschland, FAZ, 15.03.1988.
34 Existenzgefahr für den Standort Deutschland?, Spiegel, 25.04.1988.
35 Auf nach England!, Spiegel, 22.08.1988.
36 Der Exodus hat begonnen (Titelgeschichte), Spiegel, 20.01.1992.
37 Abstieg in die zweite Liga, Spiegel, 10.05.1993.
38 Ebd.
39 Ihr seid wieder wer, Spiegel, 14.03.1994.
40 Ein Bild des Jammers, Spiegel, 27.12.1993.
41 Countdown für Deutschland, Spiegel, 18.12.1995.
42 Dann kommt die Revolution, Spiegel, 03.11.1997.
43 Auf schwachen Füßen, Zeit, 24.01.1997.
44 Wie der Standort Deutschland wieder erstarken kann, FAZ, 08.09.1997.
45 Wandert der Wohlstand aus?, FAZ, 21.08.1996.
46 Mission Deutschland, Spiegel, 24.06.2002.
47 Erving Goffman, Frame Analysis, New York 1974.
48 Das bürgerliche Dilemma, Spiegel, 02.01.2006.
49 Deutschland im Wettbewerb, FAZ, 16.09.2003.
50 Roter Teppich für Migranten, FAS, 06.09.2015.
51 Werner Sombart, Der moderne Kapitalismus, Bd. 1, Leipzig/München 1928, S. 883–895.
52 Ebd., S. 886.
53 Ebd.
54 Ebd., S. 887.
55 Ebd.
56 Jetzt erst recht!, Zeit, 19.11.2015.
57 Ausländische Arbeiter zu Gast, FAZ, 18.09.1954.
58 Gastarbeiter – »Bei uns so üblich«, Spiegel, 11.09.1963.
59 Verbrecher-Import, Spiegel, 11.12.1963.
60 Per Moneta (Titelgeschichte), Spiegel, 07.10.1964.
61 Der rare Mensch, FAZ, 16.04.1966.
62 Was wollen wir eigentlich?, FAZ, 27.02.1967.
63 Die Schallmauer ist erreicht, FAZ, 23.05.1973.
64 Verdienen in Deutschland, Zeit, 22.05.1964.
65 Die geborgte Arbeitskraft, Zeit, 07.05.1965.

# Anmerkungen

66 Die Ausländer unter uns, FAZ, 14.08.1971.
67 Unser Sozialproblem Nr. 1: die Gastarbeiter, Zeit, 06.04.1973.
68 Aus Kulis Bürger machen, Zeit, 21.09.1973.
69 Sonst ist man einfach Abschaum, Spiegel, 30.08.1982.
70 Lockruf des Geldes, Spiegel, 04.12.1995.
71 Jenseits von Schuld und Sühne (Titelgeschichte), Spiegel, 23.11.1998.
72 Zimmermann wird bald zum Hauptvertreter dieser These. Allein die FAZ zitiert ihn zwischen 2002 und 2015 in 13 Artikeln zum Thema Zuwanderung.
73 Jenseits von Schuld und Sühne (Titelgeschichte), Spiegel, 23.11.1998.
74 Der Kinder-Crash, Spiegel, 30.08.1999.
75 Grenzen auf!, manager magazin, 01.03.2004.
76 Osteuropas vertane Chance, Spiegel-Online, 06.09.2015, www.Spiegel.de/wirtschaft/soziales/fluechtlinge-osteuropa-braucht-dringend-zuwanderer-a-1051598.html (abgerufen am 16.05.2016).
77 Grenzen auf!, manager magazin, 01.03.2004.
78 Zuwanderung: Die Auslandshilfe, Zeit-Online, 07.08.2014, www.zeit.de/wirtschaft/2014-08/zuwanderung-fachkraeftemangel-arbeitsmarkt-folgen (abgerufen am 16.05.2016).
79 Warum Deutschland sofort mehr Zuwanderer braucht, Spiegel-Online, 02.08.2010, www.Spiegel.de/wirtschaft/soziales/arbeitskraeftezuzug-warum-deutschland-sofort-mehr-zuwanderer-braucht-a-709704.html (abgerufen am 16.05.2016).
80 Wirtschaft macht MINT-Wind, Spiegel-Online, 30.11.2011, www.Spiegel.de/karriere/berufsleben/fachkraefte mangel-wirtschaft-macht-mint-wind-a-800869.html (abgerufen am 16.05.2016).
81 Zum Nichtstun verdammt, Spiegel, 22.08.2015.
82 Ohne Migranten geht's nicht, Zeit-Online, 07.07.2015, www.zeit.de/politik/deutschland/2015-07/kolumne-theo-sommer-einwanderung-migranten (abgerufen am 16.05.2016).
83 Das Fiasko der Migrantenkinder, FAZ-Online, 05.10.2015, www.FAZ.net/aktuell/wirtschaft/menschen-wirtschaft/gastbeitrag-werden-fluechtlinge-die-deutsche-wirtschaft-retten-13838509.html (abgerufen am 16.05.2016).
84 Ökonomische Effekte der Immigration, FAZ-Online, 03.01.2015 www.FAZ.net/aktuell/wirtschaft/wirtschafts-politik/ifo-chef-sinn-oekonomische-effekte-der-migration-13343999.html (abgerufen am 16.05.2016).
85 Flüchtlinge: Österreichs Zukunft, Zeit (Österreich-Ausgabe), 17.09.2015.
86 Zuwanderung: Osteuropas vertane Chance, Spiegel-Online, 06.09.2015, www.Spiegel.de/wirtschaft/so-ziales/fluechtlinge-osteuropa-braucht-dringend-zuwanderer-a-1051598.html (abgerufen am 16.05.2016).
87 Lasst sie kommen!, Zeit, 15.10.2015.
88 »Wir werden leichter an eine Putzkraft kommen«, Zeit, 08.10.2015.
89 Roter Teppich für Migranten!, FAS, 06.09.2015.
90 Ebd.

## Schlussfolgerungen

1 Vgl. Schmelzer, The Growth Paradigm.
2 So die Politikanalysten Clifford Cobb, Ted Halstead und Jonathan Rowe, zitiert in: Fioramonti 2013, S. 31.
3 Zitiert nach Norbert Häring, Markt und Macht. Was Sie schon immer über die Wirtschaft wissen wollten, aber bisher nicht erfahren sollten, Stuttgart 2010, S. 238f.
4 So Alexander King, OECD-Generaldirektor für Forschung Bildung und Mitgründer des Club of Rome, zitiert in: Schmelzer, The Growth Paradigm, S. 267.
5 Vgl. Fioramonti, S. 10f.
6 Vor neuem Sturm?, Zeit, 04.03.1977.
7 Der Verrat an Ludwig Erhard, Spiegel, 20.06.1983.
8 So Alexander King über die in den 1960er-Jahren vorherrschende Geisteshaltung innerhalb der OECD, zitiert in: Schmelzer, The Growth Paradigm, S. 267.
9 Zitiert nach: Schmelzer, Expandiere oder stirb, S. 355.
10 Vgl. de.statista.com/statistik/daten/studie/753/umfrage/persoenlicher-profit-vom-wirtschaftswachstum-in-deutschland/ (abgerufen am 10.03.2016).
11 Zum Beispiel Paul Krugman und Lawrence Summers.

12 Eine knappe, aber sehr treffende Charakterisierung der heutigen Ökonomen bietet: Lütjen 2011.
13 Thomas Piketty, Capital in the Twenty-First Century, Cambridge MA 2014, S. 573–575.
14 Ebd.
15 Hans Christoph Binswanger, Geld und Magie, 3. Auflage, Hamburg 2009.
16 Lothar Müller/Thomas Steinfeld, Die Zukunft der Zeitung, in: Merkur 67 (2013), H. 775, S. 1091–1103.